80 Hou Kexue Taijiao

80后 科学胎教

岳　然/编著

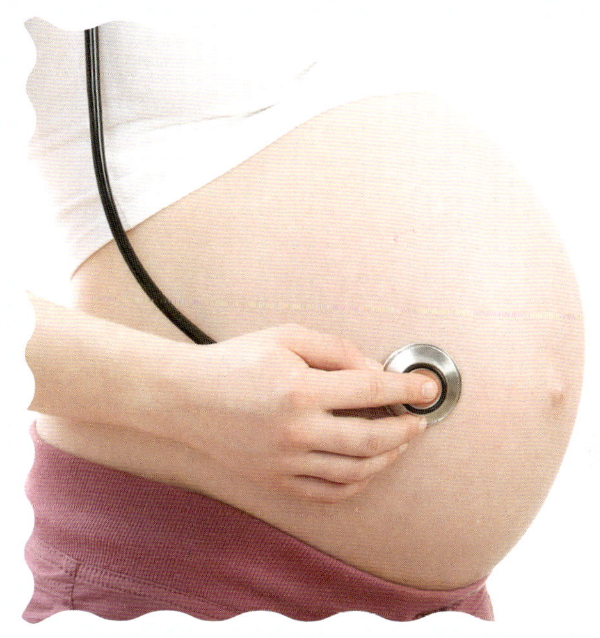

中国人口出版社
China Population Publishing House
全国百佳出版单位

目录

Part 1 理想的胎教从备孕开始

Part 2 小种子正在悄悄发芽（第1个月）

Part 3 蚕豆大的胚胎也能感知心情（第2个月）

本月胎教要点

胎宝宝在发育

你需要了解的

胎教在生活的点滴中

准爸爸做胎教

Part 4 小人儿开始有模有样了（第3个月）

Part 5 你真实地感受着他的存在（第4个月）

Part 6 恍若蝶翅轻划而过的胎动（第5个月）

Part 7 胎宝宝躲在子宫聆听（第6个月）

Part 8 越来越爱动的胎宝宝（第7个月）

Part 9　和妈妈的相处越来越融洽（第8个月）

Part 10 越来越漂亮的胎宝宝（第9个月）

Part 11 小天使就要降临（第10个月）

Part 1

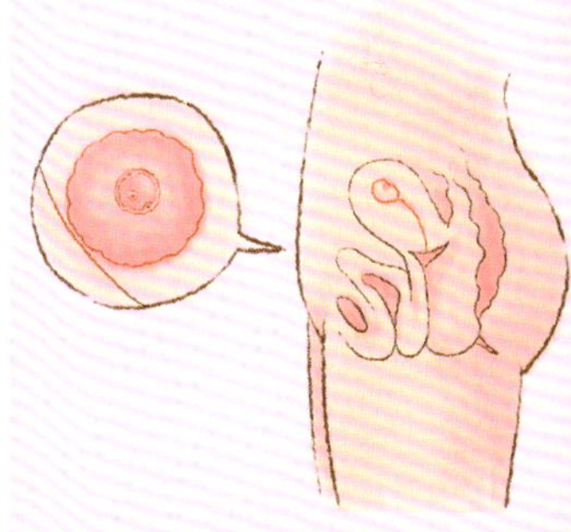

理想的胎教从备孕开始

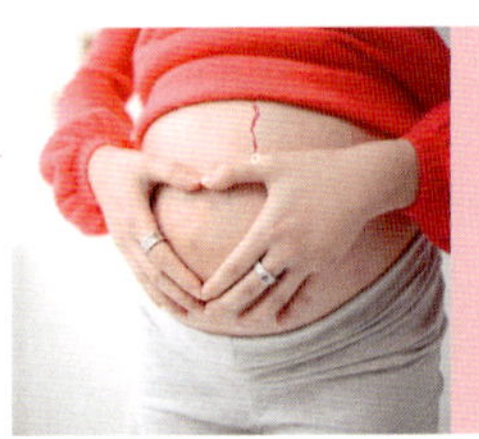

了解胎教，才能更好地做胎教

胎教是对宝宝的良好影响

胎教，一方面是胎，一方面是教，它是胎与教相结合的学问。胎是受教育的实体，教是指胎宝宝在母体内能受到各方面的感化并接受教育、教养之意。胎教是指孕妈妈在各方面有意识地、主动地采取一些相应的措施，对胎宝宝进行良好影响的方法。

*广义的胎教和狭义的胎教

广义的胎教，是指为了促进胎宝宝生理和心理健康发育成长，同时确保孕妈妈能够顺利度过孕产期，所采取的精神、饮食、环境、劳逸等各方面的保健措施。因为没有健康的妈妈，就不能生育出健壮的宝宝。

狭义的胎教，是指妊娠期间，在加强孕妈妈的精神、品德修养和教育的同时，重点通过母体，利用一定的方法和手段，刺激胎宝宝的感觉器官，以激发胎宝宝大脑和神经系统的有益活动，从而促进身心健康发育。通常所说的胎教，一般是指狭义的胎教。然而，广义和狭义的胎教是统一的，不可偏废，孕妈妈保健和对胎宝宝感官有益的刺激是胎教的两个方面，是不可分开的。

*胎教是对胎宝宝的综合良性影响

一些国家纷纷成立了胎教研究机构和胎教中心，致力于对胎宝宝智力、体力的全面开发，取得了令人瞩目的成绩。

而今，专家们一致认为，在孕期能科学地、适度地给予胎宝宝各感觉器官良性信号刺激，可令胎宝宝各器官功能发育得更加完善，同时还能起到发掘胎宝宝心理潜能的积极作用，使胎宝宝智力、行为的形成和发展有一个良好的基础。

实施胎教的主要目的是让胎宝宝的大脑、神经系统及各种感觉机能、运动机能发展更健全完善，为出生后接受各种刺激、训练打好基础，使孩子对未来的自然与社会环境具有更强的适应能力。

胎教提示

科学上说胎教从准备怀孕那一刻就可以开始，并不是说已经怀孕或者孕期过半再做胎教已经没有意义，其实胎教对怀孕任何一阶段的胎宝宝来说，都是意义重大的。

胎教促进智商提高

美国费城一家生理研究所对200多名受过胎教的4~7岁儿童进行了调查，结果发现：受过胎教的儿童比没有接受胎教的对照组智商要高20%~45%。

国内的胎教专家也对胎教的作用进行了鉴定：对41例在妊娠期间定时接受音乐、语言、抚摸等胎教内容的新生儿分别于出生后的第4天、第5天、第6天进行行为神经监测与评估，并与26例非胎教新生儿进行分组对照。结果显示，胎教组新生儿的安慰反应、对光习惯形成、对声音习惯形成、非生物听定向反应、非生物视定向反应等9项行为能力得分及总分均明显高于非胎教组。

有关调查显示，受过胎教（包括音响胎教和运动胎教）的宝宝比没有受过胎教的宝宝，其智商和情商有明显的优势。这些都说明胎教对宝宝有良好的影响。

* 胎宝宝期是大脑发育的重要阶段

医学研究表明，大脑细胞分裂增殖主要是在胎宝宝期完成的，它有两个高峰期：第一个高峰期是怀孕的2~3个月，第二个高峰期是怀孕的7~8个月。如果在脑细胞分裂增殖的高峰期给予胎宝宝充分的有益刺激，脑细胞的分裂便可趋于顶峰，为将来的高智商奠定基础。

胎教提示

在恐惧、愤怒、烦躁、悲哀等消极情绪状态下，孕妈妈身体的各种机能都会发生明显变化，从而导致血液成分的改变，以致影响胎宝宝的身体和智商。所以孕妈妈一定要保持良好的心态和愉快的心情。

胎教有利于大脑健康发育

大脑支配人的一切生命活动：语言、运动、听觉、视觉、情感表达等。大脑还是一切思维活动的物质基础：观察力、注意力、记忆力、思维力、想象力等。健康的大脑对人的一生都很重要，在大脑发育过程中，胎教的作用也是重中之重。

* 胎教对右脑的刺激

胎教的内容融情感、艺术、形象和声音于一炉，这些丰富多彩的内容可以促进胎宝宝右脑的发育，使孩子出生后知觉和空间感灵敏，更容易具有音乐、绘画、整体和几何、空间鉴别能力，并使孩子情感丰富，形象思维活跃，直觉判断正确。

同时，胎教给胎宝宝大脑以新颖鲜明的信息刺激，具有怡情养性的作用，从而又有利于胎宝宝大脑的健康和成熟。

* 胎教对左脑的刺激

由于胎教重视情感化和形象化，孩子出生后的语言学习和数字等知识学习变得容易，这样也就调动了左脑的功能，使左右脑功能得到互补，使胎宝宝出生后大脑的潜能得以更好发挥和利用，胎教是有利于胎宝宝大脑潜能全面开发的。

胎教提示

在怀孕期与哺乳期，妈妈都应当尽量少食、甚至禁食炸薯条、薯片或其他含有化学物质丙烯酰胺的食物，这种能够对神经造成损害的化学物质很容易进入胎宝宝幼嫩的大脑，对大脑发育造成不利影响。

胎教帮助宝宝完善个性

性格在人生的发展中具有举足轻重的作用，个性是一个人各种心理特征的综合，或一个人基本的精神面貌。

＊人的性格雏形来源于胎儿期

胎宝宝在孕育的过程中，个人的性格、气质特点就已经开始萌芽，包括爱、憎、忧、惧等不同情感。虽然性格在一定程度上受到遗传因素的影响，但并非完全取决于遗传因素，也不完全是后天形成的。

胎宝宝性格的形成离不开生活环境的影响，妈妈的子宫是胎宝宝生活的第一个环境，小生命在这个环境里的感受将直接影响到性格的形成和发展。

胎教对胎宝宝的影响是整体性的，胎宝宝学习的结果也是整体性的，因此胎教有助于胎宝宝以及胎宝宝出生后精神素质各个方面的塑造，即有助于个性的完善。

专家对胎教儿童的追访表明，经过胎教的儿童大都性格活泼、爱跳、爱笑，而且身体健康、聪明好学，有的成为早慧儿童，有的具有艺术等方面的特殊能力。

个性的形成与胎儿早期在子宫的经验很有关系，如果一个人能够在人生的开始就受到整体性和审美教育，那么这种教育就会对一个人的心灵产生长远的、深刻的、潜移默化的影响，最终使这个人的人格趋向完善，并使这个人成为一个真诚、善良、美丽的人，成为能够自我认识、自我完善和自我实现的人。

＊好情绪可以造就好性格

孕妈妈的好情绪可以为胎宝宝个性完善提供好的环境，孕妈妈的焦虑、恐惧和不安所引起的一系列生理变化，严重地影响着胎宝宝的生活环境。这些消极因素会导致母体对胎宝宝的供养减少，使胎宝宝也置于不安与恐惧之中。

除了情绪保持稳定外，家庭环境也往往是影响胎宝宝性格发展的因素。有调查发现夫妻吵架、邻里不和所导致的不良心境对胎宝宝的影响最大。特别是孕妈妈发怒时，大声哭叫会引起胎宝宝不安和恐惧，而且发怒时体内分泌大量去甲肾上腺素，使血压上升，胎盘血管收缩，引起胎宝宝一过性缺氧，从而影响身心健康，宝宝的情绪和性格也会随之受到影响。

胎教提示

为了胎宝宝健康发育，建议孕妈妈闲暇时候多看一些与育儿相关的书籍和杂志，吸收孕产方面的知识，多请教亲朋好友的孕期经验，从而避免各种误区。

胎教带给宝宝健康的心理

胎宝宝并非人们原先认为的在母亲腹中没有感觉，而是具有奇异的潜在能力：

第4个月时，胎宝宝能够皱眉、眯眼，有了面部表情；

5个月左右开始有听觉，能听到母亲器官血流的嘈杂声；

实验报告指出，胎龄在4~5个月以上的正常胎宝宝，已经具备了人的一些感知能力，特别是听觉、视觉和触觉开始建立；

当7~8个月时，便萌发出意识，具有记忆能力。

胎宝宝的这种感觉、思维和记忆能力，使胎宝宝有可能与母体进行感情信息的传递，建立具有导致暗示作用的情绪联系，这在宝宝出生长大后，仍能发挥很大作用。

这些不仅充分说明实施胎教是有科学根据的，而且说明胎教能够对胎宝宝的心理产生积极的影响。

＊胎教对胎宝宝心理健康的影响

在进行胎教时，胎宝宝如果受到触摸能有相应动作，听到音乐时能变得很安宁，那么就意味着胎宝宝具备了感知能力和情感接受能力。这两种能力是最基本的心理能力，有了这两种能力，胎宝宝以后在成长过程中就能很好地接受审美教育，具有想象、直觉、顿悟和灵感能力，并具有情感体验、调节和传达能力，孩子心理才能得到全面发展。

胎教不仅有利于培养胎宝宝的感知能力，也有利于培养胎宝宝的情感接受能力，使胎宝宝在妈妈肚子里就能在感知、情感等方面和父母相互沟通和交流。

＊孕妈妈的“心情指数”很重要

孕妈妈的“心情指数”影响着胎宝宝今后的心理健康，为了宝宝更健康，孕妈妈更需要拥有平稳、乐观、温和的心境。

很多孕妈妈在怀孕后，“心情指数”很难掌控，易烦躁、担心、忧郁、喜怒无常……这时，多想想胎宝宝因此会受到的不良影响，帮助自己抑制和转移这些不良情绪。

胎教提示

胎教虽然不一定能够创造奇迹，却可以激发胎宝宝的各种内部潜能，让他们在生命之初接受良好有益的教育，获得更为健康的心智。

胎教帮助宝宝养成好习惯

孕妈妈的习惯将直接影响到胎宝宝的习惯，如果有些孕妈妈本身生活无规律、有不良的习惯，那么一定要从怀孕时就从自身做起，尽快纠正它们，这样才能培养出具有良好习惯的胎宝宝。

* 宝宝的睡眠习惯

新生儿的睡眠类型是在怀孕后几个月内由孕妈妈的睡眠类型所决定的。孕妈妈分为早起型和晚睡型，早起型的孕妈妈所生的宝宝天生就有同妈妈一样的早起习惯，而晚睡型孕妈妈所生的宝宝也同其妈妈一样喜欢晚睡。

* 宝宝的饮食习惯

宝宝出生后的饮食习惯也深受胎教的影响。宝宝经常表现出没有胃口、不喜欢吃东西、常吐奶、吸收消化不良，甚至较大一点后宝宝出现明显偏食的现象等，溯及既往可知，孕妈妈怀孕时的饮食状况也是胃口不好、偏食，或吃饭过程常被干扰，甚至有一餐没一餐的。如果孕妈妈希望日后宝宝能有良好的饮食习惯，就要从自身做起：三餐定时，三餐定量，以天然的食物为主。

胎教提示

人身体所需的营养应该尽量由食物中获得，而非拼命补充营养素制剂，无论是否怀孕，都应当如此。怀孕后有些特殊情况则应该遵医嘱，孕妈妈在饮食上要多变化食物的种类，每天可吃15种左右不同的食物，这样营养就丰富充足了。

施行胎教的理论依据

胎教是有科学依据的，无论从生理、心理、教育还是优生角度来看，实施胎教都是有意义的。胎教能够提前让孕妈妈和准爸爸身体的各项机能达到优秀，内外因素相互影响从而令宝宝健康成长。

* 生理学理论

生理学理论认为，一切来自母体外部的社会心理因素，都会首先引起母体内部的生理变化，进而影响胎宝宝的生长发育。因此，胎教的主要任务就是为胎宝宝创造出一个良好的生物化学环境和生物物理环境，如保证孕妇血液循环畅通、内分泌正常和子宫内温度、压力等的恒定。

* 心理学理论

强调暗示、期望、焦虑、应激等心理现象对胎宝宝生长发育的影响，注重用心理学的有关原理去分析、研究孕妇的心理变化和胎宝宝心理的发生发展规律，主张教给孕妇必要的心理科学常识，使之能够把握自己的心理活动，以愉快的情绪和积极的心态去对待胎教。

* 教育学理论

认为胎教实质上是对胎宝宝开展的超早期教育，是人一生中所接受的全部教育中最基础的部分。主张胎教必须从孕妇自身做起，认为加强孕妇的知识、道德修养，培养孕妇良好的行为习惯和审美情趣是胎教的关键。

* 优生学理论

制约和影响胎宝宝生长发育的因素很多，而胎教实质上就是对这些因素进行人为的控制，以消除不良刺激对胚胎和胎宝宝的影响，使之得到更顺利、更完善的发展。

胎教提示

胎教是一种超前教育的特殊形式，孕妈妈不妨亲自试试，多为胎宝宝创造良好的环境氛围，少给胎宝宝输入些噪声，让胎宝宝生活在宁静、和谐的环境中。

受过胎教的宝宝有什么特点

事实证明，受过良好胎教的宝宝与没有受过胎教的宝宝相比较，大多数在以下几个方面都更具有优势：

* 受过胎教的宝宝情绪更稳定

受过胎教的宝宝一般总是乐呵呵的，非常活泼可爱，夜里很少哭闹。爸爸妈妈会觉得孩子好带，家人也会发现有无限乐趣。虽然宝宝在饥饿、尿湿和身体不适时也会啼哭，但得到满足之后就会停止。另外，受过胎教的婴儿有较强的感应能力，他们听到妈妈的脚步声、说话声便会停止啼哭。

受过胎教的宝宝满月后就基本形成了白天醒、晚上睡的习惯，如在宝宝睡觉前播放胎教音乐或妈妈哼唱催眠曲，婴儿就能很快入睡。

* 受过胎教的宝宝语音系统发育更早

1 学发音较早：受过胎教的宝宝2 个月时会发几个元音，4 个月时会发几个辅音，5~6 个月发出的声音就可以表达一定的意思，9~10 个月时就会有目的地叫爸爸妈妈，在20 个月左右便能背诵整首儿歌，也能背数。需要注意的是，如果孩子出生后不继续加以发音和认物训练，胎教的影响在6~7 个月时就会消失。

2 能够较早地理解语言：受过胎教的宝宝在4 个半月时就能认出第一件东西，在6~7 个月时就能辨认手、嘴、水果、奶瓶等。能较早理解“不”的意思，早期学会服从“不”，所以，宝宝更懂事、更听话。而且宝宝较早就能用姿势表达语言，例如“欢迎”、“再见”、“谢谢”等动作，也能较早理解别人的表情。

3 能较早与人交往：受过胎教的宝宝出生2~3 天就会通过小嘴张合与大人“对话”，20 天左右就会逗笑，2 个多月就能认识父母，3个多月就能听懂自己的名字。

* 受过胎教的宝宝学习能力更强

1 有浓厚的学习兴趣：受过胎教的宝宝喜欢听儿歌、

故事，喜欢看书、看字，宝宝在还不会说话的时候，就拿书要妈妈讲，而且还有惊人的学习汉字的能力，智能得到超常发展。

2 容易接受新的知识：受过胎教的新生儿感觉很灵敏，能够敏锐地察觉到环境的变化，且接受能力强，不会因为到了陌生的环境就哭闹不已。另外，受过胎教的宝宝记忆能力较同龄宝宝强。

3 更好的理解能力：这与孕期胎教中的音乐胎教有关，受过音乐胎教的宝宝对于音乐和艺术的敏锐性较之别的孩子要高，他们具有先天性敏锐的艺术细胞，特别是对于音乐尤其敏感，且具备很强的理解能力。宝宝出生后更容易读懂妈妈的意思，对周围环境的适应能力很强，尤其是当宝宝哭闹时，为宝宝放上一段在胎教期间听的音乐，宝宝将很快安静下来。

4 更强的感性能力：由于在孕期胎教期间，孕妈妈们都会为宝宝讲上一些可爱的故事，或者播放一些趣味儿歌等，给宝宝提升更丰富的想象空间。这无形中就给宝宝的语言发育做了启蒙铺垫作用。宝宝出生后开始说话的时间较早，语言理解能力、学习汉字的速度都比未受过孕期胎教的宝宝进步得要快。

＊受过胎教的宝宝更易表现天赋

1 对音乐更敏感：受过胎教的宝宝一听见音乐就会非常高兴，并会随韵律和节奏扭动身体，如摇头、两手摆动、扭动小屁股等。

2 运动能力发展很好：受过胎教的宝宝抬头、翻身、坐、爬、站、走都比较早，而且动作敏捷，协调。

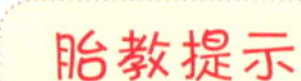

胎教提示

人们都说婴儿是一张白纸，其实，这张白纸在子宫内就已经描上了浓墨重彩的一笔，爸爸妈妈要重视胎宝宝这名重要的学生，用自己良好的言行举止去影响他，帮助他“画”出重点。

胎宝宝是如何接受胎教影响的

很多人都会有这样的疑问：深居孕妈妈腹内的胎宝宝对于外界既看不见又摸不着，怎么能接受教育呢?无数实践已经证明，这完全是可以的。

＊母子之间生理信息的传递

孕妈妈与胎宝宝在十月怀胎期间血肉相连、息息相关，他们之间不仅有着肉体的联系，而且还存在着各种诸如生理信息、行为信息、情感信息的传递和沟通。

胎宝宝的存在和发育促进孕妈妈分泌维持妊娠所需要的各种激素，并使母体发生孕育胎宝宝所必需的生理上的变化，如子宫增大、变软，乳腺增殖、乳房增大，基础代谢加快，激素活动增加，以及全身各器官的生理功能增强等，胎盘分泌的一系列激素可以维护妊娠的正常进行。总而言之，胎宝宝在积极地促使身体分泌一些物质，协助孕妈妈维持自己的生命。

同时，母体也在积极地向胎宝宝传递生理信息，一方面把胎宝宝所需养料、氧气通过血液循环及时供给他，并把胎教信息传送给他。这些信息通过生理信号发送给胎宝宝，如果孕妈妈遭受精神刺激，情绪不安时，分泌出来的激素使血液中化学成分发生变化，从而通过胎盘对胎宝宝的生长发育产生影响，最常见的表现有胎动异常、心动过速等。

＊胎宝宝借由子宫内外环境接受胎教影响

内环境，包括母亲的精神状态、自身品格和修养、思想意识活动、营养状况以及内脏器官、内分泌系统等。内环境直接作用于胎宝宝。

外环境是指母体之外能够对母体产生影响的因素，外环境能引起母体内环境发生变化，进而对胎宝宝产生影响的自然和社会环境。外界环境，正是通过孕妈妈的眼、耳、口、鼻等感觉器官，以及大脑的思维活动，间接地对胎宝宝产生影响。积极的、高尚的、乐观的事物有有利的影响，消极的、低级的、悲观的事物有不利的影响。

孕妈妈与胎宝宝之间虽然并无直接的神经联系，但胎宝宝可通过母体中化学物质的变化来感受母亲的情感和意图，母亲的情绪会直接影响胎宝宝神经系统的发育和性格的形成，这正是优境养胎的原理。

胎教提示

胎教的教育不同于出生后的教育，不是教胎宝宝去做什么，而是对胎宝宝进行“六感”，即嗅觉、听觉、视觉、味觉、运动觉及皮肤感觉的训练。通过适当合理的信息刺激，促进胎宝宝各种感觉功能的发育，为出生后的早期教育打下良好的基础，不要忧虑胎教是否有用，尽量多花时间去做，时间会带来回报的。

随时随地都是胎教好时机

你可能已经迫不及待地想要给自己的胎宝宝最好的胎教了，其实，胎教并没有想象中的那么复杂，只要你心情好，随时随地都可以进行胎教。

* 胎教是随时随地可以进行的

胎教的内环境是指你给胎宝宝提供的生长空间，其中，你的身体状态和心情对胎教有着很大的影响，只要你心情好，胎教就是自由的，是随时随地可以进行的。你怀着愉悦的情绪，将孕期生活过得丰富多彩，也就达到了最佳胎教的目的。如在散步的过程中对胎宝宝描述一天的生活；与老公一起去听场音乐会；在午后的闲适时光里，静心描幅画或者给胎宝宝织一件毛衣，对胎宝宝来说，都是很好的胎教。我们将在本书中提供很多胎教的素材，你要做的就是阅读你喜欢的那部分，按照自己的习惯，充分发挥想象，以愉悦的心情与胎宝宝一起实践。

* 胎宝宝需要的是你的爱

生命自孕育之初，就具有感知能力，而且他的能力在经过不断的外界良好刺激后会得到更好的发展。在这个过程中，胎宝宝最需要的就是你的爱。因此，不论你用何种方式进行胎教，饱含感情非常重要，在读故事时也好，对胎宝宝说话、打招呼时也好，在他躁动时轻轻地抚摸他也好，一定要让他感觉到你的爱，每时每刻。

胎教提示

现在你对胎宝宝说话主要是向他传达你的爱。从怀孕第5个月开始，胎宝宝的听觉器官以及神经系统会逐渐发育得比较完善，进行音乐、对话胎教效果会更加明显哦。

刻意培养神童是胎教的误区

神童即智力超常的儿童，神童与良好的先天遗传和后天教育都有关系，不少人有一种误解，认为胎教的目的是为了培育小天才，创造奇迹，这样的想法令许多爸爸妈妈对胎教产生了不切实际的奢望。

＊胎教的目的是尽可能开发宝宝的潜能

我们提倡胎教，并不是因为胎教可以培养出神童，而是胎教可以尽早地发掘个体的素质潜能，让胎宝宝的先天遗传素质获得最优秀的发挥。胎教可以让胎宝宝的大脑、神经系统及各种感觉机能、运动机能发展更健全完善，为出生后接受各种刺激、训练打好基础，使孩子对未来的自然与社会环境具有更强的适应能力。

应该按照自然的发展规律，按胎宝宝的月龄及每个胎宝宝的发展水平进行相应的胎教，进而促进胎宝宝大脑机能、躯体运动机能、感觉机能及神经系统机能的成熟，为出生后的早期教育奠定基础。

胎教虽然能在一定程度上促进胎宝宝大脑发育，但是如果说只要实施良好的胎教，就能孕育出“神童”，这显然是不切实际的。千万不要把胎教神化，科学的胎教应该是尽可能开发宝宝的潜能，脚踏实地地实施胎教内容。

胎教提示

科学的胎教需要爸爸妈妈对胎教有正确认识，学习相应的知识、技能，用科学的方法进行，做到不放弃施教的时机，也不过度地人为干预，更不应急于求成，在愉悦的亲子共处时光中，才可能获得最好的胎教效果。

理想的胎教从孕前就开始了

从广义上来讲，胎教应该从择偶时就开始。选择对象时应考虑对方的思想品质、性格气质、相貌教养、彼此的感情及遗传因素、健康因素等。选择最佳的妊娠或受孕时机，也是胎教的一项重要内容。

从狭义上来讲，妊娠是从卵子受精的一瞬间开始的，理想的胎教时间，应包括受精前至少3个月的准备期到胎宝宝娩出这段过程。

虽然在怀孕准备期胎宝宝还不存在，但胎教却是存在的，因为精子从精细胞分裂、形成到成熟约需要90天的时间，卵子从卵巢中释放出来并最终完全成熟也需要至少半个月时间，准爸爸和孕妈妈的营养供给以及身体状况会影响精卵的质量，而良好的情绪可以让精卵在一个充满爱意的气氛中邂逅……

精子和卵子结合形成受精卵才能萌发出一个新的生命，妊娠期的胎教固然重要，但胎教绝不能局限于妊娠期。

*提前为胎宝宝打造优质的精子

1 远离高温和不利精子生长的环境。少去桑拿房、蒸汽浴室，高温的环境不仅直接伤害精子，还抑制精子生成。另外，剧烈的运动会破坏精子生长所需的凉爽环境。手机不要放在裤兜，笔记本也不要放在膝盖上使用，紧身裤就更不要穿了。

2 避免压迫睾丸。骑车会使睾丸外囊血管处于危险之中，建议爸爸在远途骑车时穿有护垫的短裤，并选择减震功能良好的自行车。

3 改变饮食习惯。多吃绿色蔬菜、坚果和鱼类，同时坚决戒烟戒酒。

4 调整体重。男性身体过度肥胖，会导致腹股沟处的温度升高，损害精子的成长，从而导致不育。

5 不碰麻醉药品。麻醉剂、毒品等对精子的危害是很大的，而且会持续很长时间。

6 适当补充叶酸。叶酸不足会降低精液的浓度，减弱精子的活力，或造成精子中染色体分离异常，增加宝宝出现染色体缺陷的概率。

7 心情放松。准爸爸在精神压力大的时候，应主动做些能让自己放松的事情，如散步、洗澡等，然后再享受性生活。因为精神压力过大也对精子的成长有负面影响。

虽然有时候准爸爸没有注意到这些问题时也能顺利受孕，但是绝不能因此就认为：只要能怀孕，就说明卵子、精子的质量和数量没有问题，想要孕育一个健康聪明的宝宝，一颗优良的“种子”是不可或缺的必要条件。

*为胎宝宝提供高质量的卵子

1 远离电离福射。X射线、荧光屏射线等对卵子均有不利影响，若你长期进行与电离辐射有关的工作，不妨申请调离一段时间，以免不良的卵子受精。

2 调整月经。月经的正常与否是子宫环境和内分泌正常与否的信号。痛经、经期提前或推后、排卵期出血、月经血块多、经量过多或过少，可能都是你的孕育能力受到伤害的表现。因此，一旦有月经异常，应该积极治疗、调理，然后再考虑受孕计划。

3 调整体重。太瘦或太胖都会降低怀孕的概率，孕前尽量将体重控制在标准范围内。

4 注意饮食。受孕前的一个月，应多吃些富含蛋白质的食物，如瘦肉、鸡、鱼及蛋类，蔬菜和水果也应多吃，保证身体的营养需求，进而优化卵子的质量。

5 戒烟限酒。烟酒的毒性可以直接作用于卵子，为孕育后代埋下“地雷”。尤其是吸烟，更会伤害内分泌系统，影响卵巢的功能。

6 性生活讲卫生。不卫生的性生活会引发盆腔感染等，降低卵子活力。

7 避免性传播疾病。大部分性病会发生母婴传播，而且有的患者还会合并盆腔炎，甚至造成不孕不育。

8 健全的卵巢功能。健康的卵巢才是卵子好品质的保证，平常要多锻炼，少穿塑身内衣等。

孕妈妈和准爸爸在孕前不妨找医生做一下遗传咨询，以消除疑虑进而获得相关建议，如果有遗传病家族史，更应该先进行遗传咨询。

胎教提示

如果现在还没有开始做胎教，孕妈妈也不用着急，对胎宝宝进行直接胎教还需要等到4个月左右，而好的情绪和心情对胎宝宝来说特别重要，是整个孕期胎教的重点。因此，开心每一天吧！

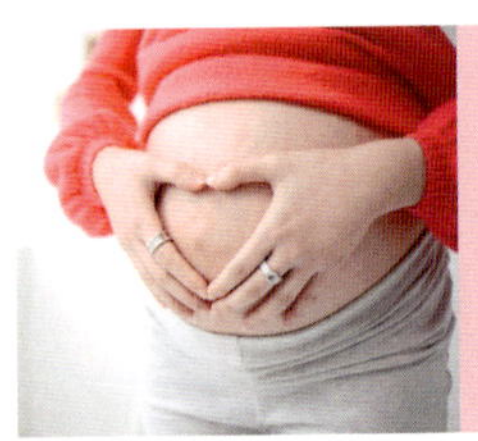

你会用到哪些胎教内容

环境胎教：优境才能优育

妊娠过程中胎宝宝能否正常生长发育，除了与父母的遗传基因、孕育准备、营养因素有关外，还与孕妈妈在妊娠期间的内外环境有着密切的联系。

＊环境胎教包括哪些内容

胎宝宝的生活环境分为内环境与外环境，内环境是指母体的生理、心理变化状态及营养所构成的直接生长环境。还有一种是母亲所处的环境，即外环境，包括工作环境、居住环境等对胎宝宝的影响，也是胎教的一部分。

胎宝宝的身心、智能的健康发育，不仅需要良好的内环境，同时也与外环境密不可分，良好的环境，不仅使孕妈妈置身于舒适优美的环境中，也能使胎宝宝受到良好的感应；不良的环境，能使胎宝宝受到不良的感应，胎宝宝先天异常的发生，多因不良的内外环境直接或间接作用于胚胎而造成。

＊需要避免的不良内外环境

孕妈妈要避免对胎宝宝发育不利的内、外环境因素，尤其是在妊娠早期，既是孕妈妈内分泌变化产生免疫抑制反应的阶段，又是胚胎器官高度分化与形成的时期。加上胎盘功能尚不健全，故环境胎教显得格外重要。

* 需要避免的不良内环境

1 不洁的性生活致胎宝宝宫内感染，又称为先天性感染。

2 多次人工流产或自然流产，多次流产可以损伤子宫内膜，易导致前置胎盘。

3 受精卵的质量不优或孕妈妈体弱多病。

* 需要避免的不良外环境

1 放射线伤害。

2 职业或嗜好的不良刺激。

3 污染源或噪声的毒损。

* 营造良好的居室环境

1 布置温馨卧室。卧室内的卧具摆放合适与否与孕妈妈的睡眠质量有直接的关系。卧室要选择采光、通风较好的地方，床铺要放在远离窗户、相对背光的地方，因为在窗户下睡觉容易吹风着凉，从窗户照进的太亮的光线也影响睡眠。

准妈妈也可以在准爸爸帮助下，在自己居室的墙壁上悬挂一些活泼可爱的婴幼儿画片或照片，在这些可爱的形象引导下，令自己产生美好的遐想，形成轻松的心情，为胎宝宝创造更好的发育环境。

2 保持室内通风。注意空气的流通，尽量少用空调。经常开窗换气，让新鲜空气不断流入，同时让室内的二氧化碳及时排出，减少空气中的病原微生物。同时还要注意保证居室的温度、湿度适宜。如果空气过于干燥，可采用加湿器加湿，或是在室内放置两盆水。

3 给屋子去蟑灭螨。蟑螂携带的病原体有40多种，螨虫的分泌物容易引起过敏性哮喘、过敏性鼻炎和慢性过敏性皮炎等疾病，严重危害孕妈妈和胎宝宝的健康。

胎教提示

在传染病流行期间，备孕或已孕妈妈需要格外加强保健，尤其是职业为医生或护士的孕妈妈，必要时应暂停工作，风疹病毒、流感病毒、麻疹病毒、水痘病毒很容易感染，且对胎宝宝的发育影响较为严重。

运动胎教：动动更健康

孕妈妈进行适宜的体育锻炼可以促进胎宝宝的大脑及肌肉健康发育，有利于孕妈妈正常妊娠及顺利分娩，这也是一种胎教，称为运动胎教。

* 运动是孕期必不可少的项目

怀孕后，孕妈妈身体的改变，致使动作灵敏度降低，反应也较迟缓，尤其是孕早期，早孕反应使孕妈妈精神困乏、浑身无力、容易疲劳，这个时候如果没有特意安排合适的运动，活动量通常会很少。

到了孕中晚期，因为全身血液循环量增加及增大的子宫压迫下腔血管而出现头晕及下肢水肿症状，而且身体也越来越不方便运动，往往使孕妈妈产生“不想动”的心理状态，活动量可能会更少。

然而，人体的功能是“动则盛、惰则衰”，只有通过运动才能使人多吸入新鲜的氧气，排出身体内的废物，以增强身体的抗病能力，所以，怀孕后不能忽视了运动，合理进行运动胎教既能令胎宝宝更健康，也可以保证顺利分娩。

* 运动胎教对胎宝宝和孕妈妈的好处

1 使胎宝宝相对位置改变及子宫内羊水晃动，训练胎宝宝的平衡觉。

2 促进全身血液循环，增加胎盘血供，有利于胎宝宝健康发育。

3 增强孕妇腹肌、腰背肌和盆底肌的张力和弹性，使其关节、韧带松弛柔软，有利于孕妇正常妊娠及顺利分娩。

4 控制孕期体重的增加，促进产后体形恢复。

5 解除孕妇的疲劳和不适，使其心情舒畅。

6 运动能使孕妈妈吸入更多的新鲜氧气，加速体内废物的排出，有效地缓解孕期的不良反应。

* 孕期适合哪些运动

适合孕期的运动项目有：散步、孕妇瑜伽、游泳、孕妇体操等。注意，孕妈妈的运动量要适当，太过和不及都可能对孕妈妈和胎宝宝产生不利影响。

胎教提示

本书中根据孕期各个不同阶段分别安排有相应的运动胎教，孕妈妈不妨参考，合理运动能帮助你孕育出一个聪明、活泼的新生命，同时孕期生活也会充满无穷的乐趣。

语言胎教：父母的声音最动听

孕妈妈或家人用文明、礼貌、富有感情的语言，对子宫中的胎宝宝讲话或讲故事，给胎宝宝期的大脑新皮质输入最初的语言印记，可以为后天的学习打下基础，这称为语言胎教。

* 对话能促进语言及智力发育

据医学研究证实：父母经常与胎宝宝对话，能促进其出生以后在语言及智力方面的良好发育。

人脑从内向外分古皮质、旧皮质、新皮质三大部分。古皮质起着爬虫类脑的作用；旧皮质起着哺乳类脑的作用。唯有人类有不同于其他动物特别发达的新皮质。新皮质是用来学习知识和进行精神活动的。如果不给胎宝宝的大脑输入优良的信息，尽管性能再好，也只相当于是一部没有储存软件的电脑，胎宝宝会感到空虚的。

* 如何给胎宝宝做语言胎教

对胎宝宝来说，母亲的说话声和情绪变化，要比音乐对其影响更大的，如果孕妈妈本人是个爱读书的人，那么不妨在怀孕期以读故事作为胎教的方式，这对母子双方都是一件十分有益的事。

孕妈妈讲故事时应把胎宝宝当成一个大孩子，娓娓动听地边说亲切的语言，通过语言神经传递给胎宝宝，使胎宝宝不断接受客观环境的影响，在不断变化的文化范围中发育成长。

讲故事或者对话可以在闲暇时，或在公园小坐、睡觉前进行，这样做既可以给孕妈妈增加适当的肺活量，又可以帮助孕妈妈更好地调整情绪，进入休息状态，更有利于新生命熟悉妈妈的声音，早早培养起日后的母子亲情。

胎教提示

孕妈妈和准爸爸丰富、生动的语言，承载着浓浓的爱意，能唤起胎宝宝的安全感，也能吸引胎宝宝对外界的好奇，对智力发展可以起到积极的促进作用。

音乐胎教：与生俱来的音乐潜能

医学专家的研究证实：音乐胎教可以使胎宝宝神经元数量增多，树突稠密，突触数目增加，甚至使原本无关的脑神经元相互连通。

神经元是神经系统的基本结构单位和机能单位。一个人智力的优劣与脑神经元的发育关系十分密切。脑神经元表面有一大的分枝（即轴突）和很多小的分枝（树突）；两个脑神经元之间依靠轴突、树突相接触而传递冲动（即沟通信息），其接触的部位称为突触。突触越多，人越聪明。

音乐胎教通过对胎宝宝传输优良的乐性声波，可以促使其脑神经元的轴突、树突及突触的发育，在潜移默化之中，就对胎宝宝的情绪、个性、品性、智力和身体的健康起着塑造作用，为优化后天的智力及发展音乐天赋奠定基础，是胎教理想的素材和途径。

* 胎宝宝对优美音乐有什么反应

医学专家经研究发现，胎宝宝在3~4个月时便开始有了听觉能力，6个月时听觉能力已发育到相当完备的程度，不仅能听到母亲的心跳，对外界发出的各种声音、音乐都会有一定反应。

如听到外界过响或不舒服的噪声时，胎宝宝会有皱眉、踢脚、显得烦躁等动作反应；听到熟悉的母亲的声音或优美的音乐时，会有舒服安静地吸吮手指、轻轻踢脚等表现。所以，从理论上来讲，从胎宝宝4个月起，就可以针对胎宝宝进行音乐胎教，坚持每天早晚或者抽空为胎宝宝放一两次20分钟左右的胎教音乐。

胎教提示

音乐胎教的乐曲分为两类：一类是让胎宝宝单独欣赏的；另一类是适宜孕妈妈听的。美妙的音乐能唤起孕妈妈美好的情感和艺术想象力，同时能使气血畅通、细胞活动更加活跃、心情愉快，这对孕妈妈生理、心理都极有好处，胎宝宝同时也会产生共鸣，感到身心愉悦，从中受益。

情绪胎教：在欢乐的氛围下健康成长

通过对孕妈妈的情绪调节，使之忘掉烦恼和忧虑，创设清新氛围，让孕妈妈精神愉快，心理健康；并且通过孕妈妈的神经递质作用，使胎宝宝的大脑得以良好的发育，称为情绪胎教。

＊情绪怎样影响胎宝宝

孕妈妈与胎宝宝之间由血液中的化学成分沟通信息，中医有"孕借母气以生，呼吸相通，喜怒相应，一有偏奇，即致子疾"的理论。

研究表明，孕妈妈的情绪直接影响内分泌，导致体内激素的变化，而激素又经血液流到胎宝宝体内，使胎宝宝受到或优或劣的影响。如果孕妈妈的情绪焦虑有余，其体内多种肾上腺激素的分泌量会失去平衡，并通过血液影响胎宝宝的正常发育，故情绪胎教非常必要。

情绪胎教是保障孕期妈妈和胎宝宝心理健康的重要方法，决定着孕妈妈和胎宝宝关系的和谐与否，以及宝宝后天心理素质及心理健康的好与坏。

＊孕妈妈要注意调节自身的情绪

孕妈妈的好情绪是保障孕期健康顺利进行的主观因素，平时孕妈妈可以这样来调节：

应胸怀宽广，乐观向上，多想孩子远大的前途和美好的未来，避免烦恼、惊恐和忧虑。

饮食起居要有规律，按时作息，进行一些行之有效的劳动和锻炼。衣着打扮、梳洗美容应考虑到是否有利于胎宝宝和自身的健康。

孕妈妈修养的不断提高，孕期生活品位增加，由女人向母亲角色转变过程中的内心品质提升，可达到成为胎宝宝的榜样的效果。

微笑也是一种很好的情绪胎教方法，孕妈妈愉悦的情绪可促使大脑皮层兴奋，使血压、脉搏、呼吸、消化液的分泌均处于平稳、相互协调状态，可以改善胎盘供血量，促进腹中胎宝宝健康发育。

胎教提示

妊娠后的生理机能变化，对胎宝宝的期望或者猜想，对未来生活的不适应等，都可能无形中增加孕妈妈的压力；怀孕后激素的作用，还可能让一些孕妈妈对平常的噪声、气味、颜色等产生不良反应。因此，家人应该格外注意避免对孕妈妈精神方面的刺激。

美育胎教：小小艺术家

美育胎教是指根据胎宝宝意识的存在，通过孕妈妈对美的感受而将美的信息传递给胎宝宝的方法。当然，孕妈妈的作用很关键，这要求孕妈妈通过自己感受自然、音乐、图画等，将美好感受经神经、体液传输给胎宝宝。

* 怎样进行美育胎教

看：主要是指阅读一些优秀的作品和欣赏优美的图画。孕妈妈要选择那些立意高、风格雅、个性鲜明的作品阅读，尤其可以多选择一些中外名著。孕妈妈在阅读这些文学作品时一定要边看、边思、边体会，强化自己对美的感受。孕妈妈还可以看一些著名的美术作品，比如中国的山水画、西方的油画，调动自己的理解力和鉴赏力，把生活中美的体验传导给胎宝宝。

听：主要是指听音乐，这时孕妈妈在欣赏音乐时，可选择一些主题鲜明、意境饱满的作品，它们能促使人们美好情怀的涌动，也有利于胎宝宝的心智成长。可以播放一些欢快、优美动听的音乐或活泼有趣的儿歌、童谣，并跟着轻轻哼唱。

体会：指贯穿看、听活动中的一切感受和领悟，包括孕妈妈在大自然中对自然美的体会。孕妈妈在这个阶段也要适度走动，可到环境优美、空气质量较好的大自然中去欣赏大自然的美，这个欣赏的过程也就是孕妈妈对自然美的体会过程，孕妈妈通过欣赏美丽的景色从而产生美好的情怀。

打扮：在怀孕期间，孕妈妈也可以打扮得很漂亮，虽然暂时告别了美丽的身段，但妈妈完全可以通过简单的美容、穿衣、护肤等来进行弥补，加上孕期特有的魅力，这些都是妈妈的美丽秘诀，妈妈的美还会使胎宝宝在潜移默化中受到熏陶。

胎教提示

美育教育使胎宝宝事先拥有了朦胧的美的意识，出生后一般也较其他婴儿聪慧、活泼、可爱。孩子与母亲的关系会因此而倍感亲密。

触摸胎教：胎宝宝喜欢肌肤之亲

孕妈妈本人或者准爸爸用手在孕妈妈的腹壁轻轻地抚摸胎宝宝，引起胎宝宝触觉上的刺激，以促进胎宝宝感觉神经及大脑的发育，这称为触摸胎教。

＊宝宝在触摸中成长并获得安全感

触觉是宝宝还在子宫中就已经发展起来的一种感觉，他不断地用自己的身体去感受周围环境：感受羊水和羊膜的爱抚；感受身体的一些部分相互碰撞或相互依靠时，皮肤接触的感觉。反复碰触会在宝宝的大脑中建立联系，将其神经系统的发展向前推进一步。

抚摸能使胎宝宝产生安全感，通过抚摸，胎宝宝能感受到母爱和父爱，使胎宝宝觉得舒服和愉快。实施抚摸胎教时，孕妈妈或准爸爸可以在用手轻轻抚摸妈妈的肚子时，不断地跟胎宝宝说话，也可以轻声谈论一些愉快的话题。

＊怎样进行触摸胎教

怀孕第8周开始，胎宝宝体内绝大部分的细胞已具有接受外界刺激的能力，并且通过触觉神经感受这种刺激，而且反应随着月份的增大越来越灵敏。孕妈妈和准爸爸此时就可以通过抚摸的动作，并配合声音与胎宝宝沟通信息。

在怀孕3个月以后，孕妈妈和家人可以进行一些来回抚摸的练习，即你在腹部完全松弛的情况下，用手从上至下、从左至右，来回抚摸。不过在抚摸的时候，动作要轻，时间不宜过长。还要保持稳定、轻松、愉快、平和的心态。

抚摸胎教最好安排在固定的时间，并以同样的手法进行，形成规律后就能感受到胎宝宝的反应了，他可能会在子宫中用蠕动和踢来踢去回应你的触摸。如果胎宝宝对抚摸的刺激不高兴，多数以用力挣脱或者蹬腿来反应，这时应该停止抚摸。如果胎宝宝受到抚摸后，过了一会儿才以轻轻的蠕动做出反应，这多半意味着可以继续抚摸。

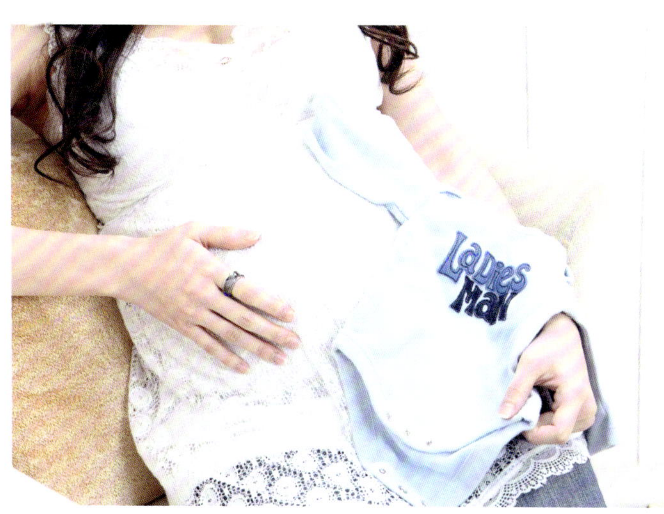

营养胎教：吃得好才能发育好

想要孕育优质宝宝，就有必要从孕前就开始调养身体，怀孕期也要摄取均衡的营养，胎宝宝的身体的发育和成长离不开孕妈妈的供给，为了宝宝的健康，孕妈妈也必须合理膳食。

＊营养补充要全面

孕期要全面摄入不同的营养素，孕妈妈要根据孕早、中、晚三期胎宝宝发育的特点，合理摄取食品中的7种营养素，即蛋白质、脂肪、碳水化合物（糖类）、矿物质、维生素、水、纤维素，尽量以食补食疗的方法来满足自身需求，并防止孕期特有的疾病。

孕妈妈补充营养时，一种营养素不能代替另一种营养素，各种营养之间失去平衡可能会影响肌体对它们的吸收利用。比如身体中一种氨基酸的缺乏，会妨碍其他氨基酸的利用以及蛋白质的合成。相反，某种氨基酸过多，也容易引起氨基酸失衡或产生抑制作用，对胎宝宝的生长发育有不良影响。

＊孕期不同的阶段补充营养的原则

孕早期：胎宝宝较小，生长缓慢，需摄取的营养素不多。孕妈妈只需保证优质蛋白的摄取，同时在膳食中增加一些含矿物质的维生素较多的食物即可。

孕中期：胎宝宝发育明显加快，营养需要量也越来越多。孕妈妈要特别注意膳食平衡，应多喝水，多吃粗粮、青菜、水果等含粗纤维多的食物。

孕晚期：胎宝宝要发育肌肉、骨骼和大脑，孕妈妈需要补充一些含钙、蛋白质和维生素较丰富的食物，如鱼、肉、蛋、肝等食物。

胎教提示

宝宝日后的饮食习惯与妈妈孕期的饮食习惯有密切联系，所以为了宝宝的健康，为了宝宝未来有良好的饮食习惯，孕妈妈在孕期就需要坚持良好的饮食习惯。

色彩胎教：五颜六色的世界

人接受外界刺激及从外界获取信息绝大部分是由眼完成的，因此可以说人的第一感觉是视觉。对视觉影响最大的就是色彩，也就是人们所说的红、橙、黄、绿、青、蓝、紫等颜色。利用色彩来给胎宝宝有益影响，这被称为色彩胎教。

＊色彩对情绪的影响

色彩作为一种外在的刺激，能够影响人的精神和情绪，它主要是通过人的视觉使人产生不同感受，给人以某种精神作用。

不同的颜色所引起的刺激强度不同，因而人的感受也不同，相比较来说，红色、橙色、黄色、黑色给人的刺激强度较大，而绿色、青色、蓝色、白色给人的刺激强度较小，尤其以冷色调的绿色、蓝色刺激强度最小。使人不舒服的色彩如同噪声一样，令人烦躁不安；而协调的色彩则是一种美的享受。

所以，精神的舒畅或是沉闷都与色彩的视觉效果有着一定的关系，一般情况下，红色使人感到激动、兴奋，黄色让人感到温暖，绿色让人感到清新宁静，蓝色让人感到安静，黑色让人感到压抑、沉闷等。

＊怎样利用色彩做胎教

孕妈妈在孕期因体内激素的变化，往往性情急躁，而且情绪波动较大，所以应有意识地多接触一些偏冷的色彩，如绿色、蓝色、白色等，显得很安静、淡雅，使人有一种宁静柔和的感觉，以利于情绪稳定，保持淡泊宁静的胎教心境。

合理搭配衣服也可以让孕期心情特别好，把好的光源色彩穿在身上，久而久之，不仅会让孕妈妈的情绪稳定，透过色彩营造出来的好心情，无形中也会传达给宝宝，这正是良好胎教的开始。

居室的色彩设计可以参考这样的用色原则：安静、幽雅、舒适、整洁。对孕妈妈来讲，居室的主色调应该以冷色调为主，如：浅蓝色、淡绿色等。在主色调的背景上，不妨布置一些暖色调，如黄色、粉红色等，这样一来，当孕妈妈在工作和劳动之余，可以尽快摆脱烦躁情绪，减轻疲惫，在精神和体力上都得到休息。

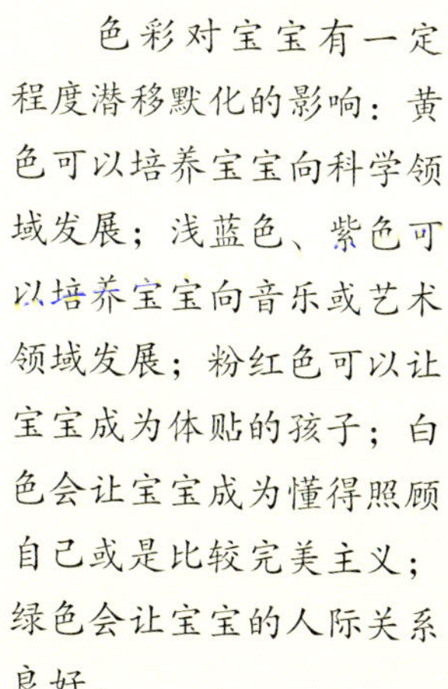

胎教提示

色彩对宝宝有一定程度潜移默化的影响：黄色可以培养宝宝向科学领域发展；浅蓝色、紫色可以培养宝宝向音乐或艺术领域发展；粉红色可以让宝宝成为体贴的孩子；白色会让宝宝成为懂得照顾自己或是比较完美主义；绿色会让宝宝的人际关系良好。

游戏胎教：宝宝天生爱玩游戏

游戏胎教是一种寓教于乐的方式，如果时常以游戏来刺激宝宝手脚的反应，宝宝会在游戏中成长，对脑部发育也有相互回馈的作用。相应地，我们可以推测胎宝宝也是如此。

宝宝在3个月左右，听觉、触感神经已经发展，所以，孕妈妈在4个月左右照超声波，可以看见宝宝在子宫中玩耍。透过游戏胎教，让胎宝宝在孕妈妈体内快乐地“散步”、“游戏”和“做体操”，与之玩耍和锻炼，可以促进胎宝宝肌肉的发育，并经过神经末梢传送到大脑，促进胎宝宝神经系统的发育，还可以增加亲子感情。

* 怎样进行游戏胎教

孕妈妈尽量让腹部松弛，双手捧抚胎宝宝，用手指轻压轻起，然后在腹部轻轻地爱抚、触压、推动胎宝宝。这样做几次，胎宝宝可能有规则地把手或脚移向妈妈的手，宝宝感觉到有人触摸他，就会踢脚。

还可以用有节奏性的动作轻轻拍打肚皮，感觉宝宝的反应，通常重复几次下来，宝宝会有反射动作。如果你轻拍肚子两下，胎宝宝会在你拍的地方回踢两下，如果轻拍三下，胎宝宝可能会回踢三下。

在开始一段时间里，胎宝宝只对孕妈妈同他“玩耍”做出呼应，过了几周后，一接触孕妈妈的手胎宝宝就会主动要求“玩耍”。这种游戏锻炼有益于宝宝出生后拥有更加健康的体魄和聪明的头脑。

孕妈妈怀孕7~8个月时是胎动最明显的时候，此时进行游戏胎教可以获得较多的回应，在孕期其他时候，孕妈妈心情好时也可以做游戏胎教。宝宝一般每天需要8~12小时的睡眠，所以如果在饭后1~2小时陪宝宝玩耍，可以明显感受到胎动，宝宝的手脚也会随着母亲的动作，而产生不同的反应。

在和胎宝宝做游戏时，拍或点的动作一定要轻柔，有时候甚至可以捏到小脚、小手的形状，但是别激动地把宝宝给捏疼了。

胎教提示

借着听音乐、运动来和胎宝宝玩游戏对他是很好的刺激，可以增加胎宝宝动作的敏感度，使胎动更明显，以此来判断宝宝健康于否，如果胎宝宝始终不爱动、不活泼，就要特别注意。

阅读胎教：读书什么时候都不算晚

阅读胎教，就是将优雅的文学作品或诙谐有趣的儿童故事等以柔和的语言传达给宝宝，以促进宝宝情感、语言和智力的发育。孕妈妈和准爸爸的阅读会让胎宝宝有一种安全与温暖的感觉，如果反复念同一则故事给胎宝宝听，会令其神经系统变得对语言更加敏锐。

* 阅读胎教的方式

选一则孕妈妈自己能够感到身心愉悦的儿童故事、童谣、童诗等，将作品中的人、事、物详细、清楚地描述出来，例如，太阳的颜色、家的形状、主人公穿的衣服等，让胎宝宝融入到故事描绘的世界中，孕妈妈在阅读时还应当尽量将内容想象出来，这能够有助于传达给胎宝宝。

阅读内容要避免过于暴力的主题和太过激情、悲伤，选定内容之后，可以设定每天的阅读时间，最好是夫妻二人每天各阅读一次给胎宝宝听，借阅读的机会与他沟通、互动。

* 这样做，阅读胎教效果会更好

1 为了让孕妈妈的感觉与思考和胎宝宝达到最充分的交流，最好是保持平静的心境并保持注意力的集中。

2 在念故事前，最好先将故事的内容在脑海中形成影像，以便比较生动地传达给胎宝宝，也就是尽量将书画上的内容“视觉化”地传达给胎宝宝，如果没有太多的时间，至少也要选择一页仔细地告诉胎宝宝。

3 在选择胎教书籍时，不要有先入为主的观念，自以为宝宝会喜欢哪些书籍，尽量广泛阅读各类书籍。

胎教提示

在分娩之前的几个月，孕妈妈没有太多的精力去做其他的胎教项目，而且胎宝宝的意识萌芽发生在怀孕第7~8个月的时候，所以这几个月不妨多实施阅读胎教，此时，胎宝宝脑外层的脑皮质也很发达，具有思考、感受、记忆事物的可能性。

意念胎教：穿行在母子之间的想象

意念胎教就是孕妈妈想象美好的事物，使自身处于一种美好的意境中，再把这种美好的情绪和体验传递给胎宝宝。意念胎教的可行性，在于意念可影响胎宝宝，孕妈妈可以利用自身和胎宝宝之间情绪、意识的传递，来给胎宝宝良好的刺激。

＊怎样施行意念胎教

从受孕开始，孕妈妈和准爸爸就可以共同为将出生的孩子做形象设计：取各人相貌中最理想而具有特点的部位加以组合，想象成未来小宝宝的可爱形象；或找一张最喜爱的幼儿画像挂在卧室里，经常看看。

孕妈妈还可以经常想象美好的事物，如名画、风景、优美音乐、文学作品和影视中美好的镜头，通过想象使自己经常处于一种愉快的心境中。

＊尽量排除不好的想象

联想对胎宝宝的“干预”作用有两面性，取决于孕妈妈的联想内容，美好的内容无疑会对胎宝宝产生美的熏陶，而如果是内容不佳的联想，则可能起到反面作用。

在日常生活中，少数孕妈妈由于怀孕后的身体不适而出现对胎宝宝怨恨心理以及产生不好的联想感受，胎宝宝在母体内就会意识到母亲的这种不良感受，从而引起精神上的异常反应，如果这种情况长久存在，胎宝宝受这样的情绪影响，出生后可能会有情感障碍，出现感觉迟钝、情绪不稳，易患胃肠疾病、体质差等现象。

所以，在实施联想胎教的时候，孕妈妈一定要多想那些美好的事物，将善良、温柔的母爱充分地体现出来，通过各方面的爱护促进胎宝宝的成长。

胎教提示

欣赏名画或者优美的事物时，人往往会产生美好的想象，在欣赏中想象能让胎宝宝潜移默化中产生朦胧美的意识，出生后一般也较其他婴儿聪慧、可爱、活泼。

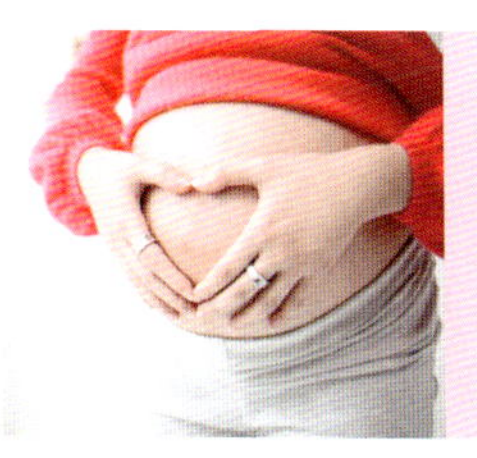

用科学的方法来做胎教

实施胎教的基本原则

许多年轻的父母接受胎教、早教是出于急于求成的目的，由于我国法律所限，大多数家庭只能养育一个孩子，所以有的父母关注胎教显得很极端，往往容易出现操之过急、过度等情况。实施胎教的时候，一定注意以下几方面。

＊科学的态度、正确的目的

胎教是为了使胎宝宝通过适当的刺激，让胎宝宝的大脑、神经系统及各种感觉机能、运动机能发展更健全完善，为出生后接受各种刺激、训练打好基础，使宝宝对未来的自然与社会环境具有更强的适应能力，而不是为了培养天才、神童。

＊必要的知识、冷静的头脑

孕妈妈和准爸爸都应当了解一些孕期心理生理卫生知识、儿童心理与教育学知识、胎教早教常识等，这能使自己做到心中有数，保持冷静的头脑，在遇到问题时，这些知识可以帮助你识别和选择适合自己的方法。

＊适宜的程度、可靠的方法

胎宝宝的各项生理功能及神经系统发育还不完善，大部分时间他需要休息，所以千万不可认为胎教是多多益善，不能操之过急，否则可能干扰胎宝宝的生物钟。在过去的案例中，有孕妈妈抽空就将胎教器置于腹部，过多地刺激令宝宝出生后精力过盛，总是不爱睡觉。

科学的胎教应该是适时适度的，科学的方法应按自然的发展规律，按胎宝宝的月龄及每个胎宝宝的发展水平做相应的胎教，做到不放弃胎教，也不过度人为干预。

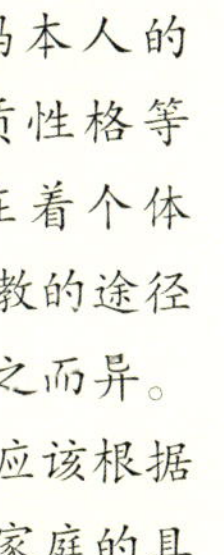

胎教提示

由于孕妈妈本人的智力能力、气质性格等许多方面都存在着个体差异，所以，胎教的途径和手段也应该随之而异。在胎教的时候，应该根据孕妈妈本人及其家庭的具体情况，选择适宜的方法，遵循胎教的原则来进行胎教。

胎教内容要顺应宝宝的成长规律

胎教时要顺应胎宝宝的身心发展的自然规律，根据胎宝宝身体发展规律提供优良刺激，促进胎宝宝身心健康发育，获得全面和充分发展。

＊触觉

触觉是胎宝宝最早发育起来的一种感觉，随着他的长大，通过触摸，孕妈妈和准爸爸可以和他交流。对于刚出生的宝宝来说，触摸不仅仅是一种感情上的抚育，它同时还刺激了皮肤，促进了皮肤、组织和深部肌肉的修复。在孕期可以通过触摸胎教，使胎宝宝的身体活动、手脚的灵活性得以锻炼。

＊视觉

胎宝宝的视觉在孕期第13周就已形成，这时候的胎宝宝对光很敏感。在第4个月时，如果用胎儿镜观察，就不难发现，当胎宝宝入睡或有体位改变时，他的眼睛也在活动。怀孕后需要经常到阳光下走一走，尤其是春天和冬天阳光比较少的时候。

＊听觉

胎宝宝能听到声音，在整个发育过程中，听觉给胎宝宝带来的影响最大，因此，胎教的内容中，利用胎宝宝的听力实施教育也相应占据重要地位。

在怀孕15周的时候，胎宝宝就已经具有了听力，此时他还只能够听到孕妈妈身体内部的声音，此时的听觉帮助胎宝宝收集周围世界的信息，刺激大脑发育。

大约在怀孕4个月时，胎宝宝就可以听到外界的声音，6个月时胎宝宝的听力几乎和成人相等，凡是能透过身体的声音，胎宝宝都可以听到。胎宝宝有了听觉之后，他就要不停地听，只要落在他的听觉范围内，他便收入耳内产生听觉，传入大脑，留下痕迹，一直到入睡为止。胎宝宝最喜欢听的，大概就是孕妈妈和准爸爸的声音了，所以此时不妨在他醒着时多与他说话，讲故事或者唱歌等，多听语言会令宝宝日后更具有语言天赋。

＊味觉

怀孕6个月之后，胎宝宝长出味蕾，能尝到羊水的味道。

胎宝宝的味觉在出生以前便受到孕妈妈饮食习惯的影响，建立宝宝良好的味觉系统，孕妈妈更要特别在意饮食习惯，过多摄入甜味等单一的味道会扭曲宝宝的味觉认知，造成偏食挑食的不良习惯。

另外，一些味道可能带来某种生理反应，比如，吃过米饭后血糖会升高，短时间内你就会感到精力充沛，胎宝宝也能感觉这些反应，所以饭后是与胎宝宝玩游戏最有精神的时候。而在胎宝宝休息的时候，孕妈妈应避免吃刺激性食物。

＊知觉能力和记忆能力

当胎宝宝发育到五六个月时，数以百万计的联结在神经元之间形成，每一个新的刺激又会激发起神经元建立新的联结，并通过反复刺激巩固已经存在的联结。

只有大脑形成越来越多的联结，它才能有效地运转，并在认识世界的过程中存储许多可以作为参考的信息点，这些信息网络的发展促进胎宝宝的各种感觉器官——听觉、触觉、视觉、味觉、嗅觉日趋成熟，同时，更加成熟的感觉系统能增长大脑存储的信息点，令胎宝宝产生记忆能力。也正是因为如此，胎教才具有了意义。

胎教提示

在胎宝宝发育的不同阶段以相应的各种方式进行胎教，能够给胎宝宝全方位的感觉刺激，这会让胎宝宝对于触摸、温度、光线、声音和味道的感觉得到全方位的加工并储存下来，为日后的学习和认知奠定良好的基础。

在宝宝醒着时做胎教最合适

胎教并不是越多越好，一些与胎宝宝互动的胎教也不是随时都可以进行，因为胎宝宝绝大部分时间在睡眠中度过，因此为了尽可能不打搅胎宝宝的睡眠，胎教的实施要遵循胎宝宝生理和心理发展的规律。在实施胎教时，要注意以下几点：

❤观察了解胎宝宝的活动规律，一般来说感觉胎宝宝动得较为频繁时说明他是醒着的，应该选在胎宝宝睡醒时进行胎教，如果胎宝宝休息了，应该适时停止。

❤每天定时胎教，这样可以帮胎宝宝养成规律的生活习惯，每次胎教时间不超过20分钟，在10分钟左右为好，与新生儿一样，胎宝宝醒着的时间不会很长。

胎教提示

由于给宝宝听音乐、玩游戏等胎教项目每天可以进行的时间比较有限，所以每次胎教时，孕妈妈如果能注意力集中，情感投入，和胎宝宝身心共鸣，那样效果会更好。

噪声不利于胎教实施

一般来说，噪声会令人焦虑不安，使人容易发怒，引起情绪不稳，强烈的噪声甚至会引起听觉障碍，对人体造成极严重的损害。长期处于强烈的噪声环境中，还可能使孕妈妈内分泌功能紊乱，从而使脑垂体分泌的催产素过剩，引起子宫强烈收缩，导致流产、早产。

噪声不仅对孕妈妈的影响很大，而且也对胎宝宝有极大影响，高分贝噪声还会令胎宝宝感到紧张不安，影响神经系统发育，还会损坏胎宝宝的听觉器官。

孕妈妈和准爸爸要重视噪声危害的严重性，远离噪声危害，为胎宝宝和自己创造一个安静（没有噪声）的生活环境。

* 怎样减少生活中的噪声

❤减少去闹市的次数，缩短在商场等喧闹场所的时间。

❤在家中听音乐或看电视时把音量尽量调低一些。

❤少去或尽量不去KTV等娱乐场所。

❤向邻居请求支持，减少喧哗、震动带来的噪声。

❤胎教要注意规律，如正是胎宝宝睡眠时，就减少或不要给他做音乐或语言胎教。

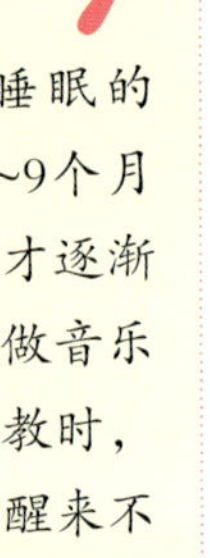

胎教提示

胎宝宝每天睡眠的时间较长，直到8~9个月以后，醒着的时间才逐渐变长，在给胎宝宝做音乐或语言类发声的胎教时，应考虑到他可能刚醒来不久，一开始声音的力度要比平时小一些，之后可以慢慢加到平时大小，分贝越大越容易增加胎宝宝的紧张度。

别让不当音乐胎教伤害到胎宝宝

音乐胎教不仅是孕早期胎教的重要方式之一，而且还可以贯穿整个孕期。科学地进行音乐胎教不仅有利于促进胎宝宝的发育，而且对于调节孕妈妈情绪、舒缓妊娠反应、缓解分娩恐惧等也是非常有帮助的，但如果方法不当，可能会适得其反，给胎宝宝大脑带来不利的影响。

* 胎宝宝不宜听节奏强烈的音乐

研究表明，外界音乐的声波可以透入子宫内，被胎宝宝感觉到。同时，有突发中、低频打击乐的强节奏的声音，会引起胎宝宝的惊吓反射，不利于胎宝宝大脑的发育，其有害性不亚于噪声，甚至强于噪声。

所以，孕妈妈应该特别注意远离强节奏的音乐，比如迪斯科性质的音乐以及摇滚音乐等，以保证胎宝宝的健康发育。

* 胎宝宝听音乐时间不宜过长

胎教音乐不宜过长，5~10分钟是较适合的。超过这个时间，胎宝宝的听觉神经和大脑会疲劳。最好让胎宝宝反复聆听，才能造成适当的刺激。

* 不宜大声地在腹部播放音乐

器乐灌输法是音乐胎教方法的一种，但是这一方法的实施要特别注意，将音乐播放器直接放在孕妇的腹壁上时，如果音量过大，即使你听起来不大，但由于离胎宝宝太近，会影响甚至伤害胎宝宝的听力。

所以，在给胎宝宝听音乐时，声音最好不要超过60分贝（比超市播放的音乐声音略小），听起来会让孕妈妈感觉很舒畅，如使用音乐传声器最好离肚皮2厘米左右，不要直接贴住肚皮，避免声音分贝过高伤害胎宝宝的听力。

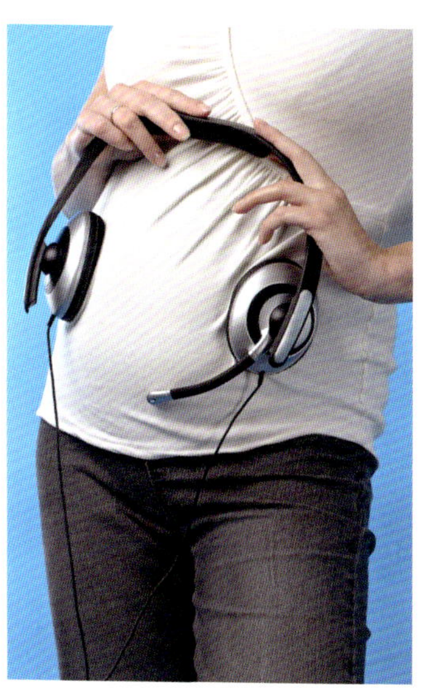

胎教提示

千万不能把胎教变成一种强迫行为，胎教是一种爱的教育，而不是一种程式化的行为。比如听古典音乐，要根据自己的喜好来进行，虽然有证据表明古典音乐确实对胎宝宝更有好处，但如果孕妈妈实在不喜欢，切不可勉强。

好情绪是胎教的基础

胎宝宝除了通过胎盘和脐带从母体摄取营养、排泄废物，还会通过胎盘和脐带进行情感沟通。母体与胎宝宝的神经系统之间虽然没有什么直接的联系，但当母体情绪变化时，能激起其自主神经系统的活动，于是由神经系统控制的内分泌就会分泌出多种多样的激素。这些激素又可以经由血液循环进入胎盘，使胎盘的血液成分发生变化，从而刺激胎宝宝的活动。

* 不良情绪对孕妈妈和胎宝宝的影响

当孕妈妈心情宁静、愉悦，便会拥有和谐、轻松、平和的情绪，体内各种激素分泌就会达平衡状态；如果孕妈妈心情躁动、不快，总处于不安、压抑、忧郁、焦虑、惊恐及愤怒之中，内分泌系统就容易失衡。这些化学物质通过脐带进入胎盘血液循环，对正处于形体和神经发育关键时期的胎宝宝进行刺激，从而影响宝宝的神经发育。

专家认为，妊娠期间妈妈心境平和，情绪较稳定时，胎动和缓而有规律。而孕妈妈情绪激动，则可造成胎宝宝的过度活动和心率加快。当这种恶劣的情绪持续较长时间时，胎宝宝活动的强度和频率可比平时增加10倍，并且将持续较长一段时间，从而给胎宝宝带来不同程度的伤害。

如果孕妈妈情绪长期过度紧张，如发怒、恐惧、痛苦、惊吓、忧虑或严重刺激等，将对胎宝宝下丘脑造成不良影响，宝宝出生后往往容易出现体重低、情绪欠佳、易哭闹、消化功能紊乱等状况。

此外，孕早期孕妈妈情绪过度不安，可致胚胎发育不良，导致流产，并可引起胎宝宝唇裂及腭裂等畸形。在妊娠中晚期会引起胎宝宝心率增快或减慢，胎动增加，导致胎宝宝出生后体重低，心脏有缺陷，身体功能失调；还可造成难产及胎盘剥离，子宫出血，甚至导致胎宝宝死亡。

由此可见，胎教首先与孕妈妈的心情有关，一个心悦情怡的妈妈和一个心情紧张、焦虑不安的妈妈孕育的胎宝宝，是完全生活在两个截然不同的胎教环境里，它将转化为胎宝宝的身心感受，影响着胎宝宝的成长过程。

胎教提示

在怀孕的全过程中，准爸爸应该分享孕妈妈的喜悦和苦恼。当然孕妈妈也要学会自我调节，例如，把家布置得温馨些，听听音乐放松，找亲朋好友交流，情况严重者要积极找专业医生寻求帮助。

夫妻感情好，胎教效果更佳

夫妻感情融洽是家庭幸福的一个重要条件，同时也是胎教的重要因素，无论是从孕前还是从孕后来说，这都是很重要的因素。

＊夫妻感情差影响宝宝发育

在幸福和谐的家庭中，受精卵会得到良好的生长环境，健康顺利地成长，生下的宝宝往往健康聪明。反之，夫妻感情不和睦，彼此间长期的精神刺激，过度地紧张、忧愁、抑郁，则会使大脑皮质的高级神经中枢活动受到障碍，可引起一些疾病，并直接影响胎宝宝。

有证据表明，母腹中的胎宝宝对来自外界的刺激是有反应的，孕妈妈所感觉的事物都可影响胎宝宝。

在孕早期，夫妻之间经常争吵，孕妈妈情绪极度不安时，可引起胎宝宝兔唇、腭裂等畸形。在孕中晚期，如果夫妻感情不和，精神状态不好，则可增加胎动次数，影响胎宝宝的身心发育，而且出生后往往烦躁不安，哭闹不止，睡眠差，消化功能不好，严重时甚至危及宝宝的生命。

据统计，关系不睦的夫妻孕育的胎宝宝出现身心缺陷的概率，比生活美满、和睦相处的父母所生的宝宝高1.5倍，胎宝宝出生后因恐惧心理而出现神经质的机会也比后者高4倍，而且这类宝宝往往发育缓慢，胆小怯弱，生活能力差。

这些都是因为胎宝宝与孕妈妈之间是存在感情交流的，夫妻剧烈争吵时，母体受刺激时内分泌发生变化，通过生理信息传递途径为胎宝宝所接受，同时，孕妈妈的盛怒可以导致血管收缩，血流加快、加强，其物理振动传到子宫也会殃及胎宝宝；而且争吵中的高声大气，无异于噪声，直接危害胎宝宝。

胎教提示

为了孕育一个健康聪明活泼的宝宝，夫妻双方应当互相尊重，互相理解，耐心倾听对方的意见，理智地、心平气和地对待彼此间的分歧，用爱心去关注小生命的每一点变化，随着怀孕，夫妻双方将越发亲密无间，让孕期成为相依相伴、充满爱的“蜜月期”。

不要拘泥于胎教的形式

现在，胎宝宝真的是连个影儿都没有呢，仍是分别以卵子和精子的形式分别寄存在妈妈和爸爸的身上，但是着急的爸爸妈妈已经在想着要给他什么样的教育了。其实，胎教是自由的，不必拘泥于任何形式，只要你把孕期生活过得多姿多彩，给你将来的小宝宝传达最愉悦的情绪，让他健健康康、快快乐乐的即可。

即使我们将在以后的日子里提供各种各样的胎教素材，但仅是为了你可以选择——你一定要选择里面你真正喜欢的，并完全可以按照自己的习惯，发挥自己的想象，与腹中的小宝宝互动。

人在轻松的环境下，学习东西会非常快，胎宝宝也是一样。轻松愉悦的气氛下，胎教效果才会更好，只要孕妈妈感到舒适，并且感到胎宝宝在醒着，就可以随时把自己听到、看到的一切与宝宝分享。

要知道，胎宝宝不怕重复，他更喜欢熟悉的东西，一次又一次，不厌其烦。在将来的某一天你会发现这个秘密——当他听到你为他唱一首熟悉的歌时，会轻轻地蠕动，这就是他正享受你的爱意呢。

胎教提示

爸爸妈妈必须明白：胎宝宝不是一个无感觉的物质，而是一个有各种感觉的、鲜活的生命，经过外界不断的良性刺激他发育得更好。因此，不管以何种方式关注他，每天早起与他打招呼也好，在他躁动时轻轻地抚摸他也好，一定要让他感觉到父母在爱他，每时每刻。

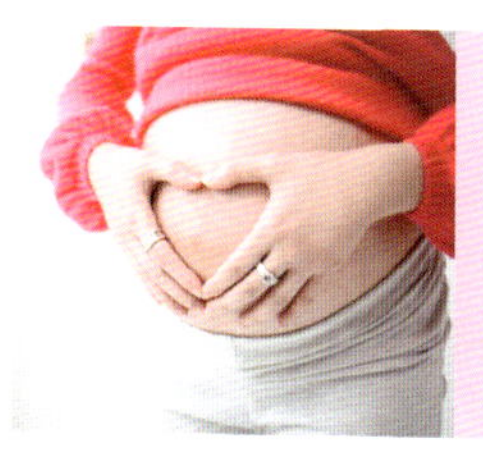

准爸爸不是胎教的旁观者

有准爸爸参与的胎教会更成功

在一般人的观念中，总以为胎教是孕妈妈一个人的事，实际上准爸爸在胎教中的作用是不可小视的，甚至可以说占有举足轻重的地位。

*准爸爸参与胎教的诸多好处

1 准爸爸参与胎教能让孕妈妈感觉受到重视与疼爱，胎宝宝也能感受到愉快的心情，日后能成为一个快乐的孩子。

2 可以建立宝宝日后对父亲的信任感，而且胎宝宝对准爸爸低频率的声音比对孕妈妈高频率的声音更敏感，接收到爸爸的声音也很容易。

3 准爸爸可以更贴心地照顾孕妈妈的日常起居，可以使孕妈妈和胎宝宝无忧无虑地度过孕期，胎宝宝的身体和智力发育也能得到更好的保障。

4 准爸爸能丰富生活情趣，让孕妈妈不会觉得长长的孕期有枯燥感，比如早晨夫妻俩一起到环境清新的公园散散步、做做早操等。

*这些胎教方式适合夫妻合作

1 对话胎教。每天坚持跟胎宝宝讲话，可以使胎宝宝出生后智力及情绪稳定，加深与父母的感情。

2 情绪胎教。孕妈妈的情绪对胎宝宝的影响从受精之前就开始了，因此，对于调节好孕期情绪，夫妻双方都应该做出更多的努力。

3 抚摸胎教。怀孕6个月时可以明显地触摸到胎宝宝的头、背和肢体，抚摸胎教是促进胎宝宝智力发育、加深情感联系的有效方法，不过要记得抚摸动作一定要轻柔。

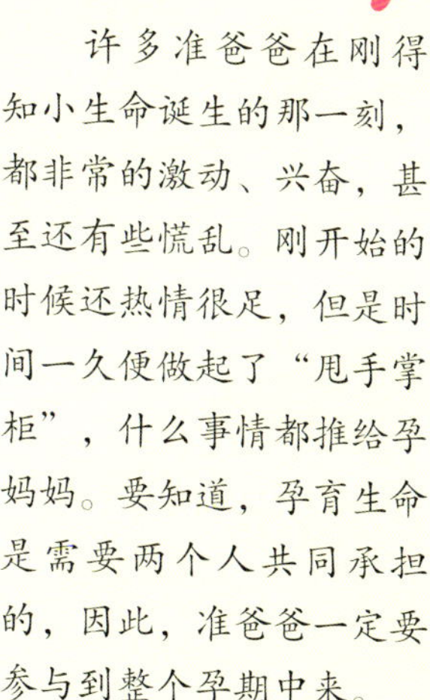

胎教提示

许多准爸爸在刚得知小生命诞生的那一刻，都非常的激动、兴奋，甚至还有些慌乱。刚开始的时候还热情很足，但是时间一久便做起了“甩手掌柜”，什么事情都推给孕妈妈。要知道，孕育生命是需要两个人共同承担的，因此，准爸爸一定要参与到整个孕期中来。

照顾好孕妈妈的生活与情绪

准爸爸应尽力满足孕妈妈怀孕这种特殊时期的情感需要，使孕妈妈保持安定平稳的情绪，这对于母子的健康非常有益。

* 准爸爸可以为孕妈妈做些什么

孕妈妈孕期的情绪会变得难以捉摸，甚至喜怒无常，尤其是在孕早期，孕妈妈的情绪极不稳定。而且这个时候，孕妈妈的心理很脆弱，依赖性也会增强，心里对准爸爸有很多的希望。

准爸爸要经常用幽默诙谐的语言，调节孕妈妈紧张消极的情绪，如“你总是愁眉苦脸、闷闷不乐，我们的宝宝会挂着伤心的泪珠出来的”；当孕妈妈假宫缩肚子疼时，就说“这是宝宝给你的下马威”等。准爸爸幽默风趣的话会使得孕妈妈的感情更加丰富。

有的时候，孕妈妈的情绪变化让准爸爸难以忍受。但准爸爸应尽量理解、包容孕妈妈，加以开导、安慰，随时递上几句贴心话，如“你受苦了，亲爱的”或“怀孕使你变得更可爱了”等。随时想到，自己是解决孕妈妈不良情绪的一剂良方。

另外，准爸爸也可以陪孕妈妈去观看一场轻松的影剧；偶尔给孕妈妈送几朵漂亮的鲜花，或者适时地留下一些写着温馨话语的字条等。准爸爸要时刻关爱并理解孕妈妈，做她最强有力的后盾，排除她一些不必要的焦虑，让孕妈妈能够尽快从负面的状态中走出来。

胎教提示

家务琐事很繁重，生活中夫妻也少不了有一些矛盾。准爸爸应甘做“家庭妇男”，尽量抢着做家务，尤其是较重的活；在某些事意见不一致时，注意控制情绪，切忌让孕妈妈激动。这样可减少夫妻之间的争执，使孕妈妈的心理得到满足。

胎宝宝喜欢听准爸爸的声音

准爸爸说话的声音主要是以中、低频调为主，而这正是胎宝宝在子宫内听到最适宜的声音。如果准爸爸每天坚持对胎宝宝说话，胎宝宝对准爸爸的声音熟悉后，会唤起胎宝宝积极的反应，对宝宝出生后的智力发育发展和情绪稳定有一定的好处。

有人在实验中发现：胎宝宝特别喜欢听爸爸的讲话声，在爸爸的唱歌声和抚摸下，能用似乎“陶醉”了的轻轻摇晃动作来表示他的满意心情。婴儿出生后哭闹时，妈妈往往不能使其安静下来，而爸爸却可以通过唱婴儿熟悉的歌曲和抚摸动作使其尽快安静下来或入睡。

这大概与胎宝宝不喜欢高、尖、细的声音（这种声音常常会造成胎动增加），而喜欢准爸爸低沉、浑厚的声音有很大的关系。所以一些心理学家提出一项极为有益的建议，请爸爸对胎儿讲话，创造那种与出生后的婴儿建立亲切、深厚感情的先决条件。

做胎宝宝最好的游戏搭档

胎宝宝生活在孕妈妈的肚子里，相对准爸爸而言，孕妈妈更能享受和宝宝之间亲密的互动，但千万不要因此而忽视了准爸爸的作用，准爸爸的爱对宝宝来说也是非常重要的。作为准爸爸，也能借由和胎宝宝亲密的交流增强做父亲的感觉，加深和胎宝宝之间的感情。

＊胎教=快乐+游戏

胎宝宝还在子宫里，就能和准爸爸游戏？别怀疑，就算不能亲身经历怀胎10月的奇妙感受，准爸爸也可以通过胎教游戏和宝宝进行“亲密接触”，胎宝宝在快乐的游戏中能得到最全面的发展，聪明的宝宝往往与胎儿期进行的游戏息息相关。

准爸爸同胎儿游戏所起到的作用是极其明显的，胎儿期常常与准爸爸玩游戏的宝宝，出生后往往同爸爸的感情非常好，同时智力、能力发育水平也会高于同龄孩子。

准爸爸应该经常与胎宝宝玩耍，这不仅能建立起情真意切的父子感情，也能达到促进胎儿健康发育的作用。

胎教提示

我们知道，一个简单捡起茶杯的动作，都需要大脑提供大量的信息，手的位置、茶杯的位置、手和茶杯的距离等。胎宝宝也是一样，每一次游戏与胎动都需要激活一个感觉通路，在大脑的许多区域间进行信息的传递，令身体各项器官发挥功能的同时促进着它们完善。

Part 2

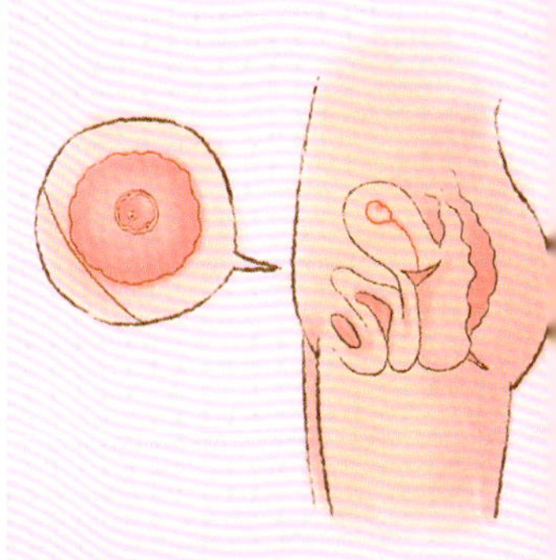

小种子正在悄悄发芽

（第 1 个月）

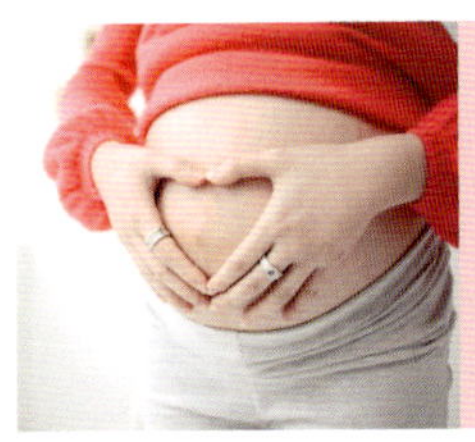

本月胎教要点

怀孕初期对胎宝宝而言，是一个特别的时期，此时，很多孕妈妈并不知道自己已经怀孕，可是孕妈妈的一举一动带给胎宝宝的影响，将决定他未来一生的命运，因此一定要从备孕期开始注意调理体质，保持良好的情绪。

在怀孕第1个月，你的胎教重点是：

* 强健体质

孕妈妈好的身体是胎宝宝茁壮成长的必要条件。在孕1月，除了补充充足的营养外，你还可以多做孕妇体操。孕妇体操是专门为孕妈妈设计的保健操，适时地锻炼有益于强健体质。

* 保持良好的精神情绪

从准备怀孕的那一天起，保持乐观的情绪，切忌大悲大怒。因为精神情绪不仅可以影响本人的食欲、睡眠、精力、体力等几个方面的状况，而且可以通过神经和体液的变化，影响胎宝宝的血液供给、心率、呼吸和胎动等。

孕1月你可以多听一些愉悦身心的音乐，也可以多看一些优美的文章，这样在心灵得到平静的同时，精神上也能得到升华。

胎教提示

准爸妈在实施胎教时，还应遵循生命发育、发展的规律。按胎宝宝的月龄，胎宝宝的实际发育水平，有的放矢地施教，绝不要急于求成。

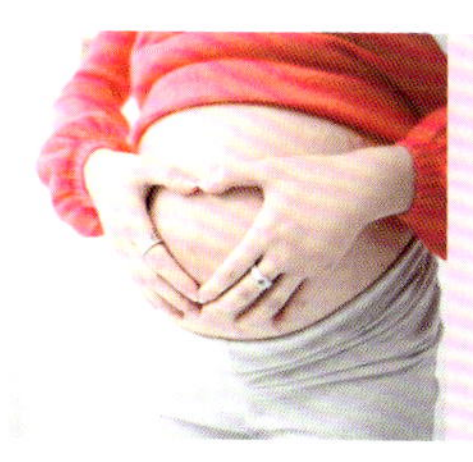

胎宝宝在发育

嘿，亲爱的妈妈，从现在起，我就是你的小宝宝了。妈妈，你可能不知道吧，我能站在这里跟你说话，经过了多么惊险的一段路程。

我以前是爸爸身体里的一个小精子，那真是一个残酷的家庭，从出生起我就拥有了一个庞大的兄弟族群，是2亿还是3亿我也数不清了，反正很快我们就长大了。爸爸说我们中只有一个人能结婚，新娘就在妈妈的肚子里，我们兄弟谁最先到达新娘那里，谁就可以和新娘一起过上幸福的生活。

妈妈，不用说你一定猜到了，我很幸运地娶到了新娘。我们一起住进了一所安全的房子——子宫里，虽然还是个小不点儿，但我们飞快地成长着，还打算好好“装修”一下房子呢！

关于280天孕期

我们常说的孕1~2周，实际还是你的备孕时间，因为从一个卵子遇到精子直到胎宝宝被娩出，这个过程实际上是266天左右，但整个孕期一般按40周280天来计算，这是从末次月经的第1天算起的。因为你可能说不清受精具体发生在哪一天，却能记得每个月“好朋友”来临是哪一天。

在本书中，我们按一般惯例将末次月经的第1天作为孕期的第1天，每4周计为1个月（28天）。

生命的源起，一个负有特殊使命的卵子

排卵通常发生在两次月经中间，确切地说，是在下次月经来潮前的14天左右。

女性进入性成熟期后，每一个月经周期，通常只会有一个卵子发育成熟，并包裹在卵泡中从卵巢中排出。女性一般一生中会产生300~400个成熟卵子。

这个卵子排出后可存活1~2天，这期间它会沿着输卵管行进，若是遇到精子并成功受精，就成为受精卵，所以，能成为受精卵的这个卵子，可以说负有特殊使命。

排卵后卵子进入输卵管最粗的壶腹部，在此等待最优秀的那个精子。

＊创造条件，诞生最优质的卵子

❤饮食：受孕前的一个月，应多吃些富含蛋白质的食物，如瘦肉、鸡、鱼及蛋类，蔬菜和水果也应多吃，养好身体卵子自然也会更优质。

❤远离电磁辐射：X射线、荧光屏射线等对卵子均有不利影响，若你长期进行与电磁辐射有关的工作，不妨申请调离一段时间。

❤健全的卵巢功能：健康的卵巢才是好品质的保证，平常要多锻炼，少穿塑身内衣等。

胎教提示

如果有遗传病家族史，在孕前不妨找医生做一下遗传咨询，以消除疑虑或获得相关建议。

生命的源起，最优秀的那个精子

男性每次射精会排出数以亿计的精子，它们会在输卵管内游动3天左右，最终达到输卵管壶腹部的一般不超过200个。

运动到壶腹部的精子们遇到等待在输卵管内的卵子后，会将卵子包围，其头部朝向卵子，当一个精子穿入卵细胞后，会立即引起卵细胞透明带及卵细胞膜发生一系列变化，形成阻止其他精子进入的屏障，在这不超过200个的精子中，最终只有一个精子能和卵子结合。

可以说，最终能和卵子结合的那个精子，是从数亿个精子中突围出来的最优秀的一个。

＊坚持生活好习惯，创造最优秀的精子

准爸爸坚持良好的生活习惯，可以最大限度地避免精子缺陷，立竿见影地提高精子的质量和数量。

1 不要饮酒。大量饮酒可导致精子质量下降，在同房的前一个星期最好不喝酒。

2 戒烟。吸烟是使精子数量下降的主要因素，备孕期间准爸爸应坚持戒烟。

3 不洗桑拿、蒸汽浴。精子是十分娇嫩的，它存活的温度比体温低，高温蒸浴会直接伤害精子。

4 手机、笔记本等应远离“下体”。不少准爸爸习惯将手机放在裤兜里、笔记本电脑放在膝盖上、穿紧身裤等，这些习惯都会使得阴囊温度升高，从而伤害精子。

5 控制体重。研究表明，男性身体过度肥胖会导致腹股沟处的温度升高，损害精子的成长，从而引起不育，因此，体重控制在标准范围内可以提高精子的质量。

6 不做剧烈运动。剧烈运动如马拉松和长距离的骑车等会使睾丸的温度升高，破坏精子成长所需的凉爽环境，骑车应尽量选择减震功能良好的自行车。

7 多吃绿色蔬菜。绿色蔬菜中含有维生素C、维生素E、锌、硒等有利于精子成长的成分。此外，坚果、鱼类中富含不饱和脂肪酸，也利于精子成长，可适当多吃。

8 放松心情。精神压力过大对精子的成长有负面影响，准爸爸在享受性生活前应做些能让自己放松的事情，如散步、洗澡等。

替您支招

坚持一个习惯可能不太容易，准爸爸可以和准妈妈从孕前就互相监督、互相支持、互相鼓励，良好的互动可以令好习惯在不知不觉中养成。

精卵相遇，受精卵形成

幸运的那个精子进入卵细胞后，头部很快水化、膨胀，成为圆形的细胞核——精原核，卵细胞受到精子的刺激，也迅速进行第二次成熟分裂变为成熟卵细胞，这时的细胞核称为卵原核。

精原核与卵原核最终在卵细胞的中央相遇，它们各自携带有23条染色体，相遇后它们合并为46条，即23对，这个过程其实就是受精，也是受孕过程的完结。受孕过程精子进入卵细胞透明带时已经开始，整个受孕过程约需24小时。受精的本质是：精子进入卵子，两性原核融合形成一个新细胞，这个新细胞叫作受精卵。

受精卵形成，胎宝宝生命之旅正式开始

受精完成后，受精卵就形成了，这个时候它的大小约0.2毫米，重约1.505微克。

受精卵是新生命正式开始的标志。受精卵承载着准爸爸准妈妈的遗传密码，一边迅速分裂繁殖，一边向子宫腔移动。从现在开始，一个实实在在的生命已经在孕妈妈的腹部开始它的生命旅程了。

替您支招

关于胎宝宝的性别，新生命具有来自父母双方的遗传基因，受精后性别亦已决定。

着床完成，胎宝宝子宫扎根

受精卵在受精后24小时开始第1次分裂，分成两个相等的细胞。如果这时候两个细胞完全散开，就会形成单卵双胎，将发育成相貌相似、性别相同的双胞胎。第1次分裂之后，以12小时分裂一次的速度不断进行分裂，24~36小时为双细胞阶段，在72小时后分裂成由12~16个细胞组成的空心桑葚胚。

约在受精后96小时相当于月经周期的第18天左右，桑葚胚到达宫腔，总体积与最开始相比没有变化，但经过不断分裂，已经成为一个实心细胞团。它在子宫腔内继续分裂，体积增大，中间形成囊腔，里面积蓄少量的细胞液，成为囊胚体。此时的受精卵称为“囊胚”或“胚泡”，发育着的胚泡会慢慢植入子宫膜，完成着床过程，正式入住子宫。

在子宫中着床后的胚泡会接着分裂，成为胚胎，植入子宫内膜的小胚胎从此就在子宫中扎根了，它会不断分裂分化，开始自己的生长发育。

＊受精卵在子宫着床的过程

胚泡贴近于子宫内膜表面，这样可以得到保护并从血管里汲取氧气和营养。细胞分裂过程中产生的蛋白分解酶会帮助胚泡溶解子宫内膜，然后由胚泡周围细胞分化的滋养细胞和合体细胞中的合体细胞滋养层与子宫内膜紧密相连、融合，并将子宫内膜溶解形成直径约1毫米的小缺口，胚泡由此植入，大约在受精后的第12天，子宫内膜面由受精卵着床而造成的创口已被四周的上皮完全修复，着床过程完成。

＊胎宝宝生长发育的三个阶段

胚卵期：受精后2周内（末次月经后4周内），此时受精卵迅速分裂，形成具有内、外胚层的胚泡。

胚胎期：胎龄4~8周内称为胚胎，具有内、中、外三个胚层，将发育成胚胎的各组织器官。8周末已初具人形。

胎儿期：胎龄8~40周，此期间胎宝宝逐渐生长发育成熟。

替您支招

这个时期胎宝宝非常小，孕妈妈不会有明显的反应，也没有明显的体重变化，但着床时一些组织的更替可能会导致生理性的轻微出血，孕妈妈不必忧虑。

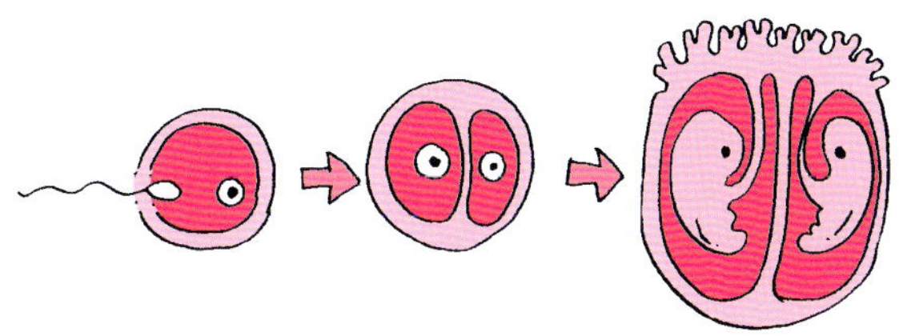

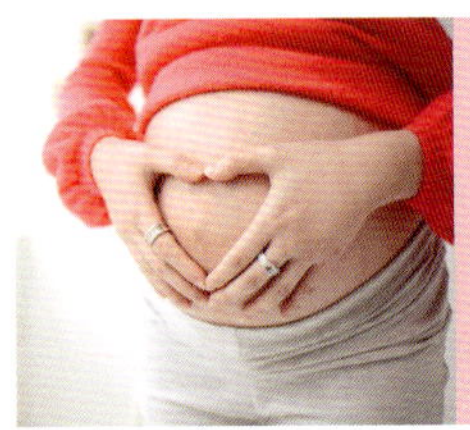

你需要了解的

从计划怀孕起，就要注意用药

很多孕妈妈会在受孕2周之后才发觉自己怀孕了，如果这期间不注意，胡乱吃药的话，对受精卵的影响很大。所以，从计划怀孕的那天起，就不要随便乱吃药了。

有很多药物容易导致胎宝宝畸形，特别是怀孕前3个月，是胚体的主要器官分化发育时期，最容易受内外环境影响，是用药的高敏感期。

如果万不得已，也要在医生的指导下用药，万万不可擅自用药，以免造成无法挽回的后果。

如果是在3周内不小心服用药物，你不必太过担心，此期受精卵若受有害药物的影响而导致它无法正常分裂、发育，就会造成自然流产，孕妈妈不必为生畸形儿担忧；而若无任何流产现象，就表示受精卵通过超强的自我修复能力修复损伤，大多会继续发育成一个正常的胎宝宝。

替您支招

并不是所有的药物都是孕妇禁忌的，所以生病后一定要及时去医院治疗。患病如果硬扛着不治疗，身体的免疫力会更加低下，会对胎宝宝造成更不好的影响。

学会测量基础体温，算准排卵日

测量基础体温可以比较精确地测算出排卵日，但首先应学会测量。

＊什么是基础体温

基础体温是指经过6~8个小时的睡眠后，在没有发生饮食、运动、情感波动等足以改变体温的行为的前提下测量的体温。

女性的体温会随着月经周期发生微妙的变化，一般月经期和月经后的7天内是持续的低温期，中途过渡到高温期后，再度返回到低温期，然后到下次月经开始。从低温期过渡到高温期而成为分界点的那一天，基础体温会特别低。以这一天为中心，前2天和后3天即为排卵日。

＊测量基础体温的具体方法

1 首先购买女性专用的基础体温计，在睡前把基础体温计放在随手可以拿到的地方。

2 第2天醒来后，起床前不翻身、不讲话、不起床、不活动，在固定的时间将体温计放在舌头下，闭紧嘴巴，测量3~5分钟，并记录。

3 连测3个月，将测得的温度数记录画成曲线。

4 排卵一般发生在基础体温上升前由低到高上升的过程中，基础体温正在升高的3天内为易孕阶段。

孕妈妈要注意：记录基础体温的同时，最好把日常生活的变化也附记下来，比如月经来的日子、做爱的日子、每天起床的时间，是否有感冒、头痛、腹泻、发烧的情况等，这些也会影响到体温，应作为体温判断的参考。

＊两种简易的排卵日推算法

1 月经周期推算法

如果孕妈妈的月经周期是稳定的28天，从月经来潮的第1天算起，向后14天即是排卵日，排卵日及其前5天和后4天加在一起称为排卵期。

2 观察宫颈黏液推测法

接近排卵期的阴道黏液变得清亮、滑润而富有弹性，如同鸡蛋清状，拉丝度高，不易拉断，排卵期宫颈黏液大量分泌可持续2~3天，因此，在出现阴部湿润感时即排卵期。有的孕妈妈还伴有小腹痛、腰酸、白带中带血丝等排卵痛的现象。

替您支招

基础体温推测排卵期至少应综合3个月情况才能准确算出，所以孕妈妈一定要坚持每天测量，以正确计算排卵期。

排卵日是受孕的好日子

＊排卵当天是受孕率的最高点

一般来说，排卵前2~3天和排卵后1~2天性交受孕概率比较高，因为女性每月只排1个卵子，卵子排出后可存活1~2天，男性的精子在女性生殖道里可存活2~3天，此后即失去与卵子结合的能力。

为保险起见，排卵日的前5天和后4天，连同排卵日在内共10天被称为排卵期，受孕率较高，受孕率的最高点出现在排卵当天，可以说排卵日是孕妈妈的最佳受孕时间，排卵后1日内的卵子新鲜、健康，如果在排卵日当天受孕，则有助于优生。

＊排卵期性交前节欲3~5天可提高受孕率

性交次数过疏或过频都不利于受孕，性交过频会导致精液稀薄，精子量少。为了增加受孕的机会，提高胎宝宝质量，接近排卵期前，应节欲3~5天，使双方精血旺盛。

替您支招

女性受孕不一定必须有性高潮，但性高潮有利于精子游入，减少精液外流，而且性兴奋时平常呈酸性的阴道环境pH上升，有利于精子生存和活动，可以增加受孕概率。

胎宝宝的性别由精子决定

胎宝宝的性别取决于准爸爸的精子，在受精卵形成的那一刻，胎宝宝是男孩还是女孩就已经决定了。

精子分为两种，一种是X型精子，另一种则是Y型精子，分别承载着两种性染色体，即X染色体和Y染色体。卵子中的性染色体只有一种，即X染色体。一个受精卵发育成男孩或女孩，取决于使之受精的精子是含Y染色体，还是X染色体，若含X染色体，则发育成女孩；若含Y染色体，则发育成男孩。

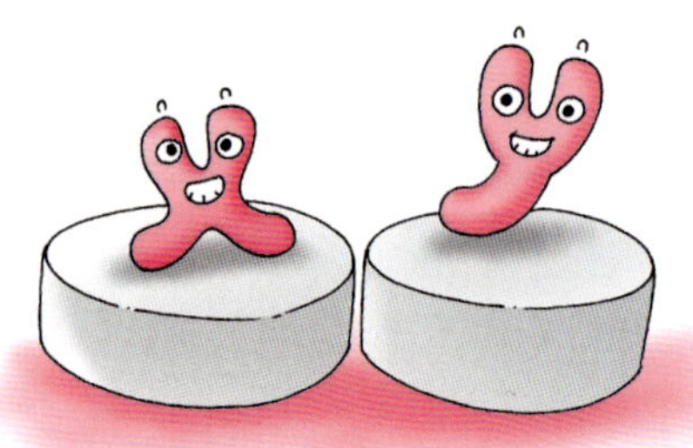

替您支招

饮食改善身体是一个持续累积的过程，在计划怀孕之前几个月到一年内，准爸爸准妈妈就可以开始动手实行，这样才能更好地发挥效果。

会用早孕试纸，第一时间知道喜讯

早孕试纸是测试怀孕非常方便的工具。它通过测量女性尿液中人绒毛膜促性激素（HCG）的含量来得到结果，当HCG的含量达到一定的诊断标准时，早孕试纸显示阳性结果，即表明可能怀孕。但使用早孕试纸要注意方法：

注意产品的生产日期，不要使用过期的测试卡，因为化学药剂时间长了就会失效。而且经过冷藏处理和受潮的试纸，都会导致试纸失效，使得测试结果不准确。

测试的时间不宜太早。HCG在受孕后10~14天开始分泌，60~70天达到高峰。因此，受孕10天内，即使是怀孕了HCG的含量也比较少，此时检测的话，无法断定是否怀孕。

如果自测结果呈阴性，但1周之后月经仍未来潮，应再做一次自测。如果不是阴性，最好去医院做检查。

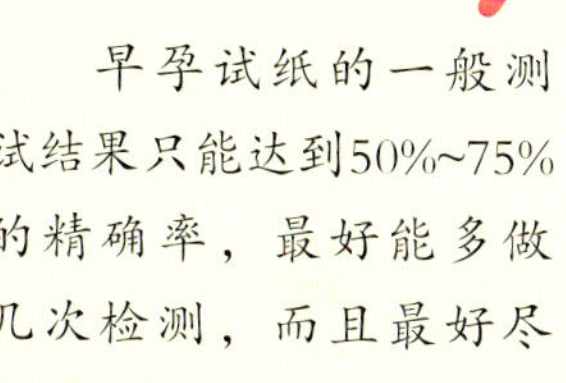

替您支招

早孕试纸的一般测试结果只能达到50%~75%的精确率，最好能多做几次检测，而且最好尽快去医院做早孕检测，以确诊。

千万别把怀孕症状当感冒

怀孕初期，孕妈妈常常没有任何原因地出现类似感冒的症状：

周身发热，浑身倦怠乏力；

感到周身发冷，睡意绵绵，清晨起来有些睡不醒的感觉；

觉得头晕、恶心。

一般情况下，我们习惯到药店自行买药先对付着，然后再考虑到医院进行诊治，可是很多孕妈妈在治疗感冒的时候查出自己已经怀孕了。所以，计划怀孕的孕妈妈这个时候千万不要马虎大意，误把怀孕当感冒来治。

孕早期出现的这些症状过几天就会自动消失，不必吃药，更不能当作感冒来治，早期胚胎比较脆弱，烟、酒、药物、疾病等都可能影响胎宝宝的发育。当出现这样的症状时，可以先买一个试纸自己测一下，阳性和弱阳性一般情况下可能就是怀孕了，这时候孕妈妈要多注意身体。

怀孕征兆，快速判断怀孕的信号

一般来说，在怀孕前期孕妈妈是感觉不到变化的，随着孕期的增长，会出现一些怀孕的征兆：

＊月经停止

这是最常被注意到的怀孕征兆，也是怀孕的第一信号。月经周期正常的孕妈妈，在性行为后超过两周仍没有按时来月经，就有可能是怀孕了。

＊尿频

怀孕初期，增大的子宫压迫膀胱引起尿频，有的甚至每小时一次。怀孕3个月后，子宫长大并超出骨盆，症状会自然消失。

＊体温升高

怀孕后由于黄体酮对体温中枢的影响，基础体温会持续维持在高水平而不下降。

＊早孕反应

早晨起床后有恶心、反酸、食欲缺乏、容易疲倦、挑食等现象，甚至呕吐，有些人会很想吃些酸味的东西，一般经过半个月至一个月会自然消失。不过这些症状因人而异，有些人的症状相当轻微，有的则比较严重。

＊乳房变化

在怀孕初期，乳房会增大一些，有刺痛、膨胀和瘙痒感，乳头周围乳晕上小颗粒显得特别突出。

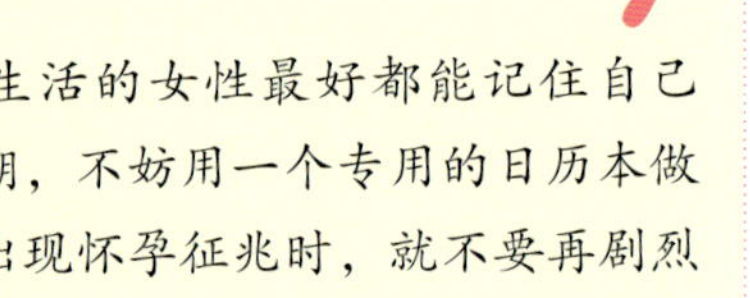

替您支招

有性生活的女性最好都能记住自己的月经日期，不妨用一个专用的日历本做记号，当出现怀孕征兆时，就不要再剧烈运动了。如果需要吃药，一定要先咨询医生或药师的建议。

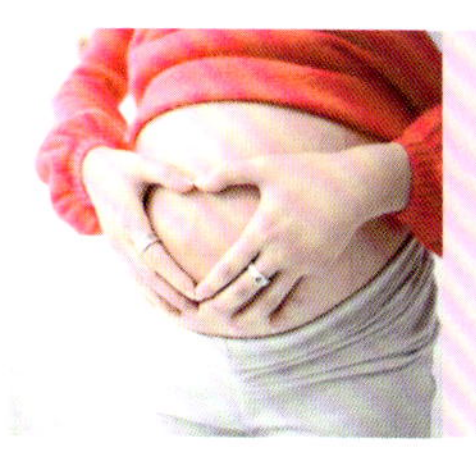

胎教在生活的点滴中

朗诵美文《开始》

“我是从哪儿来的，你在哪儿把我捡回来的？”孩子问他的妈妈说。

她把孩子紧紧地搂在胸前，半哭半笑地答道——“你曾被我当作心愿藏在我的心里，我的宝贝。

“你曾存在于我孩童时代的泥娃娃身上。每天早晨我用泥土塑造我的神像，那时我反复地塑了又捏碎了的就是你。

“你曾和我们的家庭守护神一同受到祀奉，我崇拜家神时也就崇拜了你。

“你曾活在我所有的希望和爱情里，活在我的生命里，我母亲的生命里。

“在主宰着我们家庭的不死的精灵的膝上，你已经被抚育了好多代了。

“当我做女孩的时候，我的心的花瓣儿张开，你就像一股花香似的散发出来。

“你的软软的温柔，在我青春的肢体上开花了，像太阳出来之前的天空上的一片曙光。

“上天的第一宠儿，晨曦的孪生兄弟，你从世界的生命的溪流浮泛而下，终于停泊在我的心头。

“当我凝视你的脸蛋儿的时候，神秘之感淹没了我。你这属于一切人的，竟成了我的。

“因为怕失掉你，我把你紧紧地搂在胸前。是什么魔术把这世界的宝贝引到我这双纤小的手臂里来的呢？”

* 胎教点读

已经成为妈妈的你，现在是否对一个即将到来的新生命充满了好奇呢？每个人在孩提时候恐怕都问过：“人到底是从哪儿来的呢？”泰戈尔的这首诗歌《开始》甜美、深切感人，是一首对生命的礼赞之歌。

它通过一个母亲对孩子的自述，追溯了人类诞生孕育的全过程，满怀着母亲无限的爱意。

在这首诗歌里，你可以感受到生命的美好，那么，经常读一读这首诗吧，时时让自己体会生命的感动。

朗诵诗歌《你是人间四月天》

我说你是人间的四月天；
笑响点亮了四面风；
轻灵 在春的光艳中交舞着变。
你是四月早天里的云烟，
黄昏吹着风的软，
星子在无意中闪，
细雨点洒在花前。
那轻，那娉婷你是，
鲜妍百花的冠冕你戴着，
你是天真，庄严，
你是夜夜的月圆。
雪化后那篇鹅黄，你像；
新鲜初放芽的绿，你是；
柔嫩喜悦水光浮动着你梦期待中白莲。
你是一树一树的花开，
是燕 在梁间呢喃，
——你是爱，是暖，是希望，
你是人间的四月天！

＊胎教点读

一个妈妈对孩子的期待与爱恐怕只有做了妈妈的人才能真正诠释。民国时期著名才女林徽因便是这样一个母亲，儿子出生带来的喜悦以及母亲对儿子的希望，这些都被她写进了这首深情的诗歌《你是人间四月天》中。

这首诗是一个母亲为儿子的出生而作的，诗人将四月的春景比作她心里的那个小天使，字里行间诠释的都是爱与希望。

同样，爱子情深的你也读读这首诗歌吧，相信能让你心中满满的都是温暖与享受。

把孕育当作平常事

孕育是一个神奇的过程，孕育生命不但复杂而且精密，精卵结合的瞬间，一个新的生命便开始孕育生成，细胞分裂后生命在一分一秒中不断成长。

然而，孕育生命并非看起来那样难，也并非看上去那么特殊，它的本质是实现生命的延续，这是人类繁衍的必经之途，也是自古以来每个女性都拥有的一种权利。每个人来到这个世界上都是通过母亲孕育而来，在母亲们看来，孕育是一件自然而平常的事情，正因为这样，每个孩子的到来也是一件能预料和期待的事情。

孕妈妈应有一颗平常心，不能高估自己也不能低估自己，将孕育一个宝宝看作是一件平常事，既积极主动，尽力而为，又顺其自然，不苛求事事完美，做好每天要做的事情，享受生活，享受做好每一件事情所带来的快乐，这会让自己有足够的力量承担挫折和苦闷。

帮助胎宝宝智力发育的叶酸

叶酸是一种水溶性的B族维生素，它参与人体新陈代谢的全过程，是人体内蛋白质和核酸合成的必需因子。血红蛋白、红细胞、白细胞快速增生，氨基酸代谢，大脑中长链脂肪酸如DNA的代谢等都少不了它。

如果孕妈妈在孕期缺乏叶酸，会导致胎宝宝神经管缺陷，主要是包括无脑畸形、脑积水和脊柱裂的一组严重的缺陷，也是造成围产儿死亡的主要原因之一。另外，孕期叶酸缺乏可引起红细胞性贫血。

孕期及时补充叶酸能够有效地预防新生儿神经管畸形的发生，其保护率达72%左右，还可起到预防红细胞性贫血的作用，也可降低胎宝宝眼、口唇、腭、胃肠道、心血管、肾、骨骼等器官的畸形率。

＊叶酸什么时候开始补，补多少

有怀孕计划后，最好在孕前3个月就在医生的指导下，每天补充适量的叶酸，一直补到怀孕后3个月，但在有些特殊情况下要加长补充时间：

1 怀孕前有长期服用避孕药、抗惊厥药等用药史的，应该在孕前6个月停止用药，并经医生指导后，按医嘱补充叶酸。

2 如果曾经生下过神经管缺陷的胎宝宝，再次怀孕时最好到医院检查，并遵医嘱增加每日的叶酸服用量，直至孕后12周。

许多孕妈妈在怀孕两三个月后才知道自己已经怀孕，这可能错过补充叶酸的关键时期。此时孕妈妈不要紧张，尽快去医院检查血液中叶酸的含量，医生会针对个体的情况，给出相应的解决方法。

为避免孕妈妈错过补充叶酸的好时机，建议备孕的女性每天都应补充0.4毫克的叶酸，具体的补充方案还需要由医生来决定。

＊叶酸增补剂应怎样选择

选择哪种叶酸制剂应遵从医生的指导，根据医生的推荐来选择，并按照医生的指导来补充，切忌自己滥服药、乱买药。

目前市场上针对孕妇的叶酸产品一般每片剂量在400微克左右。市场上还有一种供治疗贫血用的叶酸片，每片含叶酸5毫克，相当于斯利安片的12.5倍。

孕妈妈千万不要因为某种叶酸片的叶酸含量更丰富就选择它，长期大剂量服用叶酸片对自身和胎宝宝都会产生不良的影响。另外，高剂量的叶酸会造成维生素B_{12}的缺乏，同样会造成神经永久性的伤害，在摄取上应该适量就好。

* 含叶酸丰富的食物

食物类别	食物举例
动物食品	动物的肝脏、肾脏及禽肉、蛋类、牛肉、羊肉等
蔬菜	莴苣、青菜、龙须菜、花椰菜、油菜、小白菜、菠菜、胡萝卜、番茄、扁豆、豆荚、蘑菇等
谷物	大麦、米糠、小麦胚芽、糙米等
豆类	黄豆、豆制品等
坚果	核桃、腰果、栗子、杏仁、松子等
水果	橘子、草莓、樱桃、香蕉、柠檬、桃子、李、杏、杨梅、海棠、酸枣、石榴、葡萄、猕猴桃、梨、胡桃等

叶酸广泛存在于许多食物中，但人体真正能从食物中获得的叶酸并不多，因为叶酸遇光、遇热不稳定，容易失去活性，如蔬菜贮藏2~3天后叶酸损失50%~70%；煲汤等烹饪方法会使食物中的叶酸损失50%~95%；盐水浸泡过的蔬菜，叶酸的成分也会损失很大。

所以，要想从食物中摄取叶酸，就必须在食物的储存、烹饪上多加注意，不要将蔬菜长时间高温炒、煮，而且要避免油炸食物，在用食物补充叶酸的同时，还应该注意补充叶酸制剂。

替您支招

长期服用叶酸会干扰体内的锌代谢，锌一旦摄入不足，就会影响胎宝宝的发育。因此，在补充叶酸的同时，孕妈妈还要注意补锌，多吃一些牡蛎、肉类、花生、小米、萝卜、豆类等。

孕期健康早餐应该怎么吃

毋庸置疑，孕期营养很重要，但一天的营养重点则体现在早餐上，保质保量的健康早餐能为孕妈妈提供充足的营养。

准妈妈的早餐应做到营养全面，科学摄取：

＊早餐应该吃温、热的食物，以保护胃气

热稀饭、热燕麦片、热奶、热豆花、热面汤等热食，都可以起到温胃、养胃的作用，若是在寒冷的冬季，这点尤为重要。

＊营养合理

在合理的早餐营养结构中，三大产热营养素蛋白质、脂肪、碳水化合物的产热值的比例为4:9:4，各种营养素应全面科学：

1 天然的、没有糖类或其他添加成分的全麦制品，包括麦片粥、全麦饼干、全麦面包等。

全麦制品可以保证每天20~35克纤维的摄入量，同时，全麦面包还可以提供丰富的铁和锌。

2 蛋、奶、豆制品

孕妇每天应该摄取足量的钙，奶、豆制品可提供丰富的钙，除牛奶外，酸奶也富含钙，同时也有助于胃肠道健康。蛋类可提供丰富的铁质、蛋白质。

3 蔬菜、水果

除酸性水果如山楂等外，各种水果都可以吃一点儿，水果中富含维生素、叶酸和大量的纤维，可以帮助孕妈妈保持体力，防止因缺水造成的疲劳。

4 瘦肉

瘦肉富含铁，并且易于被人体吸收，怀孕时孕妇血液总量会增加，多吃含铁丰富的食物可保证营养通过血液供给胎宝宝。

＊一日早餐推荐

牛奶或豆浆1碗、馒头或面包2片或瘦肉粥1碗、鸡蛋1个、少量蔬菜和水果。

替您支招

孕早期有的孕妈妈晨起呕吐可能是由于空腹造成的，可以在起床后先吃一些含蛋白质、碳水化合物的食物，如温牛奶、苏打饼干，这样可以缓解症状。

运动适宜助好“孕”

＊怀孕前适宜而有规律的运动有助于受孕

计划怀孕前的一段时间（比如3个月）内，夫妻共同进行适宜而有规律的运动对于受孕有很好的作用：

❤ 促进孕妈妈体内激素的合理调配，确保受孕时体内激素的平衡。

❤ 促进精子顺利着床，避免怀孕早期发生流产。

❤ 减轻孕妈妈分娩时的难度和痛苦。

❤ 促进胎宝宝的发育和日后宝宝身体的灵活程度。

❤帮助准爸爸提高身体素质，确保精子的质量。

＊适合孕前的运动

适宜准爸爸准妈妈孕前进行的运动有慢跑、柔软体操、游泳、太极拳等。

＊运动要适宜，不可过度

很多准爸爸准妈妈备孕期间很注重锻炼身体，但要注意的是，过度锻炼反而会阻碍受孕，适度地运动才能起到应有的保健效果，过于频繁的锻炼会消耗体内过多的营养，无法为怀孕做好准备，一些女性运动员经常出现生育问题就是这个原因。

每天不必花大把的时间锻炼，也不能长久不运动，一旦运动就筋疲力尽。如果过去有这样的习惯，一定要调整，适当降低运动强度。

替您支招

如果准妈妈在运动过程中不感到疲劳，运动停止后15分钟之内心率能恢复到运动前的水平，说明运动量比较适宜。反之，则说明运动量过大，应当及时调整。

散步适合整个孕期

散步是一项对于孕妈妈来说最好的运动，也是整个孕期最安全的活动方式，是增强孕妈妈和胎宝宝健康的有效运动方式。

1 散步不仅能帮助孕妈妈呼吸到室外的新鲜空气，调节情绪，还能够提高神经系统和心、肺的功能，促进身体的新陈代谢。

2 散步可以帮助孕妈妈保持体重，而且节奏相对稳定的步行，可以使腿部、腹部、胸部及心肌运动加强，血管容量增大，血液循环加快，对身体细胞的营养，特别是对心肌的营养有很好的促进作用。

3 长期坚持散步对促进腹内胎宝宝的发育大有好处，对以后的正常分娩也打下了良好的基础。

如果孕妈妈不经常运动，这是最容易开始运动的一种方式，如果一直在散步，一定要继续保持。

* 散步的时间

散步的时间，控制在30分钟即可，如果怀孕前很少运动，开始散步的时候先慢慢走，然后逐渐增加至20~30分钟的快步走，也可以先快走几分钟，再慢走几分钟，交替进行，最好一周运动3次以上，最重要的是坚持进行，偶尔运动一次难以受益。

早晨散步，最好是等到日出之后再出去，日出前空气中的二氧化碳较多，如果是晚上散步，可以选择8点以后，马路上的车辆相对较少。

* 散步的地点

散步的地点最好选择绿色植物较多、尘土和噪声较低的地方，这些地方空气清新，氧气含量高，比如空气清新的公园、林荫绿地、干净的水塘湖泊边，等等。

如果没有以上条件，可去车辆相对较少的街道散步，尽量不要在污染较大的马路和大街上、人群嘈杂的商场和闹市中散步，这样的地方汽车尾气多，马达的轰鸣声、刺耳的高音喇叭声等都会对孕妈妈和胎宝宝的健康造成极为不利的影响。

* 孕期各个阶段怎样散步

孕早期：这个时候不需要对平日散步的习惯做太多调整，只要确保穿着适合散步的鞋就行，以便给双脚必要的支撑。

孕中期：这个时期动作比较笨拙，散步时要注意姿势，以免拉伤背部：

抬起头，下巴水平，挺胸，不要驼背，眼睛向前看，摆动双臂，以保持平衡和加强锻炼效果。

孕晚期：这个阶段应尽可能坚持散步，但考虑到肚子已经很大，甚至站立时已经看不到自己的脚了，所以要避免远足，不要在不平坦的路段散步，以免身体失去平衡。

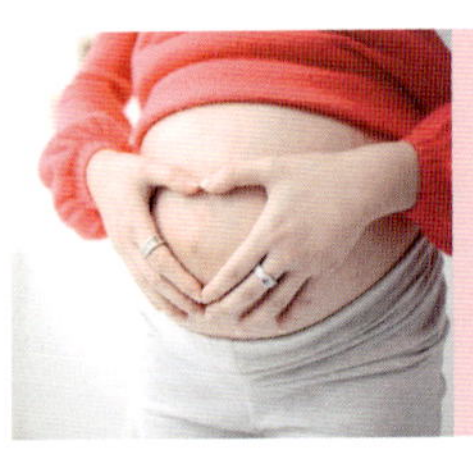

准爸爸做胎教

准爸爸做胎教有什么好处

*胎宝宝喜欢男性低频率的声音

胎宝宝对男性低频率的声音比对女性高频率的声音更敏感。准爸爸经常摸着孕妈妈的肚子和胎宝宝打招呼，说故事并唱歌给他听，教他简单的知识及常识等，这样对胎宝宝脑部的发育会有很大的帮助，同时还可以刺激胎宝宝的听觉发育，胎宝宝也能感受到准爸爸的关爱。

*可以让孕妈妈情感上得到满足

怀孕后，孕妈妈的情绪会比孕前多变，甚至喜怒无常，尤其是在孕早期，孕妈妈的情绪极不稳定。而且这个时候，孕妈妈的心理很脆弱，依赖性也会增强，心里对准爸爸有很多的期待。准爸爸应尽量理解、包容孕妈妈，加以开导、安慰，做她最强有力的后盾，让孕妈妈能够尽快从负面的状态中走出来。

*准爸爸是宝宝最好的游戏搭档

作为准爸爸，就算不能亲身经历怀胎10月的奇妙感受，也可以通过胎教游戏和胎宝宝进行“亲密接触”，胎宝宝在快乐的游戏中能得到最全面的发展。胎儿期常常与准爸爸玩游戏的宝宝，出生后往往同爸爸的感情非常好，同时智力发育水平也会高于同龄孩子。

替您支招

在胎教过程中，准爸爸应陪在孕妈妈身边，倍加关爱孕妈妈，让她多体会家庭的温暖，避免产生愤怒、惊吓、恐惧、忧伤、焦虑等不良情绪，保持心情愉快，精力充沛。

胎教日记，不妨交给准爸爸来做

记录下孕期的点点滴滴，这将是一份十分珍贵的胎宝成长记录，也是一份难得的孕育生命的写照，这也是培养夫妻爱情结晶的记录，有利于夫妻感情的深化。

胎教日记可以由孕妈妈来记，也可以是准爸爸来写，但鉴于准爸爸无法与胎宝宝进行最亲密的接触，所以，准爸爸不妨以记录胎教日记的方式来感同身受地表达胎宝宝的成长。

准爸爸的胎教日记可以记下新生命的全部孕育过程：

“十月怀胎”的酸甜苦辣，和孕妈妈孕育新生命的喜怒哀乐，孕妈妈的衣、食、住、行等，甚至偶有的不适，如何就医、如何服药等，都可以记下来，还可以记下对腹中的胎宝宝进行胎教的全过程，在宝宝出生时，还要详细、翔实地记下宝宝出生的全过程。

一个勤奋又负责的准爸爸一定可以写出世界上最好的胎教日记，俗话说“一个父亲胜于百个教师”，做胎宝宝的好爸爸就从写胎教日记开始吧！

替您支招

胎教日记的记录贵在坚持，每天都记一点儿，长短无所谓，三言两语，有话则长，无话则短，重在发自内心。

Part 3

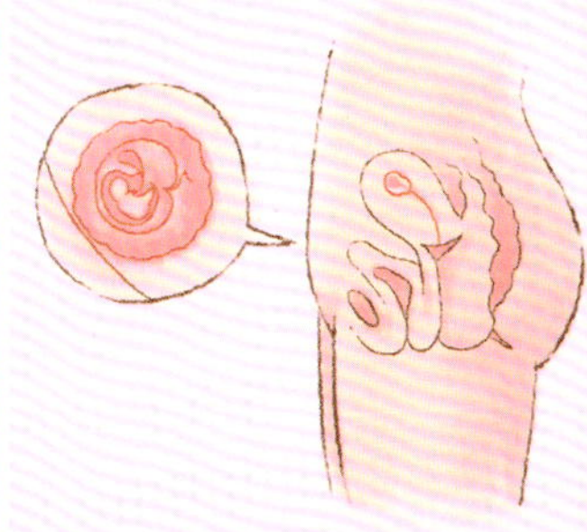

蚕豆大的胚胎也能感知心情

《第 2 个月》

本月胎教要点

怀孕第2个月是胚胎发育最关键的时刻，一定要谨慎护理，不要随便惊动他。这时胚胎对致畸因素特别敏感，千万不要滥用药物，或接触对胎宝宝有不良影响的事物。同时需要在思想感情上确立母子同安的观念，以便更好地在精神与饮食营养上保护胎宝宝。

在怀孕第2个月，你的胎教重点是：

* 注重营养的补充

由于妊娠反应明显，现在孕妈妈常常因饮食量过少而导致营养缺乏，营养不良容易引起流产，一定要注意营养上的补充。

* 保持良好的情绪与心境

从这个月的月末开始，可以听一些优美、柔和的乐曲，每天听1~2 次，每次听5~10分钟。可以激发孕妈妈愉快的情绪，为进一步实施音乐胎教和听觉胎教开个好头。

另外，也可以做做手工、看看书等，这都是保持良好心情不错的方法，同时还能提高孕妈妈的动手和思考能力。

* 适当运动

本月的运动方式主要是继续散步和做孕妇体操，不过在运动的时候，孕妈妈一定要量力而行，不可做强度过大的运动，也不可运动时间过长，以免引起不必要的伤害。

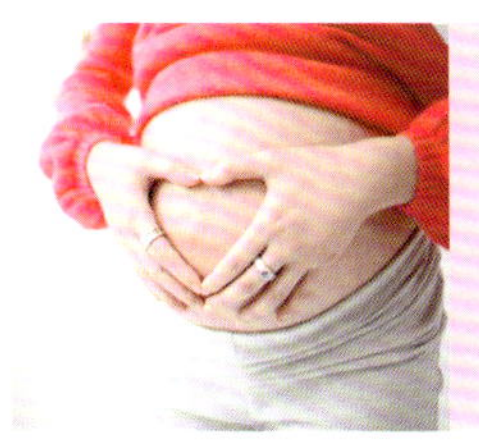

胎宝宝在发育

亲爱的妈妈，当你听到我对你说的话时，我已不是圆圆的受精卵啦，你已经感觉到我的存在了吧？这是我俩之间的小秘密，别人是一点儿也看不出的，这会儿我可忙了。我在温暖的房子——子宫中安心地住了下来，房子好大哦，可我的身体还太小，一不小心就可能从墙壁上掉下来。其实准确地说，我现在还只是小胚芽，所以我要不停地生长，等我在房子里慢慢长大时，就不用担心掉下去了。不过，妈妈你别担心，我很快就能牢牢地占据我的地盘了。

5周胎宝宝——迅速扩张根据地

这一周胚胎的长度约为0.6厘米，非常的细小，像一个小苹果籽，外观很像小海马。

从本周开始，胚泡在子宫内着床后，就会向四周扩展，胚胎细胞迅速分裂，形成了原始的神经管，各个胚层仍然继续分化，头部开始迅速发育，神经管的上段今后将形成大脑，在胚胎分化出的三个胚层中，每一个胚层都分化为不同的组织。

这个时期，神经系统和循环系统最先开始分化，到了受精的第28天，神经管形成，今后发育成胎宝宝的脊髓，这就标志着胎宝宝的神经系统开始形成。本周面部器官开始形成，鼻孔可清楚地看到，眼睛的视网膜也开始形成了。

* 三胚层的分化

胚胎一端的细胞团分化出扁平细胞，成为胚胎原始内胚层；其余较大的细胞就变成柱状细胞，形成胚胎的原始外胚层；原始内、外两胚层此时称为胚盘，在胚盘内、外两胚层之间会分化出中胚层。

三胚层的每一个胚层都分化为不同的组织：

- 外胚层分化成神经系统、眼睛的晶体、内耳的膜迷路、皮肤表层、毛发和指甲等；
- 中胚层分化成肌肉、骨骼、结缔组织、循环系统、泌尿系统；
- 内胚层分化成消化系统、呼吸系统的上皮组织及有关的腺体、膀胱、阴道下段等。

三胚层形成后，胎宝宝的雏形在孕妈妈的子宫内就生成了，这时应避免惊动腹中的胎宝宝。

6周胎宝宝——拼命三郎般忙发育

这一周胚胎的长度依旧约为0.6厘米，他漂浮在充满液体的羊膜囊中，“身体”蜷缩，看上去像个蚕豆，在你的子宫里，胚胎正在迅速地成长。

主要器官包括初级的肾和心脏的雏形都已发育，神经管开始连接大脑和脊髓，原肠也开始发育；胚胎的面部有黑色的小点，将来会发育成胎宝宝的眼睛；小的空洞是鼻孔，深凹下去的地方，将来会发育成胎宝宝的耳朵；胚胎的上面和下面开始长出肢体的幼芽，这是将来宝宝的手臂和腿；将形成嘴巴的下部，有一些小皱痕，它最终会发育成脖子和下颌；在这一周，脑垂体腺和肌肉纤维也开始发育。

＊小心脏在跳动

最重要的是，小胚胎的心脏这时候已经可以跳到150次/分钟，相当于大人心跳的两倍，不过孕妈妈在这时候还听不到胎宝宝的心跳。目前，胚胎还只有一个心室，不过现在已经开始划分心室，并进行有规律的跳动及开始供血。

7周胎宝宝——生平第一个动作

这一周，胚胎仍然漂浮在羊膜囊中，身长约为1.2厘米，体重约4克，而且头部增大明显，与身体显得有些不成比例，看上去有点儿像数字9。

胚胎的面部器官现在十分明显，眼睛就像一个明显的黑点，不过仍然是闭着的，鼻孔大开着，耳朵有些凹陷，胚胎上伸出的幼芽将长成胳膊和腿，现在看上去已经很明显，小手和小脚看起来像小短桨一样，同时还可以清楚地看到上、下肢的末端有裂痕，以后这些将发育成手指和脚趾。

胚胎的心脏已经划分成左心房和右心室，此时期胚胎的神经系统的轮廓发育已接近完成，而且已经有了两肺、肠、肝、两肾以及内生殖器官，不过均未完全成形。

＊小胚胎的第1次胎动

在本周的中间，胚胎开始有第1个动作，但他太小，孕妈妈还感觉不到，需要等到4个月后才能感受到。在接下来的日子里，小胚胎将能够轻微地转动。

替您支招

现在孕妈妈的情绪波动很大，有时会很烦躁，但应该注意的是，6~10周是胚胎腭部发育的关键时期，情绪过分不安会影响胚胎的发育并导致腭裂或唇裂，孕妈妈一定要好好调整情绪，不可因小失大。

8周胎宝宝——器官们蠢蠢欲动

这一周，胚胎的发育非常迅速，几乎每天的身长都可以增加0.1厘米，并且这种情况可以持续到20周左右。到本周末，胚胎的长度约有2厘米，形状看上去有点儿像葡萄。

此时期，胚胎像跳动的豆子一样在运动着，面部特征已经很明显了，眼睑发育完全，不过两眼间的距离很大，位于头部两侧，而不是正前方；还能辨认出有个鼻尖，两个鼻孔已形成；两侧颌骨联合起来形成了口腔；已经有了舌头，牙和腭也开始发育。

因为骨髓还没有成形，现在由肝脏来生产大量的红细胞，直到骨髓成形后去接管肝脏的作用。

* 各种器官都忙碌起来

胚胎的器官已经开始有明显的特征，各个不同的器官开始忙碌地发育，即使是复杂的器官，也都已经开始成长。负责平衡和听力的内耳正在形成，大部分内脏器官的发育已经初具规模，其中肠道很长，因为没有足够的空间容纳，所以要在腹腔外生长，与脐带相连。他的皮肤现在像纸一样薄，血管清晰可见。

几周之内，胚胎会有明显的轮廓。

替您支招

胎宝宝长得很快，子宫迅速扩张，孕妈妈现在可能会出现腹痛、小便频繁的现象，还可能因为恶心、呕吐而不愿吃东西，这些都是正常现象，孕妈妈不要过于忧心。

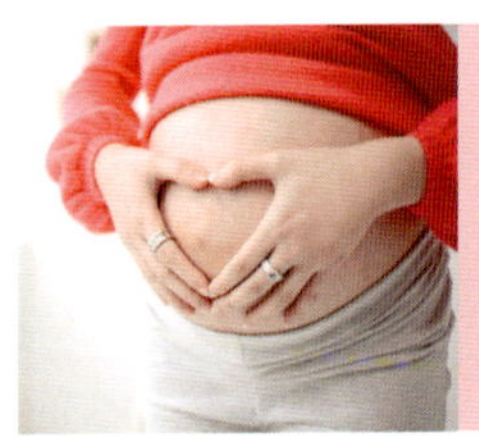

你需要了解的

尽快做早孕检查，将好消息确定下来

孕期的初次检查是件大事，在孕早期进行一次检查，不仅是为了确定胎宝宝是否已经到来，而且也是看看胎宝宝的生存环境怎么样，是孕妈妈和胎宝宝孕期健康的保障，也是优生优育的前提保障。

＊早孕检查的主要项目

1 了解阴道、宫颈情况

观察阴道黏膜是否充血；分泌物颜色、量、气味是否正常；宫颈是否糜烂，以排除孕妈妈的生殖器官发育异常，为宝宝顺利出生提供通道。

早孕期间出血时，要特别观察出血原因是否与阴道、宫颈有关，为治疗提供依据。

2 白带检查

了解阴道内是否有滴虫、霉菌存在，必要时还要进行衣原体、支原体、淋球菌检查。若存在以上微生物，容易引起上行性感染，影响胚胎发育，诱发流产，应及时治疗。

3 妇科三合诊检查

主要了解子宫大小是否与停经月份相符合，胚胎是否正常发育。

当出现子宫大小与停经月份不相吻合时，需要做B超检查，以排除子宫肌瘤、子宫发育异常和胚胎发育异常、异位妊娠等情况；若存在子宫肌瘤，需要估计肌瘤的大小、生长部位和是否影响胚胎生长发育而需要及时终止妊娠，并尽可能地估计到肌瘤的性质。

同时，医生检查的内容还包括双侧附件是否正常，当卵巢增大时，需要鉴别是妊娠引起的功能性增大，还是器质性增大。若是功能性增大，怀孕3个月后会自然消退；若是良性器质性增大，要尽可能在怀孕3个月后手术，以减少流产率。

4 超声检查

停经40天和60天分别做超声波检查，了解胚胎植入子宫的部位和胎宝宝发育情况。

5 其他检查

根据自身情况做有关检查，患有心、肝、肾、甲状腺等疾病时应进行内科诊断，以了解继续妊娠是否会增大危险。

替您支招

对于到医院进行检查，有的孕妈妈会感到紧张不安，怕检查会给胎宝宝带来隐患，因而不愿配合。其实，孕期进行检查的目的主要是了解胎宝宝的情况，及时发现问题，而且医生会根据情况提供保健建议，让孕期更安全。

早孕反应是胎宝宝的自我保护

早孕反应是很多孕妈妈难熬的一关，不少孕妈妈因此而烦恼。其实，早孕反应有利于胚胎在母体内生存和发育。

＊孕吐是胎宝宝的自卫手段

孕妈妈受孕后，体内激素水平发生了明显变化，孕妈妈的嗅觉和呕吐中枢的敏感性增强，以最大限度地将对胎儿和自己有害的物质拒之门外，保护自己不受伤害。

在生命的萌芽阶段，胎宝宝完全没有外力来表达他的存在，所以孕吐是胎宝宝向孕妈妈传递自己存在信息的手段，以此来提醒和督促孕妈妈注意保护好自己。有科学家认为孕吐越厉害，流产的概率就会越小。

＊嗜酸也是胎宝宝对自己的保护

不少孕妈妈孕期会变得爱吃酸味食物。其实，嗜酸也是胎宝宝对自己的一种保护。

怀孕后，母体分泌出一种绒毛膜促性腺激素，能抑制胃酸分泌，而胎宝宝骨骼发育需要有酸性物质参加，所需的铁元素也只有在酸性环境下才能吸收，人体吸收维生素C也需要酸来调剂，当胎宝宝需要钙、铁、维生素C等营养素时，就会促使孕妈妈嗜酸来增加这些营养物质的吸收。

孕妈妈不妨多吃一些番茄、柑橘、草莓等新鲜水果，既能满足嗜酸的需要，又能增加营养。

生活小细节来帮忙，有效缓解早孕反应

＊起居细节

早孕反应无法完全避免，但如果在日常生活中做法不当，反而会加重孕吐，想要缓解早孕反应，需要注意的细节有：

1 远离厨房的油烟味

油烟味会加重孕妈妈的早孕反应，尤其会影响食欲。

当烹调味道太强烈时，需要加强厨房的通风状况，打开窗户或排风扇。多利用微波炉烹调，也会减少油烟等气味的产生。孕吐较厉害时，可请家人帮助准备一日三餐。

2 吃完饭不要马上躺下

吃饱后立即躺下容易反胃，可以适当参加一些轻缓的活动，如室外散步、做孕妇保健操等，以改善心情、减轻压力、缓解早孕反应。但要注意的是，运动不可过于激烈，也应避免嘈杂的环境，否则会加剧孕吐。

3 不要过度劳累

在疲惫的情况下，孕吐状况会加剧，孕妈妈要多注意休息，中午最好能小睡片刻，晚上也要充分休息，早点就寝。睡觉时可以将窗户略微打开，以保持室内空气清新。

4 避免环境温度过高

太热的空气会增加恶心的感觉，气温较高、阳光较强烈时最好不要出门。

5 不要紧张、焦虑

心情的变化对孕吐也有很大的影响。情绪低落会加剧孕吐，孕妈妈应让自己保持心境平和。

＊饮食细节

在饮食结构上做一点小小的调整，也会对缓解早孕反应起到一定的改善作用：

1 少吃多餐

孕妈妈可以将一日三餐改为每天吃上5~6次，每次少吃一点，或者每隔2~3小时就吃点东西，避免空腹。

在床边多放一些小零食，如饼干、糖果等，这样每天在睡前以及起床前都可以吃一点。

2 多喝水

吸收足够的水分才能避免因呕吐造成的脱水。柠檬水有助于平息反胃的情况，孕妈妈可以适当喝一些。

3 烹调要符合自己的口味

孕妈妈的饮食习惯与以往有了很多变化，有的喜欢吃酸，有的喜欢吃辣，要根据自己的口味来烹调。

不过，多数孕妈妈不喜欢油腻的煎炸食物，所以烹调以炒、炖和清蒸为主最好。

替您支招

如果总是无法避开一些会加重恶心的味道，可以随身准备一块手帕，洒上几滴不会引起恶心的果汁，如柠檬，味道出现时立即放到鼻下，这样可以起到一定的缓解作用。

注意出行安全，让胎宝宝安心地“住”下去

在孕早期，孕妈妈无论是上班还是出门做别的事，都可能需要使用交通工具，这时孕妈妈一定要学会保护自己。

＊乘坐公共交通工具的安全提示

1 避开上下班高峰期出行，当公车即将发动时，不要不顾一切地追赶，也不要与别人争抢车门、座位，以免造成危险。

2 站累了或是车上太过拥挤时，可以请别人让个座位，也可以请售票员帮助找个座位。

3 选择汽车靠前、靠窗通风的位置，这样能减少颠簸，恶心时也可以呼吸一下窗外新鲜的空气，以免发生意外。

4 随身带个塑料袋，以免孕吐无法控制。

5 乘坐地铁时需要进行安检，这时孕妈妈可以绕过安检仪器，将手提包交给安检人员代为安检，以避免射线的辐射。

＊自驾车时的安全提示

1 避免在凹凸不平或弯曲的路面上行驶，更不要快速行驶，以防紧急刹车碰撞腹部。

2 不要长时间开车或坐车，坐的时间过久，长期处于单一姿势，会使得孕妈妈腰部受力增大，致使腹压过大，从而可能引发流产。而且，长时间处于震动和摇晃之中很容易使孕妈妈疲劳，颠簸状态还可能会引起腹痛。

3 一定要系上安全带，安全带的肩带置于肩胛骨的地方，不要紧贴脖子，肩带部分应该以穿过胸部中央为宜，腰带应置于腹部下方，不要压迫到肚子。

替您支招

由于体内激素的变化，孕妈妈在怀孕早期的心理状态变得不稳定，注意力不易集中，容易突然间困倦，因此建议孕妈妈在孕早期尽量不要自己开车。

产前检查的项目有哪些

定期进行产前检查是保证孕妈妈和胎宝宝健康必不可少的途径。

每次去医院做产前检查都有一些必查的常规项目，此外医生还会根据怀孕的不同阶段做一些其他的产前检查项目：

* 孕早期的产前检查

除了进行必要的血液检查（血常规、血型、甲乙丙肝抗体、艾滋病抗体、梅毒抗体、肝功能）外，怀孕10周后还应做一次B超检查，检查胎宝宝的颈部透明带，及其他可疑染色体异常的迹象，以判断宝宝是否可能患有唐氏综合征。

其他检查还包括风疹病毒筛查、弓形虫抗体筛查、巨细胞病毒或其他病原体筛查，以及肝肾功能、血脂、血糖等相关检查。

* 孕中期的产前检查

常规性检查有：孕妈妈体重、血压，有无水肿，测量宫高、腹围，检查宝宝的胎位；用多普勒胎心仪为宝宝听胎心；安排验血、尿检等。

还会根据孕周和具体情况安排一些相应的检查和化验程序，怀孕14~20周时，会安排一次唐氏综合征的血液筛查，以预测宝宝患上唐氏综合征的风险，高危时需要做羊膜腔穿刺术，诊断胎宝宝是否患有染色体异常及其他遗传病或宫内感染。

20~24周要进行一次详细的B超检查，了解胎宝宝的生长发育情况。

24~28周需要做葡萄糖激惹试验（也称糖筛），用来筛查孕妈妈是否患有妊娠期糖尿病。

* 孕晚期的产前检查

常规性检查与孕中期一致，还会根据情况进行肝功、肾功、血糖等血液检查，预产期临近后要进行骨盆测量。

28周以后需要做一次孕晚期B超，检查胎宝宝的生长发育、羊水量、胎宝宝位置，并进行晚期显性畸形诊断。

从37周起每次产检都要安排胎心监护，有的孕妈妈从28周就开始进行这项检查。

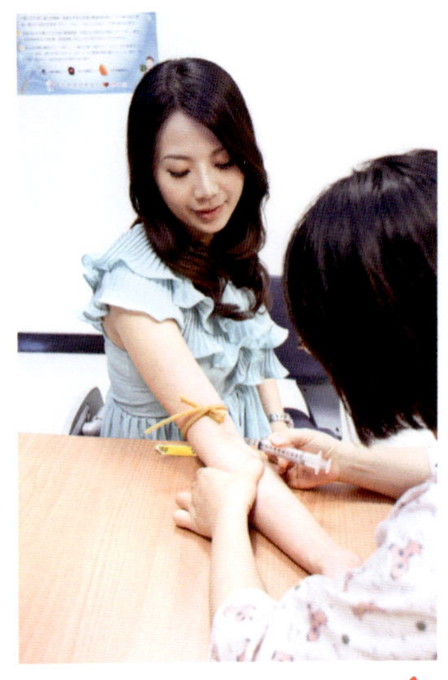

替您支招

产前检查的项目很多，而且不同阶段会定期安排不同的检查，仅仅靠一两次的了解实在难以顾全，孕妈妈不妨查找一下产前检查详细时间表，给孕期检查排排队。

做足准备，让产前检查达到最佳效果

为了能让检查更顺利，效果更佳，产检前应做好必要的准备。

＊衣着准备

由于产检时需要进行身体检查，所以方便的衣着可以省去很多不必要的麻烦，具体来说注意以下几点即可。

衣服：一定要穿宽松的衣服，这样可方便检查，尤其是到了孕中期，医生会开始测宫高、腹围，此时宽松的衣服非常必要。

下装：穿容易穿脱的裤子，宽裙子也很好，这样内诊时就不会给自己造成太大的麻烦。

鞋子：穿舒服的鞋子，且以方便穿脱为好，如果孕妈妈是汗脚或是脚臭，最好别穿不透气的鞋，避开平时穿了会加重脚臭或出汗的鞋，以免脱鞋后引起尴尬。

袜子：最好不要穿高过膝盖的袜子，尤其是水肿的时候，检查时脱袜子会很不方便。

手提包：包不必太大太重，能放下一些琐碎的小东西如纸、笔等就行，里面可放笔和笔记本，产检时带上必要的证件、手册等，必要时要做记录。

卫生护垫：内诊后可能会有出血等情况发生，最好带上卫生护垫或卫生巾。

＊问题准备

大多数孕妈妈都很期待自己每一次的产前检查。一般来说，除了第1次产检外，以后每一次产检的过程都不会太长，甚至10分钟就完成了，这有时会令孕妈妈失望，产检快多表示一切正常，不必担心。但为进行产检跑一趟医院也不容易，就这么回去似乎也不太甘心，如果在产检前做些必要的准备，可以将产检时间充分利用起来，令产检更高效。

写下所关心的问题：平时做有心人，记下任何关心的问题，产检时带上这份问题清单，并逐个向医生提出来，要知道大多数时候医生并非心理专家，不可能猜透你所关心的所有问题。

替您支招

虽说孕妈妈不能使用太多的化妆品，但有的爱美的妈妈出门不化妆会不习惯，产检前也可以化点淡妆。

孕早期无需刻意增加饮食量

不少准妈妈抱着“一个人吃两个人补”的想法，认为怀孕后应该多吃些。但在怀孕最初的三个月，胎儿需求的营养并没有想象的那么多，倘若准妈妈在备孕期并不缺乏营养，怀孕前后的活动量变化不大，那备孕期直至怀孕后的头三个月内并不需要刻意增加热量摄入。只需要坚持补充叶酸，并保证每日饮食结构合理即可。到了孕中晚期，随着胎儿营养需求的增多，才需要适当增加热量摄入（中国营养学会推荐女性在怀孕中、晚期每天增加200千卡热量，这些热量相当于大半碗米饭，一个中等大小的鸡蛋加200克牛奶，一片面包加一杯130克酸奶，或一片面包加一个中等大小的苹果）。

其实，现在的准妈妈大多不缺乏营养，而且孕期大多会服用综合营养素，因此没必要因为怀孕就开始大吃特吃。孕期饮食过量不仅会导致体重增加，影响产后恢复，还会增加准妈妈患妊娠糖尿病、妊娠高血压综合征的风险，并且造成胎儿过大，给分娩增加困难。

替您支招

补得过多会导致营养过剩，而营养过剩的直接结果就是肥胖，这给准妈妈自身健康及胎儿的发育都会带来一定的负面影响。对准妈妈来说，肥胖容易引发各种妊娠期疾病，如妊娠高血压综合征、妊娠糖尿病等。而对胎儿来说，营养过剩可能会导致巨大儿，造成难产及日后健康出现问题。

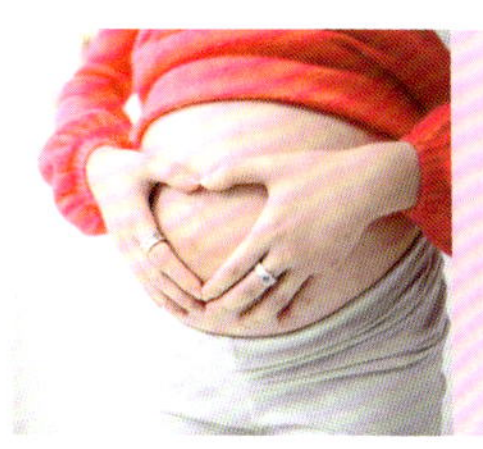

胎教在生活的点滴中

子宫对话，关爱应从起跑线上开始

对着子宫中的小胚胎说话，想起来似乎不太可行，胎宝宝听觉还没有发育，这么早就说话顶用吗？事实上，对着子宫讲话并没有想象中那么深奥难懂，全凭对胎宝宝的爱意。

只要孕妈妈用爱来看待子宫中的胎宝宝，经常对他说话，就可以刺激胎宝宝脑部发育，有助于胎宝宝的成长。我们将孕妈妈与子宫中胎宝宝说话的方法称为子宫对话法。

* 子宫对话要从怀孕开始

子宫对话实际上就是孕妈妈与胎宝宝的一种沟通方法，孕妈妈通过讲话将情感、心绪、思考等传达给胎宝宝。这与意念一样，尽管还是小胚胎，但胎宝宝具有感知能力。子宫对话应从怀孕初期就开始进行，并一直坚持到胎宝宝出生，这样的效果是最好的。

* 子宫对话的具体方法

从确切知道怀孕的消息开始，孕妈妈就应经常将思绪用默念的方式“说”给胎宝宝听，并时常与他对话，唱歌给他听，每天坚持，等胎宝宝习惯后，每当孕妈妈发出声音、思考时，胎宝宝就能感觉到。

怀孕5个月后他就能听到孕妈妈的话语，接下来可以尝试着让胎宝宝集中意识，大声地教汉字、数字、字母、花草树木等，胎宝宝能感受到这种交流，从而促进智力的发展。

朗诵诗歌《我的信仰》

我相信　爱的本质一如
生命的单纯与温柔
我相信　所有的
光与影的反射和相投
我相信　满树的花朵
只源于冰雪中的一粒种子
我相信　三百篇诗
反复述说着的　也就只是
年少时没能说出的
那一个字
我相信　上苍一切的安排
我也相信　如果你愿与我
　一起去追溯
　在那遥远而谦卑的源头之上
　我们终于会互相明白

* 胎教点读

在你心里，信仰是什么？

也许，你还只是习惯做妈妈的女儿，小时候，妈妈是你的一个信仰，那么多年过去了，现在你也成了妈妈。或许，当你日夜期盼着的宝宝到来时，你也会成为他的信仰。

这首诗表达了诗人席慕蓉对爱的理解，爱情是两个人互相努力、互相体会的一件事情，孕育一个新生命又何尝不是呢？大自然的万物都会为此而歌颂。读读诗人的美丽诗句吧，感受一下淡雅剔透、抒情灵动的文字中对生命的挚爱真情，你的好情绪将为胎宝宝创造一个良好的成长环境。

替您支招

诗歌的好处就是提升自己，发现自己。如果喜欢诗歌，这会令你终生受用，朗诵诗歌还有一个好处，就是让胎宝宝也受益，诗歌的美丽、感染力都能让胎宝宝的美学修养及性格得到提升和完善。

讲故事《小熊过桥》

有一只小熊对妈妈说："妈妈，我好些日子没看见姥姥了，我想去看看姥姥。"

妈妈说："好啊，你去的时候，把咱们那束鲜花给姥姥带去，把那包点心也给姥姥带去！"

小熊抱起点心盒子，拿起那束鲜花，说："妈妈，我走了！"

妈妈说："好，早去早回，替我问姥姥好！"小熊说："哎，妈妈再见！"说着就走了。小熊走着走着，来到一条小河边上，河上有一座桥。这桥是用竹子搭的，小熊走到上面就不敢动了，因为走起来左一摇右一晃的，河水还在下边哗哗地响哩！

小熊正害怕，天上飞过来一只乌鸦。这乌鸦不但不帮助小熊，还吓唬他。乌鸦高声喊道："呱——呱——呱——坏啦，坏啦！你们瞧啊，小熊要掉下河啦，小熊要掉下河啦！"

小熊本来就害怕，被乌鸦这一吓唬，就更不敢动了。他低头一看河水，河水也在笑话他："哗哗哗哗，小熊小熊，你怎么这么不勇敢哪，小竹桥都不敢过！这么胆小，太没出息啦，太没出息啦！"

小熊一想：乌鸦吓唬我，河水笑话我，这，这可怎么办呢？小熊着急地哭着叫："妈妈，妈妈，快来呀！"可是，妈妈离这儿远哪，听不见呀。

熊妈妈听不见，可是水里的小鱼儿听见了，他们"扑噜，扑噜"从水里钻出头来，对小熊说："小熊，小熊，你别害怕，把眼睛往前瞧，别往水下看，你挺起胸，直起腰，迈开步，一二，一二，就过去啦！"

小熊听了小鱼儿的话，抬起头，眼睛向前看，挺起胸，直起腰，迈开大步，一二，一二！嘿，真过去了。

过去以后，眼泪还没干，小熊就高兴地笑了。小熊回过头来，冲着小鱼儿直点头："小鱼儿，小鱼儿，谢谢你们了，再见吧！"

小鱼儿见小熊平平安安地过去了，都挺高兴，"扑噜，扑噜"，全都钻到水里去了。

* 胎教点读

小熊是个听话又可爱的小宝宝，讲故事时，你可以想象自己就是熊宝宝，仔细体会熊宝宝从害怕到勇敢的心理转变，然后将自己的理解有感情地传达给腹中的胎宝宝。胎宝宝虽然小，但通过孕妈妈的身心，他能真切地体会到勇敢和快乐的情绪，让自己发育得更好。

孕吐时补充营养的小妙招

孕吐虽有利于胚胎存活，但却对孕妈妈及胎宝宝的营养吸收不利，孕吐严重可能会导致营养不良，这时该如何补充营养呢?

一般来说，孕吐较轻的话不必进行治疗，过一段时间会自然消失，孕妈妈也不要特别担心营养供给，因为轻微的孕吐虽然暂时影响了营养的均衡吸收，但在怀孕初期，胎宝宝主要处于器官形成阶段，对营养的需求相对后期要少。

孕吐反应很严重，甚至出现频频剧烈呕吐，不能进食，食之即吐，呕吐物除了食物和黏液外，还有胆汁或咖啡色血渣，出现全身无力、明显消瘦、尿少等症状时，要及时请医生治疗。

* 注意补铁

孕妈妈因剧烈呕吐造成营养不良时，摄铁量不足，可能出现贫血现象（如面色苍白、头晕眼花、四肢无力等），这时要增加含铁质丰富的食品，如鸡、鸭、猪的心和肝、肾脏还有蚕豆、番茄、芹菜、香菇、紫菜及桃子、红枣、葡萄干等。

* 注意补水

孕吐时，水分补充对于孕妈妈很重要，孕妈妈不要怕吐，吐了以后应再喝，反复几次就不会再吐了。

* 注意补钠

孕吐脱水可能造成低钠现象，可在孕妈妈饮用的水和其他饮料里加少许食盐。

* 必要时可加餐

晚上孕吐反应较轻，食量适当增加，必要时孕妈妈睡前可再加一餐，以满足自己与胎宝宝的营养需求。

替您支招

孕吐严重时，孕妈妈可以吃些柑橘、杨梅等水果，因为这些水果能增加胃酸，促进肠胃道蠕动和增加食欲，有助于食物的消化吸收。

能让孕妈妈开胃的几道好菜

孕早期，孕妈妈妊娠反应比较大，往往面对一桌的佳肴却没有胃口，但营养需求却在一天天增加。有没有既让孕妈妈胃口大开，又能让她吃得有营养的菜呢？其实，下面几道菜就不错。

＊番茄炒豆腐

材料：豆腐半块约100克，番茄1个，新鲜豌豆适量。

调料：盐、番茄酱各适量，白糖少许，水淀粉1小匙。

做法：❶将豆腐洗净切3厘米见方的小块；番茄洗净，入开水中烫一下，去皮，切滚刀块；豌豆洗净备用。

❷取出适量番茄酱放入小碗中，加少许清水稀释。

❸豆腐、豌豆分别入沸水中焯烫片刻，捞出控净水。

❹炒锅倒入少许油，烧热，放入番茄块小炒片刻，再放入豆腐炒熟，然后放入豌豆和番茄酱汁、盐、白糖炒匀，最后勾芡即可出锅。

美味胎教

番茄味酸，含有大量维生素C，对胎宝宝骨、血管、肌肉组织的发育极为重要；豆腐含蛋白质、脂肪、钙、铁、磷、多种维生素。这道菜既可以增加孕妈妈食欲，又可以补充胎宝宝营养。

美味提示

番茄不要切得太小，否则一加热就变成番茄酱了，影响口感和美观。

＊酸菜鲫鱼汤

材料：鲫鱼2条约700克，酸菜少许。

调料：姜2片，料酒、盐各适量，葱花少许。

做法：❶将鲫鱼剖洗干净，用料酒和适量盐腌渍20分钟。

❷锅内放油加热，将鲫鱼放入，煎至两面微黄，倒入2碗清水煮开，放入酸菜、葱花、姜片，用大火煮3~5分钟，然后改小火煮15~20分钟，至汤变成乳白色即可。

美味胎教

鲫鱼含丰富的蛋白质、钙、铁、磷等营养成分；酸菜有去腥味、开胃的作用。孕妈妈可以在饭前喝一碗酸菜鲫鱼汤，能够开胃。

美味提示

酸菜属于腌渍食品，孕妈妈可偶尔吃一点，但量一定不能多，放一些能起到调味作用即可。

＊自制酸黄瓜

材料：黄瓜1根约400克。

调料：盐、醋、白糖各适量。

做法：❶黄瓜洗净，切成细条，用盐腌15分钟，去除多余水分，加入少许醋、白糖拌匀，放入碗中。

❷用保鲜膜封住碗口，放入冰箱内，30分钟后即可吃，如果觉得冰，可以放在桌上温一会儿。

美味胎教

黄瓜富含碳水化合物、纤维素、镁、钾、维生素C、叶酸、钙、维生素A等营养素。刚怀孕的妈妈吃生黄瓜容易反胃，而腌制后的黄瓜不仅能开胃而且味道更美，又不失营养。

快乐能塑造性格开朗的宝宝

孕期心态良好、心情快乐，坚持对腹中的胎宝宝进行适当胎教的孕妈妈，生出的宝宝一般都拥有乐观开朗的性格。

同样十月怀胎，宝宝的性格却天差地别，这种差别与孕妈妈的心情有很大关系，心情好坏是决定宝宝性格的一个至关重要的因素。胎宝宝与孕妈妈有心灵感应，孕妈妈快乐，胎宝宝自然也会安静愉快；孕妈妈心情乱糟糟，胎宝宝也会躁动不安、缺乏耐性。

为了胎宝宝拥有乐观开朗的性格，孕妈妈要让自己快乐起来，即便遇到生气的事，也要懂得随时调整自己的心态，尽量排除不良情绪，不妨多看喜剧电影和小笑话，笑一笑对舒缓神经也特别有好处。

替您支招

孕妈妈要谨记的是，不开心是一件特别吃亏的事情，即使因为别人而不开心，大多数时候也不会被别人感觉到，能感到的通常都是胎宝宝。

孕期动动手，宝宝未来更聪明

怀孕后，很多孕妈妈容易变懒，不想做事，不愿动手也不愿动脑，或者怕活动对腹中的胎宝宝影响不好，其实多活动有利于胎宝宝的发育。

我们知道，孕妈妈与胎宝宝之间能够传递信息，胎宝宝能够感知孕妈妈的思想。如果孕妈妈不喜欢思考也不学习，胎宝宝也会深受传染，变得懒惰起来，这对于胎宝宝的大脑发育是极为不利的。倘若孕妈妈始终保持着旺盛的求知欲，经常做做手工，动动手动动脑，则可使胎宝宝不断接受刺激，促进大脑神经和细胞的发育。

因此，孕妈妈要从自己做起，在孕期多动动手，在DIY的过程中，胎宝宝也就得到了相应的胎教，在不断的探索和实践中，胎宝宝能变得更聪明。

替您支招

孕妈妈在动手过程中，还要勤于动脑，勇于探索，保持求知欲和好学心，在生活中注意观察，将自己的思考方式传递给胎宝宝。

孕期体操——坐的练习和脚部运动

怀孕第2个月的时候，孕妈妈不能做太剧烈、太复杂的运动，也不能压迫到腹部，因此做孕期体操的时候可以从脚部开始，坐的练习和脚部运动是适合此期孕妈妈的体操。

＊坐的练习

选择一张有靠背的椅子，坐之前，把两脚并拢，将左脚向后挪一点，然后轻轻地坐在椅子的中部。坐稳后，再向后挪动臀部把后背靠在椅子上，深呼吸，使脊背伸展放松。在孕早期，孕妈妈应多练习“坐”，学会“坐”。

＊脚部运动

1 坐在椅子上或床边，腿和地面呈垂直状，两腿并拢平放在地面。

2 脚尖使劲向上翘，待呼吸一次后，再次恢复原状。

3 将一条腿放在另一条腿上，上面的腿、脚尖慢慢地上下活动，然后换腿进行。

4 每次3~5分钟即可。

替您支招

怀孕初期，可以先从腿部的运动或放松等比较轻松的体操开始，再慢慢地增加体操种类。

自制可爱布艺口罩

对孕妈妈来说，口罩是非常实用的东西，出门时戴上口罩，能防尘防菌防病毒。孕早期妊娠反应严重时，如果遇到无法躲避的难闻味道，口罩也能派上用场。

所以，闲暇时孕妈妈不妨动手做个可爱又个性的布艺口罩，做法也不复杂，而且手工过程是对胎宝宝的一种直接胎教，能培养胎宝宝认真观察、耐心细致的品质，还能进一步加深孕妈妈与胎宝宝的沟通，让孕妈妈激发对胎宝宝的爱意。

现在就跟随我们一起，做一个可爱的口罩吧！

* 需要准备的材料

1 大小规格约15厘米×15厘米的表布、里布、辅棉各2块。

表布：照顾美观，孕妈妈可选自己喜欢的花色。

里布：由于与皮肤直接接触，最好是透气性好且容易清洗的纱布。

辅棉：夹在表布与里布之间，可用一面带有粘胶的，这样制作起来很方便。

2 松紧带2条，长度约30厘米，也可以选择其他喜欢的绳、花边等。

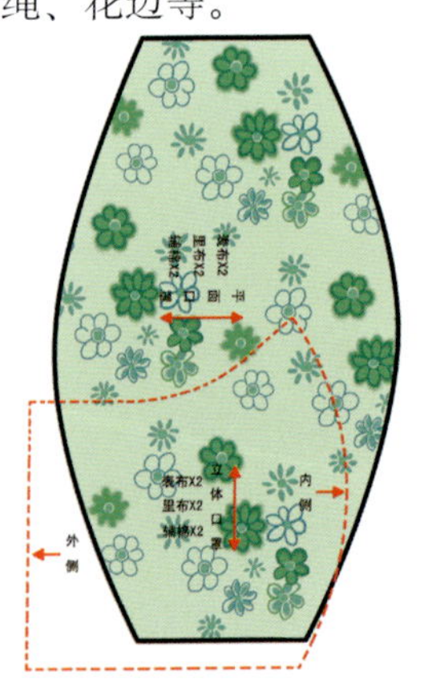

* 制作口罩的纸样

制作口罩难度不大，主要是版型的裁剪，以下是口罩的两款版型，案例中使用的是图下方的版型，使用前先确认所需要的尺寸，然后用硬纸板裁剪出来，布料可依照硬纸板来裁剪。

* 制作步骤

❶根据纸样裁剪表布、里布、辅棉各2片，辅棉不含缝合的尺寸。

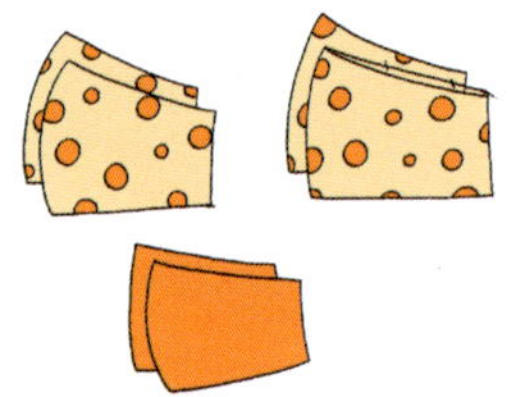

❷将辅棉熨烫或粘贴在表布的反面。

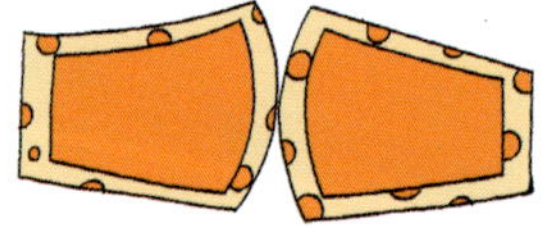

❸将表布及里布分别正面相对，正面朝里对齐缝合中线，然后摊平缝合后的表布和里布，正面朝里对齐缝合上下两条边。注意：两端的侧边不要缝合。

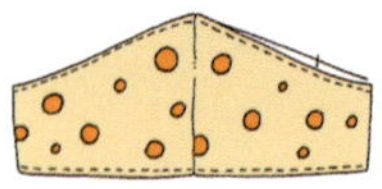

❹将口罩翻到正面，用熨斗将上下两边熨平，然后将两侧的边朝里布一边折进0.6厘米左右熨平，之后再向内翻折，翻折的位置刚好落在中间辅棉的边缘上，再将折边熨平。

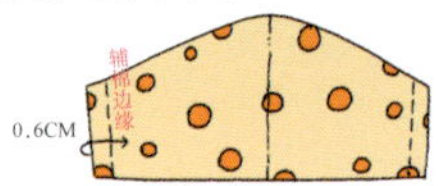

❺沿着两侧边的折边边缘压线，形成一条通道用来穿松紧带或系带。

❻最后装上带子即可，松紧带可缝合接口，绳、花边可做活动系带。

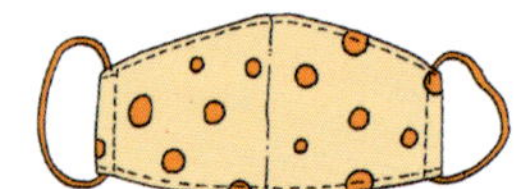

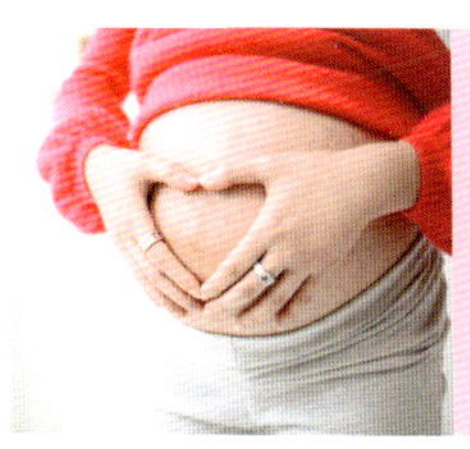

准爸爸做胎教

为孕妈妈布置卧室

孕期开始了，准爸爸也行动起来吧，充分利用时间和创意，为孕妈妈打造温馨的卧室。

＊床

孕妈妈适宜睡木板床，铺上较厚的棉絮，避免因床板过硬，缺乏对身体的缓冲力，从而转侧过频，多梦易醒。

为了避免弄脏床垫，可在床垫上方加上软垫或保洁垫，以保持床垫洁净，还可以在床边加一张活动式桌子，让孕妈妈坐在床上看书或享受美餐。

枕头

枕头高度以9厘米(平肩)为宜，过高会迫使颈部前屈而压迫颈动脉，进而引起大脑血流量降低而导致脑缺氧。

＊棉被、床单

理想的被褥是全棉布包裹棉絮，床单也应是棉织品，不宜使用化纤混纺织物做被套及床单。

＊家具摆放

家具要尽可能地靠墙放，棱角不要突出太多，尽量让空间相对增大，孕妈妈需要一个宽敞的空间进行活动。

＊色调与装饰

色调要朴素，典雅优美，装饰品主要以简单明亮、令人愉悦的图画、照片为主，如美丽的山水画、风光图、宝宝微笑的照片等，不要出现动物图案。

为了保持视觉上的舒适和清爽，建议以淡色系或中性色系为主，不要选择太花或是太杂的颜色。

＊温度及湿度

室温夏季以27℃~28℃，冬季以16℃~18℃为宜，室内外温差不要超过5℃，空气湿度应为40%~60%。

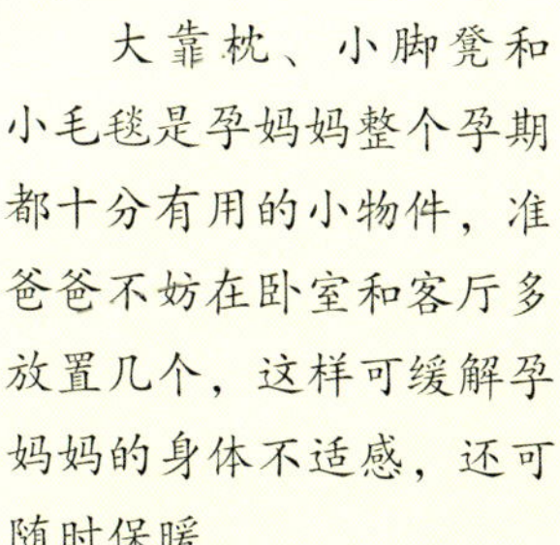

替您支招

大靠枕、小脚凳和小毛毯是孕妈妈整个孕期都十分有用的小物件，准爸爸不妨在卧室和客厅多放置几个，这样可缓解孕妈妈的身体不适感，还可随时保暖。

准爸爸学看B超单

在怀孕8~12周之间，孕妈妈需要去医院做第一次产检，一般情况下，医生会给胎宝宝做一个B超，B超单上会给出关于胎宝宝的许多专业术语和数据。准爸爸们一般会比孕妈妈更快地看懂这些术语和数据，不妨先来学习一下怎么看B超单。

* B超单的内容

超声检查报告单一般包括：胎囊、胎头、胎心、胎动、胎盘、股骨、羊水和脊柱。

1 胎囊

只在怀孕早期出现，孕1个半月时直径约2厘米，2个半月时约5厘米为正常；胎囊位于子宫的宫底、前壁、后壁、上部、中部都属正常；形态圆形、椭圆形，清晰为正常。

如胎囊为不规则形、模糊，且位置在下部，同时有腹痛或阴道流血则可能要流产。6周以后若子宫内看不出胎囊时，可能是宫外孕。

2 胎头

轮廓完整为正常，缺损、变形为异常；脑中线无移位和无脑积水为正常。

3 胎心

有、强为正常，无、弱为异常，胎心频率正常为每分钟120~160次。

4 胎动

有、强为正常，无、弱可能胎宝宝在睡眠中，也可能为异常情况，要结合其他项目综合分析。

5 胎盘

位置表示胎盘在子宫壁的位置；胎盘的正常厚度应在2.5~5厘米之间；钙化一项报告单上分为Ⅲ级，Ⅰ级为胎盘成熟的早期阶段，回声均匀；Ⅱ级表示胎盘接近成熟；Ⅲ级提示胎盘已经成熟，越接近足月，胎盘越成熟，且回声越不均匀。

6 股骨长度

是指大腿根部到膝部的长度，也称“大腿骨长”，一般在妊娠20周左右，通过测量股骨长度来检查胎宝宝的发育状况。

7 羊水

羊水深度在3~7厘米之间为正常，超过7厘米为羊水过多，少于3厘米为羊水过少。

8 脊椎

胎宝宝脊柱连续为正常，缺损为异常，可能脊柱有畸形。

9 脐带

正常情况下，脐带应漂浮在羊水中，如在胎宝宝颈部见到脐带影像，可能为脐带绕颈。

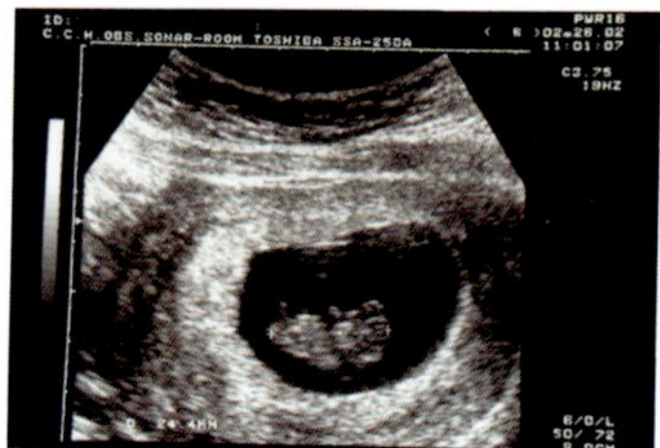

替您支招

准爸爸和孕妈妈不要太紧张于数据，尤其是中后期，由于胎宝宝体位、活动，还有医生的操作差异等，都会引起数字差异，有时会出现较大的波动幅度，不必惊慌，若确实可疑，可咨询医生。

* B超单英文缩略词的意思

AC	腹围
APTD	腹部前后间的厚度，又称“腹部前后径”，在检查胎宝宝腹部的发育状况以及推定胎宝宝体重时，需要测量该数据
BPD	双顶径，胎宝宝头部左右两侧之间最长部位的长度，又称为“头部大横径”，是胎头部分常常出现的名词，初期可以用来确定预产日；妊娠 12~14 周时 BPD 的误差可以达到很小， 能够有效地判断妊娠周数；中期以后，在推定胎宝宝体重时，往往也需要测量该数据。一般，双顶径在孕 5 个月以后基本与怀孕月份相符（可参考孕期正常参数值表），足月时应达到 9.3 厘米或以上
CRL	头臀长，表示胎体纵轴平行测量最大的长轴，主要用于判定孕 7~12 周的胎龄
HC	头围
FTA	躯干横断面积
FL	股骨长，它的正常值与相应的怀孕月份的 BPD 值差 2~3 厘米，如足月时 BPD 为 9.3 厘米，股骨长度应为 7.3 厘米左右
GS	胎囊
HL	肱骨长，上臂骨的长轴，用于推断妊娠中后期的妊娠周数
TTD	腹部的宽度，又称“腹部横径”，妊娠 20 周之后，与 APTD 一起来对胎宝宝的发育情况进行评价
GP	胎盘分级
AFI	羊水指数（与羊水深度不是一个概念），它是以孕妈妈的脐部为中心，将上下左右 4 个区域的羊水深度相加所得，孕晚期羊水指数的正常值是 8~18 厘米
S/D	胎宝宝脐动脉收缩压与舒张压的比值，与胎宝宝供血相关，当胎盘功能不良或脐带异常时此比值会出现异常，正常妊娠情况下，随孕周增加胎宝宝 S 下降，D 升高，比值下降，近足月妊娠时 S/D 小于 3

Part 4

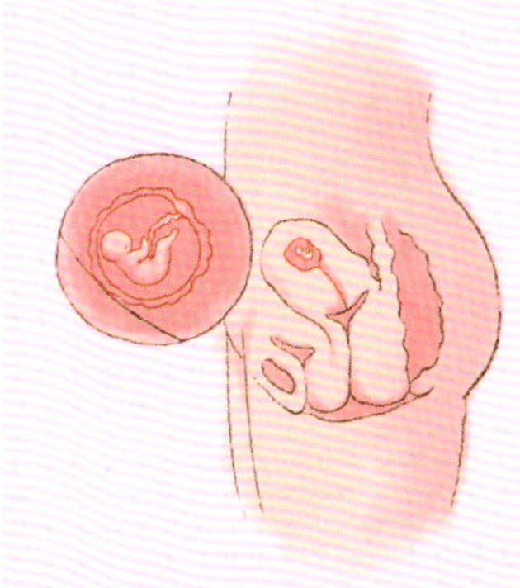

小人儿开始有模有样了

（第 3 个月）

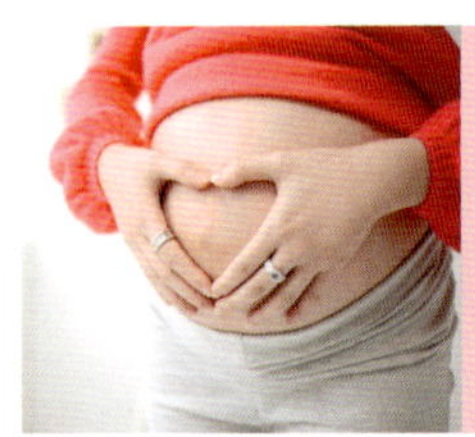

本月胎教要点

怀孕3 个月以内，是胎宝宝对致畸因素十分敏感的时期，这时孕妈妈在精神、饮食、工作、生活等各个方面都应特别谨慎，尽量避免不良因素影响自身和胎宝宝。

此时，胎宝宝尚未定型，可能因感受外来事物的影响而发生变化，孕妈妈要多让胎宝宝感受良好的刺激，使胎宝宝在母体内受到感应而向美好的方向变化。

在怀孕第3个月，你的胎教重点是：

* 注重营养的补充

充足而合理的营养是保证胎宝宝健康成长的重要因素，也是积极开展胎教的基本条件。孕11 周以后，胎宝宝迅速成长和发育，需要的营养也日渐增多，不仅食品的质要求高，而且量也逐渐增多，孕妈妈要注意营养的补充。

* 注重情绪的调解

孕妈妈心情舒畅、心境平和、情绪稳定仍然是此阶段胎教的主要内容，始终保持平和、宁静、愉快而充满爱的心理，这对胎宝宝身体和心理的健康成长，以至未来性格的形成都会起到积极和良好的作用。

* 培养良好的艺术情操

胎宝宝的艺术细胞从现在开始就可以培养了，孕妈妈除了听音乐，还可以多接触琴棋书画，多阅读一些轻松乐观、文字优美的文学作品，还可以学习插花、摄影和刺绣等，不但陶冶自己的情操，也可感染胎宝宝。

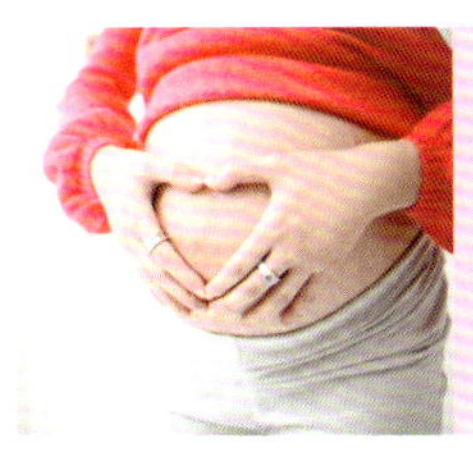

胎宝宝在发育

亲爱的妈妈，在我俩的共同努力下，我终于是个有模有样的小宝宝了，天知道我的小尾巴什么时候就不见了，我还长出了小小的四肢，骨头越来越硬。一想起来就高兴的是，我所有的神经肌肉器官都开始工作了。妈妈不要太担心，我已经打好了未来成长的基础，以后的任务就是长胖点、长壮些，所以我没事就在房间里做做小运动。

告诉妈妈一个小秘密，从现在起，我从小肉团正式升格为小宝宝了，我还知道自己是男孩子还是女孩子，至于到底是男是女嘛，这还是个秘密。

9周胎宝宝——子宫里全新的居民

8周过去了，从这一周开始，胚胎已经可以称为胎儿了，也可以被称为“胎宝宝”，之前的其实还只是胚胎或胚芽。

现在胎宝宝的头部仍然比较大，所有的器官、肌肉、神经现在都已开始发育，四肢生长迅速，手部从手腕开始变得稍微有些弯曲，双脚开始摆脱蹼状的外表，眼帘开始覆盖住眼睛，腭和鼻子都已经成形。

* 这是一个全新的居民

胎宝宝这一周与前几周有着巨大的变化，尺寸有22~30毫米，现在胎宝宝看上去已经初具人形了，胚胎期的小尾巴不见了，背部稍微弯曲，而且可以看见小肩膀了，之前在腹腔外被胚囊包裹着的肠道开始向逐渐增大的腹腔迁移。

为了接纳新居民，孕妈妈的子宫膨胀得非常大，已经显现出孕态，乳房开始胀大，腰围开始变大。

10周胎宝宝——进入脑迅速增长期

本周的胎宝宝顶臀长为30~42毫米，重量5~10克，形状看起来像扁豆荚，面部基本发育完全，可以清晰地看见胎宝宝的面部，如眼睛、鼻子，不过他的眼皮黏合在一起，要到24周之后才能睁开，20个微小的牙蕾已经开始形成。

胎宝宝现在四肢清晰，关节已经形成，手臂更长而且肘部变得更加弯曲，脚踝开始发育完成，手指和脚趾已开始分开，指甲正在生长，脚长约2.5毫米。

胎宝宝的神经系统也开始有了反应，许多内脏器官开始发挥作用，心脏已经发育完全，每分钟搏动120~160次，肺、胃和肠道继续发育，肾脏已经迁移到了胎宝宝的上腹部，胎盘已经很成熟。

＊进入脑迅速增长期

妊娠第3~6个月是脑细胞迅速增殖的第一阶段，称为“脑迅速增长期”。进入本周前，胎宝宝的大脑就已经形成，现在他的大脑发育非常迅速。从这个月起，胎宝宝的脑细胞会进入迅速增殖的阶段，主要是脑细胞体积增大和神经纤维增长，胎宝宝脑的重量因此会不断增加。

替您支招

本周孕妈妈的情绪波动会很大，这会让有的孕妈妈感到不安，其实这主要是孕激素分泌量变化的结果，非常正常，孕妈妈不要太过紧张。

11周胎宝宝——将告别柔弱的时代

本周胎宝宝的身长45~63毫米，体重8~14克，大小与孕妈妈的手掌一半相当，头部约占身体的一半。胎宝宝的生长速度这一周越发惊人，维持生命的器官如肝脏、肾、肠、大脑以及呼吸器官都已经开始工作，还没有睁开的小眼睛里虹膜正在发育，手指甲和绒毛状的头发开始出现了，可以清晰地看到他脊柱的轮廓，并且脊神经开始生长。

现在胎宝宝已经能在孕妈妈的身体里面活动了，可以做吸吮、吞咽或者打哈欠等动作。通过超声波可以看到胎宝宝在羊水里频繁地活动身体，有时还会有两脚交替向前走的动作。

＊骨骼生长变快

现在，骨骼和关节尚在发育中，骨骼细胞发育加快，肢体开始变长，胎宝宝的骨骼会逐渐变得硬起来，部分软骨已经向比较坚硬的骨骼发展，关节也会慢慢形成。

要注意的是，由于骨骼生长的需要，胎宝宝这时会从孕妈妈体内摄取大量的钙质，如果孕妈妈摄入的钙质不足，血钙含量过低，就不能满足胎宝宝的需求。所以孕妈妈要多喝牛奶，每天多吃一些高钙食品。

替您支招

从现在起，孕妈妈的身体不适会渐渐消失，而且胎宝宝也不那么脆弱了，他在子宫中运动还会使得孕妈妈的肚皮看上去凹凸不平，不要担心，好好享受孕育宝宝的乐趣吧！

12周胎宝宝——基础已经打好

孕早期在本周即将结束，现在的胎宝宝已经初具人形了，身长有65~80毫米，体重比上周稍有增加，不过头和身体的比例还是显得不太协调，眼睛在头的额部更为突出，两眼之间的距离拉近了，眼睑已发育但仍紧闭着。

胎宝宝从牙胚到指甲还在忙碌着，手指及脚趾已经成形，纤小的手指甲及脚趾甲正在生长；脚趾能屈能伸；手指会握拳；由于肌肉发育，活动也变得多起来，能皱眉、噘嘴以及张闭口等，还会踢腿、舒展身姿。

＊胎宝宝稳定下来了

现在，所有内脏器官均已形成，并且大部分开始工作，各种关键器官也将在两周内完成，大大减少了感染和药物造成损害的可能，肝脏开始制造胆汁，肾脏开始向膀胱分泌尿液，排泄到羊水里，发生流产的机会相应地减小了，可以说是打好了基础，稳定下来了。

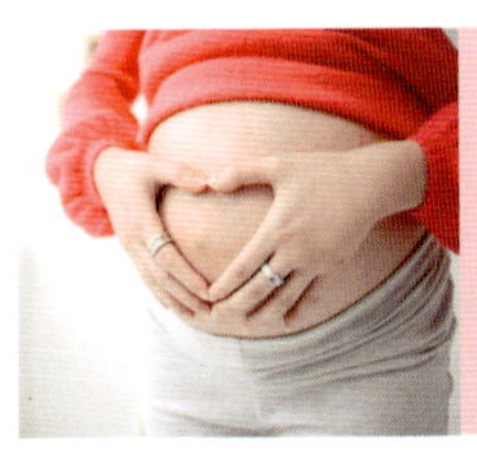

你需要了解的

到了预防早期流产的关键期

流产是指在怀孕20周前终止妊娠的情况，其中发生在12周前的称早期流产，以后的为晚期流产，到了孕3月，就进入了预防早期流产的关键期，此后发生流产的概率会比较小。

* 引起流产的原因与征兆

引起流产的原因非常复杂，遗传基因缺陷、免疫因素、母体疾病因素甚至是环境因素，都可能引起自然流产，如胚胎发育不正常；孕妈妈患有急慢性疾病（贫血、高血压、慢性肾炎、心脏病等）；孕妈妈受到汞、铅等有害物质的影响等。

流产的最主要征兆是阴道出血和腹部阵痛，下腹有轻微疼痛或感觉腰酸、有下坠感，这可能就是流产的前兆，应及时去医院就诊。

* 怎样减少流产的危险

为了避免发生早期流产，孕妈妈要做到以下几点：

❤ 定期产检：定期产检能得知胎宝宝的发育成长状况、健康与否，避免发生早期流产。

❤ 禁止抽烟、喝酒、喝咖啡：孕妈妈如果吸烟、喝酒、喝咖啡，流产概率会提高。

❤ 正常作息：怀孕早期，孕妈妈应尽量避免工作太过劳累、熬夜等，维持正常的生活作息，并保持心情愉悦。

❤ 避免危险动作：孕妈妈应尽量避免爬高、提重物或弯腰拿东西，以免造成腹部不适或受到碰撞，导致流产。

❤ 补充叶酸：缺乏叶酸也是导致流产的重要因素之一。

❤ 留意可能的流产征兆：一般来说，腹痛、阴道出血都是流产的征兆。

替您支招

如果出现流产征兆，孕妈妈要尽快就医，不可盲目保胎，因为有些流产是胚胎发育异常导致的，若出现多次流产，要到医院查染色体或查血，找到流产的根由。

正确的睡姿可助胎宝宝发育

胎宝宝越大，孕妈妈睡觉的姿势会越来越重要，正确的睡姿对胎宝宝的生长发育有着重要的影响，各个时期，孕妈妈的睡姿需要做相应的调整。

＊孕早期——可随意采取舒适姿势

这个阶段的胎宝宝，虽身处子宫，但子宫还未太大，处于孕妈妈的盆腔中，由于盆腔的保护，外力直接压迫或自身压迫都不会很重。因此孕妈妈的睡眠姿势可随意，主要以感觉舒适为原则，仰卧位、侧卧位均可，但趴睡或搂着东西睡觉的姿势应该改正。

＊孕中期——侧卧位最好

这个阶段子宫增大，应注意保护腹部，避免外力的直接作用，以侧卧位为好，尤其是羊水过多或双胎妊娠的孕妈妈，这可以更舒服些，其他的睡姿会产生压迫症状。

如果孕妈妈感觉下肢沉重，可采取仰卧位，然后用松软的枕头稍抬高下肢。

＊孕晚期——左侧卧位最好

这个阶段的睡姿对孕妈妈与胎宝宝的安危都有重要关系，宜采取左侧卧位。此种卧位可纠正增大子宫的右旋，能减轻子宫对腹主动脉和髂动脉的压迫，改善血液循环，增加对胎宝宝的供血量，有利于胎宝宝的生长发育。

要注意，孕妈妈不宜采取仰卧位，这种睡姿会令巨大的子宫压迫下腔静脉，使回心血量及心输出量减少，而出现低血压。孕妈妈会感觉头晕、心慌、恶心、憋气等，且面色苍白、四肢无力、出冷汗等，如果出现上述症状，应马上采取左侧卧位，血压可逐渐恢复正常，症状也随之消失。

替您支招

任何一种习惯的养成都需要长期坚持，如果孕妈妈一直没有侧卧的习惯，建议从孕早期开始就采用左侧卧的睡姿，也可以从备孕时开始准备。

怎样买到中意的内衣裤

这个月，孕妈妈的身形会发生较大的变化，乳房不断增大，乳头非常敏感，腹围也在一天天增加，以前的内衣裤很可能已经不再合身了，选择合适的内衣裤是非常重要的事情，怎样才能买到称心如意的内衣裤呢？下面的建议或许对孕妈妈有帮助。

* 选购内衣的建议

从怀孕到生产，乳房约增加原先罩杯的两倍，这种变化要求孕妈妈根据孕期时间和乳房大小来选择适当的文胸：

1 最好选择全罩杯的文胸，并有软钢托支撑。

2 面料应选择舒适、吸汗、透气的纯棉质面料。

3 色调应该选择明亮、轻快的，如白色、粉色、淡蓝色等可以带来好心情的颜色。

4 合适的肩带应该在肩胛骨和锁骨之间，这样才不会有束缚感，选购时不妨试穿一下，可以举手、耸肩，看看它是否会掉下来或感到不适。

5 临产前的孕妈妈可以选择特别为哺乳设计的哺乳文胸，特点是具有活动式扣瓣肩带，哺乳时不用将整个文胸脱下，只需轻轻按下扣瓣，罩杯前端即可翻下，方便哺乳。

* 选购内裤的建议

1 和内衣一样，孕妈妈的内裤也需要随着腹围的变化来选择，随着孕周增加，就需要换大一号的内裤。目前市场上有一种为孕妈妈设计的专用内裤，这种内裤一般都有活动腰带的设计，方便妈妈根据腹围的变化随时调整内裤的腰围大小，十分方便。

2 内裤可选择高腰的设计，能将整个腹部包裹，具有保护肚脐和保暖的作用。

3 由于孕妈妈的阴道分泌物增多，所以最好选择透气性好、吸水性强及触感柔和的纯棉质内裤，对皮肤无刺激，也不会引发皮疹。

4 在孕晚期，还可以选择有前腹加护的特殊孕妇内裤，这种内裤可以起到托腹带的功效，减轻孕妈妈的身体负担，让孕妈妈轻松度过孕期。

关乎胎宝宝健康，孕妈妈洗澡有套路

由于新陈代谢逐渐增强，孕妈妈比常人更需要洗澡，以保持皮肤清洁。可洗澡事虽小，却与胎宝宝的健康关系紧密，如果孕妈妈在沐浴时不注意方法，有可能会对自身和胎宝宝的健康造成影响，因此孕妈妈不能忽视了洗澡，孕妈妈洗澡可按以下路数来：

＊牢记5个安全原则

1 温差不要过大

洗澡前后的温差过大，很容易刺激孕妈妈的子宫收缩，造成早产、流产等现象，尤其是夏冬两季，洗澡的水温应适中（38℃左右），不宜过冷也不宜过热，不能蒸桑拿，夏季不能洗凉水澡。

2 时间不能太长

每次洗澡的时间以10~20分钟为宜，不要长时间用热水冲淋腹部，时间过长容易使角质层软化，导致病毒和细菌侵入，还容易头晕。

另外，洗澡频率根据个人的习惯和季节而定，最好是每天1次，也可2~3天1次。

3 不要坐浴

坐浴容易使细菌进入阴道，造成阴道炎、附件炎等疾病，最好使用淋浴，比较安全卫生。

4 不要锁浴室门

孕妈妈洗澡时要注意室内的通风，避免晕厥。如果是在家里洗澡的话，最好不要锁门，万一晕倒、摔倒可得到及时救护。

5 不要去公共浴池

如果实非得已，应掌握好时间，尽量选择在人少的早晨去，此时水质干净，浴池内空气较好。

＊清洁还要注意细节部位

外阴的清洁

除了清洗全身，最重要的是外阴部位的清洗，怀孕后阴道分泌物增多，有时会感觉痛痒，所以一定要每天清洗外阴。外阴最好用清水洗，尽量少用洗剂，避免坐浴，也不要冲洗阴道，否则会影响阴道正常的酸碱环境而引起感染。

替您支招

洗澡是一种享受，孕妈妈可以用一些小方法令洗澡更快乐、更放松，比如放点音乐、用温和无刺激的洗发水或沐浴液进行轻柔的按摩等。

这些护肤品孕妈妈需要回避

大部分的护肤品孕妈妈都是可以使用的，只是要注意一些小禁忌：

1 含有精油、高纯度植物提取物（简单地说，就是那些号称植物系的品牌）或雌性激素的护肤品。

对孕妇而言，这样的护肤品有很强的刺激性，可能会影响宝宝的正常发育，最好停止使用。

2 SPA香熏护理

如果没有专业人士的指导，孕早期的妈妈千万别做，就算孕3月过去了，使用香熏油也应小心，如果没有很好的香熏知识，整个孕期最好不使用香熏。

3 电流的美容仪(离子导入等)之类

即使电流很小也会流遍全身，可能对胎宝宝造成不利影响，因此这类物品不能用，护理的体系应以清洁和滋润为主。

4 含维A酸产品

这类产品应禁止使用，除非皮肤科医师出于治疗目的给予，否则不要自己使用。

5 针对妊娠纹的霜或按摩油产品

不要在孕早期使用这类产品，最好在怀孕3个月后再使用，使用前应明确产品主要成分。

替您支招

在身体护理上，孕妈妈还有一些不能做的，比如足底穴位按摩、蒸桑拿之类。孕妈妈脚掌有厚茧时，不可用手撕，可以由准爸爸使用专门的刮刀去除，然后用稍微热一些的水泡脚，注意水温不要超过50℃。

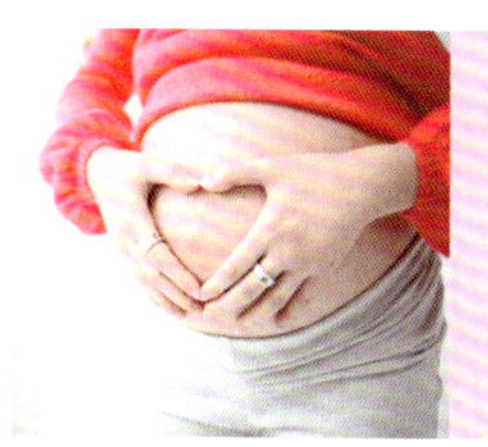

胎教在生活的点滴中

培养胎宝宝的艺术细胞

艺术胎教是指孕妈妈通过进行一些艺术类欣赏、追求、练习，比如书法、绘画、欣赏名家画作、阅读好书等，从而提高自己和胎宝宝的艺术修养。

＊艺术胎教能加强宝宝对艺术的理解力

对胎宝宝进行艺术胎教，可以使胎宝宝在腹中就受到熏染，获得美的享受，从而培养起艺术细胞，宝宝出生后的艺术理解力也会比别的孩子强。

胎宝宝与孕妈妈之间有着微妙的心理感应，孕妈妈的一言一行都将对胎宝宝产生潜移默化的影响。胎宝宝的大脑已经开始发育，不仅能感受孕妈妈的艺术熏陶，而且右脑有潜意识的记忆能力，其出生后遇到类似的情景会刺激脑细胞，激发潜意识，唤起胎宝宝期的记忆。

因此，为了让宝宝拥有良好的艺术修养，孕妈妈应从胎宝宝期就开始进行艺术胎教，多欣赏画作、摄影作品，多看优美的文学作品，自己也可以绘画、插花、剪纸等。

替您支招

任何胎教的最主要目的，都是让胎宝宝感受到爱，给胎宝宝造就安宁与舒适的生活环境，艺术胎教也是如此。所以孕妈妈进行艺术胎教也应有所选择，一些令人心情悲伤沉重、心绪不宁的作品应注意避免。

欣赏优美的摄影作品

摄影是一门较为年轻的艺术门类，它是一种对现实的高度概括，与其他艺术形式一样，它来源于生活而高于生活。拍摄者使用照相机反映社会生活和自然现象，用有艺术感染力的照片来表达思想感情。

摄影中包含的不仅仅是画面中表现出来的影像，还包含了诸如哲学、人类学、社会学、历史学、艺术史等方面的背景，是一种雅文化。孕妈妈学会欣赏名家摄影作品，可令自己对艺术的理解更深刻，也可将艺术感染力传递给胎宝宝。

这个阶段，孕妈妈不妨多欣赏一些优美的、以孕妈妈和胎宝宝为主题的摄影作品，这样的作品特别能引起孕妈妈的共鸣，艺术感染效果更好。

替您支招

如果孕妈妈对摄影技术有一定了解，也可以尝试自己来摄影，做生活的摄影师。这不仅能提高艺术修养，还能提高对美学的把握，一举数得。

听音乐《田园》

《田园》是贝多芬的F大调第六号交响曲，也是贝多芬最受欢迎的交响乐之一。这部作品1808年在维也纳首演，由贝多芬亲自指挥，在首演节目单上，他写道："乡村生活的回忆，写情多于写景。"

《田园》的灵感来自大自然，整部作品表达了对大自然的依恋之情，细腻动人、朴实无华、宁静而安逸。这首乐曲让人感受到人与自然既和谐又统一的佳境，自然的千姿百态与音乐的宏伟互为映衬，就像一幅用眼睛看不见的图画，美妙而令人身心舒展。

* 胎教点读

漫步于小区花园或是林荫小路时，听一听这曲《田园》，满耳的大自然的声音和满眼的大自然的颜色会让你从心灵深处呼吸到那纯净清新的空气，和胎宝宝一起，美美地感受一下吧！

阅读文学作品《爱的教育》

我的母亲：十日

——《爱的教育》节选

安利柯！当你弟弟的先生来的时候，你对母亲说了非常失礼的话！像那样的事，不要再有第二次啊！我听见你那话，心里苦得好像针刺！我记得，数年前你病的时候，你母亲恐怕你病不会好，终夜坐在你床前，数你的脉搏，算你的呼吸，担心得至于啜泣。我以为你母亲要发疯了，很是忧虑。一想到此，我对于你的将来，有点恐怖起来。你会对你这样的母亲说出那样不该说的话，真是怪事！那是为要救你一时的痛苦不惜舍去自己一年间的快乐，为要救你生命不惜舍去自己生命的母亲哩。

安利柯啊！你要记着，你在一生中，当然难免要尝种种的艰苦，而其中最苦的一事，就是失了母亲。你将来年纪大了，尝遍了世人的辛苦，必然会几千次地回忆你的母亲来的。一分钟也好，但求能再听听母亲的声音，只一次也好，但求再在母亲的怀里做小儿样的哭泣：这样的时候必定会有的。那时，你忆起了对于亡母曾经给予种种苦痛的事来，不知要怎样地流后悔之泪呢！这不是可悲的事吗？你如果现在使母亲痛心，你将终生受良心的责备吧！母亲的优美慈爱的面影，将来在你眼里成了悲痛的轻蔑的样子，不绝地使你的灵魂苦痛吧！

啊！安利柯！须知道母子之爱是人间所有的感情中最神圣的东西。破坏这感情的人，实是世上最不幸的。人虽犯了杀人之罪，只要他是敬爱自己的母亲的，其胸中还有美的贵的部分留着；无论如何有名的人，如果他是使母亲哭泣、使母亲苦痛的，那就真是可鄙可贱的人物。所以，对于亲生的母亲，不该再说无礼的话，万一一时不注意，把话说错了，你该自己从心里悔罪，投身于你母亲的膝下，请求赦免的接吻，在你的额上拭去不孝的污痕。我原是爱着你，你在我原是最重要的珍宝。可是，你对于你母亲如果不孝，我宁愿还是没有了你好。不要再走近我！不要来抱我！我现在没有心情来拥抱你！

——父亲

* 胎教点读

爱，像空气，是生活中不能缺少的部分，就像父母之爱，意义已经融入生命里。

《爱的教育》是意大利作家亚米契斯的一部儿童小说，也可以看作是小主人公安利柯小学时的一本日记，记录了他在小学四年级这一时期的生活。

作品中融入了种种人世间最伟大的爱：老师之爱、学生之爱、父母之爱、儿女之爱、同学之爱……每一种爱都不是惊天动地的，但却感人肺腑，相信孕妈妈阅读上面的文字时，能体会一颗为人父母的心，这样的心必能让胎宝宝受到人类全部美好品德的熏陶。

名画欣赏：《向日葵》

＊胎教引语

这幅名作是梵高所画，十分有名，名为《向日葵》，是他在最痛苦的煎熬中倾心绘制的最充满光明的精神追求的作品。这幅作品在1990 年的艺术品拍卖行中创造了数千万美元的纪录。

＊胎教意境

1888年，梵高到了法国南方的阿尔，那是一个阳光明媚的地方，一个柠檬黄色的大火球，悬挂在蓝得耀眼的天空中，空中充满着令人目眩的光，梵高被眼前的景象惊呆了，面对令人目眩的色彩，他产生了强烈的情感。在这种背景下，画家自然地开始用色彩来表现情感，在阿尔炙热的阳光下，梵高画出了一生中最重要的一系列艺术作品，《向日葵》就是其中之一。

《向日葵》不是传统的描绘自然花卉的静物装饰画，而是一幅表现太阳的画，是一首赞美阳光和旺盛生命力的欢乐颂歌。画家以大胆恣肆、坚实有力的笔触，把向日葵的黄色画得极其刺眼，每朵花如燃烧的火焰一般，细碎的花瓣和葵叶像火苗一样布满画面，整幅画犹如燃遍画布的火焰，显出画家狂热的生命激情。

替您支招

欣赏美好的艺术作品是提升美学修养的重要方法，准妈妈看懂了这幅画，并在心里理解了、欣赏了、共鸣了，胎宝宝的感受也同样可以获得升华。

孕期体操——床上运动

床上运动不花费太多的时间，可以锻炼四肢和腰部，清晨和晚上都可进行，是一套比较适合孕早期进行的体操：

1 自然地坐在床上，两腿前伸成V字形，双手放在膝盖上，上身右转，保持两腿伸直，足趾向上，腰部要直，目视右脚，慢慢从1数至10，然后再转至左边，同样数至10，恢复原来的正面姿势。

2 仰卧在床上，膝部放松，双足平放于床面，两手放在身旁，将右膝抱起，使之向胸部靠拢，然后换左腿。

3 仰卧在床上，双膝屈起，手臂放在身旁，侧身滚向左边，用左臀着床，头向右看，恢复原来姿势。然后滚向右边，以右臀着床，头向左看，反复做几次，以活动颈部和腰部。

4 跪于床上，双手双膝平均承担体重，背部挺直，使头与脊柱成直线，慢慢将右膝抬起靠近胸部，然后抬头，右腿向后伸直，然后换左腿进行。

替您支招

在整个孕期，孕妈妈最好持之以恒，坚持每天做孕期体操，这样可以达到最好的效果。不过，要根据自己的身体状况来决定锻炼量，动作要轻柔，以不感到疲劳为宜。

瑜伽是孕期可常做的运动

瑜伽是一种很柔软的运动，非常适合孕妈妈的生理需要，现在也有专门为孕妈妈量身打造的孕期瑜伽，对调节身心很有帮助，好处很多。

* 增强身体的平衡感

孕期瑜伽比较舒缓，可以增强体力和肌肉张力，增强身体的平衡感。

* 放松心情，提高注意力

孕期瑜伽能让孕妈妈更了解自己的身体，平缓焦虑、紧张的心情，集中注意力。

* 缓解身体不适

通过练习孕期瑜伽，可以改善血液循环，加强肌肉的力量和伸缩性，可缓解腰酸、背疼和肌肉劳累。

* 有助于顺产

练习孕期瑜伽可不知不觉地放松腹部肌肉，这对于缓解或减少生产过程中的痛楚和不适大有帮助，有助于顺产。

* 改善睡眠，消除失眠

练习孕期瑜伽能让你的睡眠更香，更容易入睡，并一觉睡到天亮。

* 令胎宝宝更灵活敏锐

练习孕期瑜伽也会给予胎宝宝适当而温和的刺激和按摩，令宝宝出生后变得更加灵活敏锐。

孕期瑜伽——直立式

直立式常用来休息放松，适合初级练习者，孕妈妈在孕早期、孕中期、孕晚期皆可练习，具体做法是：

1 双脚平行分开站立，身体重量平分在两脚上，闭上眼睛，放松双膝（不要弯曲双膝，膝盖部位不要往后拉或收紧），舌头保持柔软平放在口腔底部，不要咬紧牙齿，不要抵住上颚，放松双肩，感受耳垂和肩膀之间的空间感，觉得肩膀非常自然柔软地落在耳垂下方，心里继续体会这种柔软的感觉，顺着手臂、经过手腕流到指尖，体会它从脊椎顺流而下的感觉。

2 先放松胃部肌肉，然后是臀部肌肉，这种柔软的感觉继续顺着双腿，经过双膝到达双脚，想象你的双脚是扎在土地里不断生长的根，感觉一天的不适和压力都从大脑出来，顺着脊柱和腿，从脚板排出，这个姿势保持的时间越长，身体感觉越平静。

这是开始练习瑜伽之前的一个很好的预备姿势，注意练习中呼吸要保持平稳。

替您支招

孕妈妈练习瑜伽时，要避免选择那些强度大的动作，一切动作都应以缓和而从容的心情去做。

自制新生宝宝礼物——小兜肚

宝宝出生后要避免着凉，为他准备一些兜肚就能避免小肚子着凉了。自制兜肚很容易，做法也简单，有绣工的孕妈妈还能在兜肚上发挥更多的创意。

更重要的是，想到这将成为宝宝的礼物，相信孕妈妈一定会很有成就感，这种积极的情绪对胎宝宝发育将非常有利，所以，孕妈妈怀着美好的期待，来为胎宝宝准备这份有意义的礼物吧！

＊需要准备的材料

两块棉质的方布，尺寸约为30厘米×30厘米，可自己进行调整。

带子4根（用同样的棉质布料裁剪，或其他棉质系带）。

＊制作步骤

1 将两块棉布面朝外相叠，然后对折成三角形。

2 将一边为折边的任一角裁剪出凹弧形，用作脖子部分，其余两角剪成凸圆形。

3 将剪好的布料展开，缝合两块布的接口，然后在脖子两端以及两边腰部各缝一条带子即可。

练好孕期瑜伽重在正确地呼吸

练习孕期瑜伽很重要的一点就是呼吸要正确，孕妈妈可参考以下正确的呼吸法：

1 仰卧在垫子上，屈膝，两膝靠拢，双脚分开，略比臀宽。

2 待感觉呼吸平稳时，放松手臂、肩膀，双手轻放于腹部，鼻子吸气并有意识地让空气到达体内手下方的位置，手臂不动，让气流带动两手自然分开，进行10次有控制的深呼吸。

3 将双手移至乳房下方以及乳房上方锁骨以下的位置，各重复10次深呼吸，默记空气通过肺的各个部分时的感觉。

4 以平常的方式呼吸10次以放松身体，手臂置于身体两侧，手心朝上。

5 接下来进行一次缓慢的有控制的深呼吸，让空气逐渐从肺底部至中部，最后到顶部充满整个肺；呼气时，先呼出肺顶部的空气，然后是中部，最后是底部，重复10次。

6 以平常的呼吸方式放松即可。

孕妈妈要注意的是，练习时不要咬紧上下齿，舌头保持柔软置于口腔底部即可，保持放松。

替您支招

孕妈妈练习瑜伽前，应先做正确呼吸法，仔细观察自己的呼吸情况，看是否平稳有规律，待呼吸自然后再开始练习。

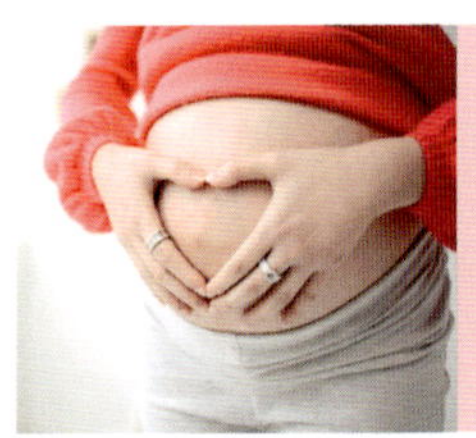

准爸爸做胎教

让家庭氛围变得更好些

孕妈妈的整个妊娠过程中，大多数的时间都是在家中度过的，家庭气氛和谐与否对胎宝宝的生长发育影响很大。

和谐的家庭气氛是造就后代身心健康的基础，在和睦相处的氛围中孕妈妈得到的是温馨的心理感受，胎宝宝也能在如此良好的环境中获得最佳熏染，从而促进身心的健康发育。

准爸爸作为家庭主干，对家庭氛围的影响不可小瞧，准爸爸有责任为孕妈妈创造良好的家庭氛围：

1 积极热忱地为孕妈妈及腹内的胎宝宝做好服务，不断地给孕妈妈的精神与饮食起居上充分的照顾，扮演好未来父亲的荣耀角色，使孕妈妈觉得称心，胎宝宝也会感到惬意。

2 准爸爸应该多体贴、关心、爱护孕妈妈，主动承担较重的家务劳动，孕妈妈也不应存有“怀孕有功”的念头，适当地做些较轻的家务活也是有益无害的。

* 值得借鉴的周总理家庭《八互歌》

众所周知，周总理的一生对家庭气氛控制得特别好，他和邓颖超根据几十年的生活实践，总结出了一首《八互歌》，可作为准爸爸创造温馨家庭的借鉴：

一互敬，多协商。
二互爱，情意长。
三互信，莫乱想。
四互勉，共向上。
五互助，热心肠。
六互让，不逞强。
七互谅，心坦荡。
八互慰，暖心房。
合家欢，乐无疆。
八互歌，切莫忘。
努力做，认真想。
携手进，路宽广。

《八互歌》道出了怎样才能使夫妻和谐、家庭温馨，互敬互爱是共同创造温馨家庭的感情基础。

替您支招

家庭气氛好不好，其实最主要的还是看准爸爸是否有诚心，要抱着期待乐意的心态，如果抱着敷衍的态度，不情不愿，做任何事情也不会让孕妈妈感到体贴，反而无益于家庭氛围。

帮孕妈妈克服过分依赖的心理

孕妈妈怀孕后，感情会变得很脆弱，在精神上和心理上都不愿离开准爸爸，对准爸爸有一种依赖感，希望准爸爸能时时陪在身边和自己一起分享快乐、分担忧患。

另外，孕妈妈生理上的巨变也会造成心理上的不平衡，准爸爸的陪伴能起到一种稳定的作用。孕妈妈往往希望准爸爸能以自己为中心，时时关心自己，处处照料自己。

这种依赖心理既有生理上的需要，也有感情上的需要，这都是正常的。但是孕妈妈如果过分依赖准爸爸，也会给胎宝宝造成不好的影响，而且囿于工作和其他事情，准爸爸也无法时时刻刻陪着孕妈妈。

不过，准爸爸千万不可对孕妈妈不耐烦，要学会帮助孕妈妈克服过分依赖的心理。

准爸爸平时不要吝惜几句温暖的话，多关心孕妈妈，跟孕妈妈说些贴心话，多表白自己的爱心，令孕妈妈心安，这也能使胎宝宝受到爱的鼓励，孕妈妈得到了必要的关心就不会太依赖准爸爸。

此外，准爸爸还要帮助孕妈妈认识到坚强与毅力的好处，孕妈妈的自尊自强、坚强毅力、独立充实对胎宝宝生长发育有着无形的影响，能使得胎宝宝养成自强自立的良好品质。

Part 5

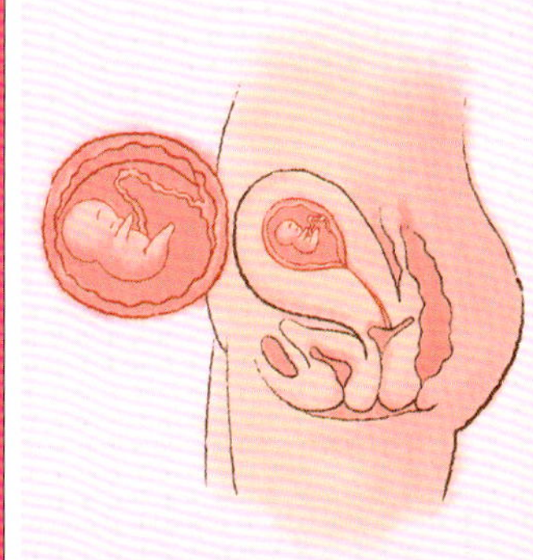

你真实地感受着他的存在

（第 4 个月）

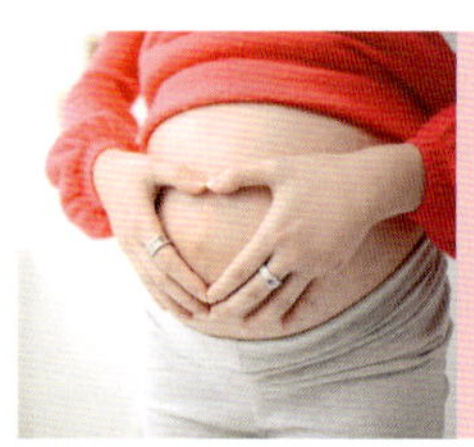

本月胎教要点

进入本月之后，孕妈妈体内的环境已比较安定，胎宝宝逐渐长得大起来，肝、肾及消化腺已开始发挥作用，胎宝宝活动的幅度与力量越来越大，孕妈妈已经可以感觉到胎动。

这个时期的孕妈妈除需要像第3个月那样继续调节好饮食生活，做好“外象内感”的胎教外，还可增加一些新的胎教内容，如抚摸胎宝宝、训练胎宝宝的运动能力等。

在怀孕第4个月，你的胎教重点是：

* 注重饮食的调理

此时，胎宝宝进入了急速生长时期，因此需要充分的营养，要多摄取蛋白质、植物性脂肪、钙、维生素等营养物质。

* 多与胎宝宝沟通

这个时期，胎宝宝对声音已相当敏感，能分辨和听到各种不同的声音，并能进行“学习”，所以孕妈妈准爸爸应每天不定时地和胎宝宝讲话，互相沟通，及时地给予胎宝宝听力训练。

这个阶段，还可适当地做抚摸胎教，训练胎宝宝的运动能力。

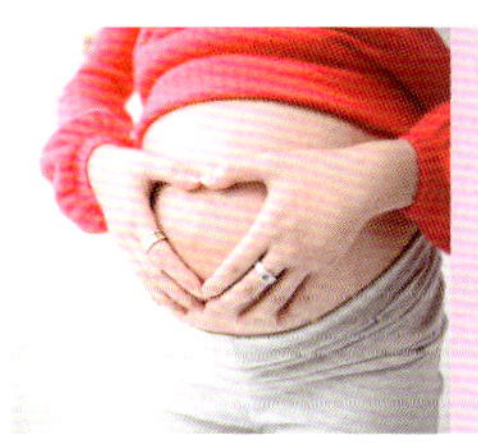

胎宝宝在发育

妈妈，你一定常常在担心我现在怎么样了，所以你总是用手不停地在肚皮上摸来摸去。其实，只有我知道你还摸不到我的身体，虽然我长得特别快，但还是不够大，可我现在可壮实了，妈妈你放心。

我已经完全适应了新房子里的生活，而且我最近还和“房东”协商好了，它答应帮我慢慢扩大房子的体积，让我不至于太拥挤。至于我的娱乐活动，也是很丰富的，我会做鬼脸、吮手指，还会打嗝呢。我还有个好朋友，它叫脐带，我很喜欢和它玩，没事时我喜欢动动新胳膊新腿。妈妈，你感觉到我的存在了吗？

13周胎宝宝——胎盘发育完成

进入本周之后，胎宝宝的脸看上去更像漂亮的娃娃了，脸部比较清晰，现在的身长70~76毫米，体重在20克左右。

胎宝宝的眼睛在头的额部更为突出，两眼之间的距离拉近了，眼睑仍然紧紧地闭合，嘴唇能够张合，耳朵现在很安稳地长在脑袋两边，脖子已经发育得足以支撑头部了，手指上开始出现指纹，手指开始能与手掌握紧，脚趾与脚底也可以弯曲，神经元迅速地增多，神经突触形成，胎宝宝的条件反射能力增强。

＊重要的胎盘

在这一周，陪伴胎宝宝整个孕期的一个重要部分发育完成，这就是胎盘。同时，从胎盘将营养和氧气输送到胎宝宝体内的通道——脐带也已经稳定地投入工作，它还负责将胎宝宝的代谢废物运送出去。在接下来的孕期里，胎宝宝将源源不断地从胎盘里得到自己所需要的营养和氧气，迅速而稳健地继续发育。

替您支招

这时如果孕妈妈用手轻轻在腹部碰触，胎宝宝就会蠕动起来，不过孕妈妈仍然感觉不到胎宝宝的动作，这个阶段的孕妈妈要注意防止晚期流产，特别是有过流产史的孕妈妈。

14周胎宝宝——会皱眉做鬼脸

进入本周之后，胎宝宝身体的所有基本构造都已经形成了，尽管它们仍然非常的微小，到了本周末，胎宝宝的身长85~92毫米，重量30~43克。

这个时候胎宝宝的生长速度很快，身体部分生长得比头部快，支撑头部的脖颈现在也更加清晰、明显了。头发也开始迅速地生长，不过头发的密度和颜色会在胎宝宝出生后发生改变。在接下来的时间里，胎宝宝的胳膊会长得更长一些，使它与身体的其他部分成比例，这时胳膊已经比较灵活了，但是腿还要再发育一段时间才能够比例协调。同时，在胎宝宝手指上已经出现了独一无二的指纹。

* 会皱眉做鬼脸了

由于大脑的刺激，胎宝宝肌肉的动作越来越精细，他的面部肌肉也开始得到锻炼，可以斜眼、皱眉和做鬼脸。另外，抓握和吸吮的能力也越来越强，常常吸吮自己的手指。科学证明，这些动作可以促进胎宝宝大脑的成长。

替您支招

这一周，孕妈妈可能感受到胎动，请将第一次胎动的时间记录下来，作为将来回忆的见证。对于过去有怀孕史的孕妈妈来讲，发现胎动的时间还会比过去提前。

15周胎宝宝——在打嗝

本周，胎宝宝的生长速度仍然很快，远远地超过了前几周，身长大约有10厘米，体重60~70克。在接下来的几周中，胎宝宝的身长和体重可能发生很大的变化，会增长一倍，甚至更多。

胎宝宝的腿现在比胳膊长，并且可以活动所有的关节和四肢，他的手也更加灵活。眉毛开始长出来了，头发的生长速度也很快，胎宝宝薄薄的皮肤上覆盖了一层细细的绒毛。另外，胎宝宝的汗腺正在形成，味蕾也开始形成，眼睑仍然闭合，但可以感觉到光，如果孕妈妈对着肚子打开手电筒，他很可能会躲开光源。

* 特别的事情——胎宝宝开始打嗝

在这一周里，最特别的事情就是胎宝宝会在子宫中打嗝了，这是胎宝宝开始呼吸的前兆。不过，因为这时候胎宝宝气管中充斥的不是空气而是流动的液体，所以孕妈妈还无法听到这样的声音，这会有一点小小的遗憾。

16周胎宝宝——越来越强壮

本周胎宝宝身长12~15厘米，体重120~150克，看上去就像一个惹人爱的梨子。他的头部相比以前明显更直立了，双眼已经移到了头部前方，眼睑仍然紧闭，但是眼球已经在慢慢移动了。眼睫毛和眉毛正在生长，耳朵也达到了最终所在的位置。血管网遍布全身，通过薄而透明的皮肤就可以看到。

＊越来越强壮的胎宝宝

胎宝宝的双臂及两腿的关节已经形成，硬骨开始发育，腿的长度超过了胳膊，手指甲完整地形成了，指关节也开始运动。另外，可以不断吸入和呼出羊水。本周发生的最大的事情就是，胎宝宝会在孕妈妈的子宫中玩耍了，他最好的玩具就是脐带。

替您支招

孕15~18周是排畸检查的最佳时期，主要方法有B超，必要时还会行羊膜腔穿刺术，目的是确定胎宝宝是否存在先天缺陷。

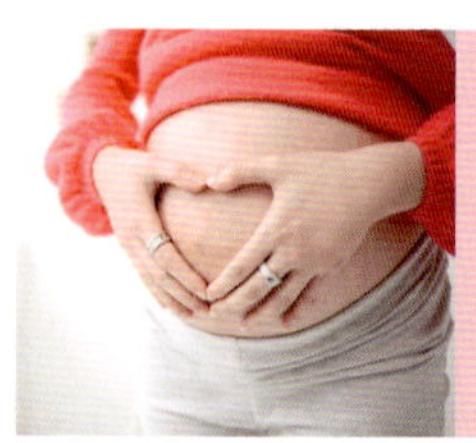

你需要了解的

挑选一双合脚的防滑软底鞋

孕妈妈的双脚比较特殊，怀孕期间，一双合适的鞋非常重要。

*根据季节和用途来确定鞋的式样

1 季节

夏天应选用有防滑底的鞋，以免雨天或遇到水渍时被滑倒。

要注意：很流行的坡形泡沫底凉鞋不适宜孕妈妈，虽然它弹性好，也比较适合脚的形状，但它鞋底很滑，容易摔跤。

冬天穿温暖舒适的布棉鞋最好，不仅弹性好，而且适合孕妈妈多变的脚形。

2 方便起居

日常起居时可穿薄布拖鞋，孕妈妈汗腺分泌旺盛，容易形成汗脚，布拖鞋可吸汗。

要注意：以往日常所穿的橡胶或塑料拖鞋不适宜孕妈妈，虽然方便、柔软、有弹性，但可能引发皮炎，尤其是过敏性体质的孕妈妈。

3 照顾站立过久或远行的需要

孕妈妈站立过久或行走较远时，建议穿柔韧易弯曲的软底布鞋、旅游鞋。这些鞋鞋底、鞋帮不硬，利于下肢血液循环，而且有一定弹性，可随脚的形状进行变化，穿着舒适，可减轻身体负担。

*合适的鞋子需要具备哪些要素

1 鞋子的尺码需依脚长而定，应选择比脚大1厘米左右的鞋子，这样可以为脚的胀大留出空间。

2 选择圆头且肥度较宽、鞋面材质较软的鞋子。鞋底要选择耐磨度好且止滑性较佳的大底。

3 鞋型选择上开式，即系鞋带式或魔术粘贴带式较佳，其次可以选择有松紧带或可调整宽度的鞋类款式。

4 注意鞋跟高度，理想的鞋跟高度为1.5~3厘米。平跟的鞋子则会由于孕妈妈身体重心前移、体重增加等原因，给孕妈妈带来足底筋膜炎等足部不适的困扰。鞋跟太高的话，则会使身体站不稳，而且还会增加脚部的负担。

替您支招

如果穿鞋不适，或是新鞋子令孕妈妈产生异常症状，必须及时咨询医生，获得相关的诊疗意见。

及时调整睡眠习惯，和胎宝宝一起睡个好觉

因为身体方面的变化，孕妈妈容易疲劳，良好的睡眠质量对孕妈妈来说很重要。好的睡眠应该从好的习惯做起，孕妈妈要及时调整睡眠习惯。

＊保证充足的睡眠

睡眠时间应比平时多1小时，最低不能少于8小时，每天晚上保证在11点之前进入睡眠，改掉半夜才入睡的不良习惯，建立身体生物钟的正常节律。

＊睡前不做剧烈运动

除了不做剧烈运动外，睡前可以洗热水澡或用热水浸泡双足，听一些舒缓的音乐，也可喝一杯牛奶，能解除困乏，有助于顺利地进入梦乡。

＊睡前不喝容易兴奋的茶水

睡前不要喝容易引起兴奋的咖啡和浓茶，为了避免半夜起来上厕所，最好在睡前2小时不再喝水。

＊改掉不正确的睡眠姿势

避免仰睡或俯睡，最好是采用侧卧，左侧卧最佳，并且要保持腿和膝盖弯曲，可以在两腿之间垫一个枕头。

替您支招

老人们都很重视胎梦，认为象征着胎宝宝今后的前程，因此有的孕妈妈做噩梦后心理压力很大。其实，胎梦与平常的梦是一样的，均因所思所虑而引起，孕妈妈不必太纠结于梦中所见。

坚持预防，阻拦妊娠纹造访

受子宫增大的影响，腹部皮肤弹性纤维被拉伸甚至断裂，孕妈妈腹部可能会出现粉红色或紫红色的不规则纵形裂纹，有的可延伸到胸部、大腿、背部及臀部等处。

妊娠纹并非每个孕妈妈都会有，严重程度也因人而异，孕妈妈可以坚持预防，主要的预防措施有：

＊饮食

摄取均衡营养，避免摄取过多的甜食及油炸物，改善皮肤的肤质，让皮肤保持弹性，可减少妊娠纹的发生。另外，适当吃些富含维生素E的食物（如卷心菜等），可延缓皮肤衰老。

＊按摩

按摩可以增加皮肤弹性，减轻妊娠纹。

孕妈妈可以从现在开始到产后3个月内，坚持进行腹部环形按摩，可以有效预防妊娠纹生成或淡化已形成的细纹。按摩时可以配合使用孕妇专用的按摩霜或按摩油，产后还可以配合使用精油按摩。

＊控制体重

避免脂肪过度堆积是减轻妊娠纹的有效方法，一般怀孕期间最好将体重增加控制在10~12千克之间。

孕妈妈可多进行锻炼，增加皮肤弹性的同时可以控制体重增长速度，其中游泳对于恢复皮肤弹性好处很大，还可以借助水的阻力进行皮肤按摩。

替您支招

如果孕妈妈觉得肚子过大、过重，身体和皮肤都感觉压力沉重时，可以考虑使用托腹带，分担腹部的负担，减缓皮肤过度的延展拉扯。

胃口大开，一定要注意口腔卫生

怀孕期间，孕妈妈要保持良好的口腔卫生习惯，尤其是进入孕中期后，孕妈妈食欲比较好，更应常常保持口腔清洁，保护牙齿。

＊每天早晚坚持刷牙

晨起和临睡前必须刷牙，这是清除牙结石、保持口腔健康的必要途径，孕妈妈牙龈容易充血，口腔更加敏感，刷牙时要注意：

1. 使用软毛牙刷和温水顺牙缝进行刷牙，以减少对牙龈的刺激，避免牙龈出血。
2. 每次刷牙时间至少3分钟，彻底清除食物残渣。
3. 记得清洁舌面，全面清洁口腔。
4. 牙龈出血严重时，可直接使用孕妇专用漱口水。

＊餐后要漱口

餐后5分钟，口腔内细菌开始繁殖，食物残渣会发酵、腐败，容易造成口腔感染，引发牙周炎、牙龈炎，或导致牙齿松动。

孕妈妈食欲增大，对酸性食物比较偏好，口腔pH下降偏向酸性环境，这些都加大了口腔细菌繁殖的次数和速度，所以孕妈妈要坚持饭后漱口，建议孕妈妈使用专用漱口水。

＊避免刺激性食物

孕妈妈应尽量避免吃过冷过热、过于酸辣的食物，以免牙齿无法承受，要选择质软、不需多嚼、易于消化的食物，减轻牙龈负担，避免损伤牙龈。

此外，还要少吃甜食，注意平衡膳食，多吃含维生素C的蔬果，预防和改善牙龈出血、肿痛等。

＊孕中期适合治疗孕期牙病

怀孕4~6个月是治疗孕期牙病最安全的时段，如果出现比较严重的龋齿或牙龈炎等牙病，可以在这个阶段进行治疗。

替您支招

保护牙齿健康应该在准备怀孕时开始，孕前做一次全面的口腔检查，孕期注意口腔卫生，月子期间同样要注意清洁牙齿。

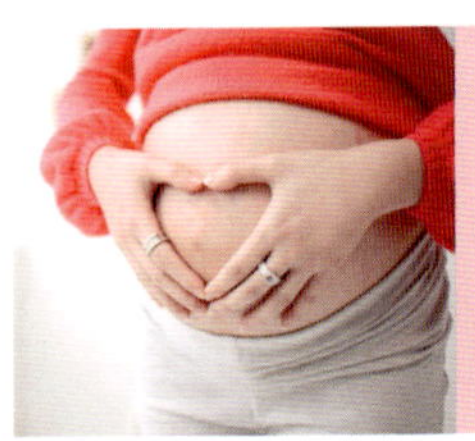

胎教在生活的点滴中

信手涂鸦，孕妈妈学绘画

欣赏名画之余，孕妈妈也可拿起画笔来自己作画。孕妈妈绘画的时候，不要在意自己是否画得好，可以持笔临摹美术作品，也可随心所欲地涂鸦，要全身心投入，一旦沉浸在绘画的过程中，就会感到快乐和满足。在绘画时，孕妈妈可以跟胎宝宝说说画的是什么，怎么画的，这种互动可以带来更多的灵感。当然，如果能临摹一些儿童画，童趣和稚拙感能帮助孕妈妈进入儿童世界。

替您支招

心理学家认为，绘画不仅能提高人的审美能力，产生美的感受，还能释放内心情感，调节心绪平衡，即使不会画画，孕妈妈在涂涂抹抹之中也会自得其乐。

讲故事《小蚂蚁回家》

秋天到了，小蚂蚁和大家一起出动寻找食物。

小蚂蚁闻到一股香味，他离开了队伍，顺着随风飘来的阵阵香味，来到一棵桂树旁。桂树正开放着金灿灿的桂花。

他沿着树干不知爬了多少时候，才爬到树顶的花瓣上。他仿佛来到了一个香喷喷的世界，全身都沾满了桂花的浓香。

小蚂蚁高兴极了。太阳光像条金色的被子，盖在身上，暖洋洋的，舒服极了。他不知不觉地睡着了。

小蚂蚁醒来，一看天色不早，就急急忙忙往家走。他看到了自己的窝，看到了窝口的两个小伙伴。

小蚂蚁连忙打招呼：“喂，你们好哇！”不料，那两个小伙伴奇怪地望望他，好像从来没见过他一样。他多么想快点回到窝里去呀！

可是往前一爬，那两个小伙伴竟把他当敌人，张开嘴，恶狠狠地朝他扑过来。接着窝里又冲出一群蚂蚁，他们全是他的好伙伴，可是，现在全都翻脸啦！

他边逃边喊：“我是小蚂蚁呀！”直到伙伴们不再追了，他才停了下来，站在小河边伤心地哭了。

小蚂蚁多么孤独！他想不出自己做过什么坏事，伙伴们竟会这样恨他，咬他，赶走他。小蚂蚁想啊想，想起了小时候妈妈说的话：“孩子，你要记住，我们每一群蚂蚁，就是一个大家族，都有一种特殊的气味。要是你失去这种气味，家里人就不认识你了，就会把你当敌人，非赶走你不可。”

是的，刚才我身上沾了花香，掩盖了原来的气味，怪不得伙伴们都翻了脸呢。想到这里，小蚂蚁真后悔呀，这可怎么回家呢！

有一只青蛙对他说：“呱呱呱！小蚂蚁，快到河里洗个澡！”

小蚂蚁心里一亮：那不是可以把身上的香味洗掉吗？

小蚂蚁爬到好心的青蛙背上，痛痛快快地在河里洗了个澡。

小蚂蚁回了窝，小伙伴对他可亲热啦，一个个主动向他打招呼：“喂，小家伙，好久不见了！”“你上哪儿去了？”“我们可惦记你呢！”小蚂蚁笑着点点头，心想：以后可不能再到有特殊气味的地方去睡觉了！

＊胎教点读

你知道吗？蚂蚁虽然有一定的视觉，但它们并不用眼睛来认识事物，而是用触觉和嗅觉。

每个蚂蚁群体都有自己特定的气味，气味相同的蚂蚁不会相互攻击。如果我们用手接近爬行中的蚂蚁，会干扰它的气味信息，使它失去方向感。所以，为了让小蚂蚁顺利回家，记得不要靠它太近。

虽然胎宝宝还未出世，不明白世界上很多神奇的事情，但孕妈妈可以用讲故事的方法来告诉他。进行语言胎教的同时，为胎宝宝种下科学的种子，说不定未来的科学家就是从这一刻开始诞生的。

朗诵诗歌《他会是什么模样》

他会是什么模样？

我久久地凝视玫瑰的花瓣，欢愉地抚摸它们：我希望他的小脸蛋像花瓣一般娇艳。我在盘缠交错的黑莓丛中玩耍，因为我希望他的头发也长得这么乌黑卷曲。不过，假如他的皮肤像陶工喜欢的黏土那般黑红，假如他的头发像我的生活那般平直，我也不在乎。

我远眺山谷，雾气笼罩那里的时候，我把雾想象成女孩的侧影，一个十分可爱的女孩，因为也可能是女孩。

但最要紧的是，我希望他看人的眼神跟那个人一样甜美，声音跟那个人对我说话一样微微颤抖，因为我希望在他身上寄托我对那个吻我的人的爱情。

（文/加布里埃拉·密斯特拉尔，节选自《母亲的诗》）

＊胎教点读

为胎宝宝读一读这首《他会是什么模样》吧，每一位接到天使到来信息的准妈妈都是怀着一样的感情，想象他的面容、性别，也想象他的眼神、声音和性格。将对宝宝的爱化作朴实的期望绽放在唇间，把你的爱轻轻地传递给腹中的胎儿。

多微笑吧，胎宝宝能感受到

好情绪是胎宝宝健康发育的保证，孕妈妈每天都应开开心心，不要吝啬自己的微笑。

愉悦的情绪可促使大脑皮层兴奋，使孕妈妈血压、脉搏、呼吸、消化液的分泌均处于相对平稳、相互协调状态，有利于孕妈妈身心健康。同时，有利于改善胎盘供血量，促进胎宝宝健康发育。

微笑是孕妈妈的一种心理保健，在遇到心烦事的时候，控制各种过激情绪，提醒自己：腹中的胎宝宝虽然看不见孕妈妈的表情，却能感受到孕妈妈的喜怒哀乐。然后微笑地去面对，始终保持开朗、乐观的心情。

每天清晨，孕妈妈可以对着镜子，先给自己一个微笑，可以让你这一天都充满朝气与活力，将这种美好的情绪传达给胎宝宝。

替您支招

准爸爸也要常常微笑，要知道，准爸爸的情绪影响着孕妈妈，我们相信，一个充满欢声笑语的家庭必然是幸福的。

孕期补铁需要长期坚持

由于血容量增加，孕中期以后，孕妈妈很容易发生缺铁性贫血，影响腹中宝宝的健康生长，甚至可能引起胎宝宝宫内窘迫、早产等危险，宝宝出生后也容易患缺铁性贫血，因此不能忽视了补铁。

怀孕后，胎宝宝生长以及胎盘血液循环等都需要大量血液供应，此外，还要补偿分娩失血及保证产后哺乳。宝宝出生时体内需要储存铁约300毫克，以满足出生后4~5个月的需要，孕妈妈需在孕中期就开始补充，并长期坚持，直到宝宝出生。

中国营养学会建议，孕妈妈在孕中期每日铁的供给量为25毫克，孕晚期每日铁需要量为30毫克。孕妈妈应当多吃含铁丰富的食物，补充动物血、肉类、肝脏等富含血红素和铁的动物性食品，以及菠菜、油菜这样含铁丰富的蔬菜。同时，补充含维生素C丰富的水果以利于增加铁的吸收。

替您支招

孕妈妈只通过膳食来满足各种铁质需求比较困难，必要时可在医生的指导下补充铁剂，并且要坚持服用。

孕期怎样游泳胎教效果最好

怀孕期间身体状况良好的孕妈妈，在整个孕期都可以进行游泳运动，游泳对于孕妈妈来说是一项相当好的有氧运动：

1 可以让孕妈妈全身肌肉都参加活动，促进血液流通，让胎宝宝更好地发育。

2 能耗较大，孕妈妈可通过游泳来控制增长过快的体重。

3 水的浮力能够减轻身体负担，从而缓解或消除孕期常有的腰背痛症状，并促进骨盆内血液回流，消除瘀血现象。有利于减少便秘、痔疮、四肢水肿和静脉曲张等问题的发生。

4 可以锻炼肺活量，让孕妈妈在分娩时能长时间地憋气用力，缩短产程。

5 经常游泳可以改善情绪，对胎宝宝的神经系统有很好的影响。

＊能让胎教效果更好的游泳建议

1 在游泳前最好征得医生的同意。

2 选择一个卫生条件好、人少、没有阳光直射的游泳池，最好有专职医务人员在场。

3 下水前先做一下热身运动，确认水温在30℃左右再下水。

4 下水时戴上泳镜，入水时千万不可纵身跳水。

5 游泳时动作要稳健缓和，最好选择仰泳，在水中漂浮、轻轻打水都是不错的锻炼姿势，不要使用蛙泳的姿势。

6 与其他游泳的人保持一定距离，防止别人踢到腹部，伤到宝宝。

7 游泳时间以1小时以内为宜。

8 锻炼时段选择在上午10－12时进行比较好，通常在这个时间内不易发生子宫收缩。

9 孕中期是最适宜游泳的阶段。

替您支招

游泳之后如果感到腹部疼痛，有出血现象，要立即咨询医生，凡有流产史、早产史、慢性高血压、心脏病、癫痫，或妊娠期发生并发症（如妊娠高血压综合征、前置胎盘等）的孕妈妈都不宜游泳。

孕期体操——脚腕运动

孕妈妈日渐增大的肚子，使得行动有点不方便，为了能轻松行走，需要让脚腕关节变得柔韧有力。这里给孕妈妈介绍锻炼脚腕的孕期体操——脚腕运动：

1 仰卧在床上，双腿放松，平放于床。

2 左右摇摆两只脚腕，重复10次。

3 左右转动两只脚腕，重复10次。

4 前后活动两只脚腕，充分伸展、收缩跟腱10次。

5 如果有必要，休息2分钟，接着按照1~4步的方法进行练习。

经常做脚腕运动还有助于消除妊娠后期的脚部水肿，所以孕妈妈最好能每天坚持练习。

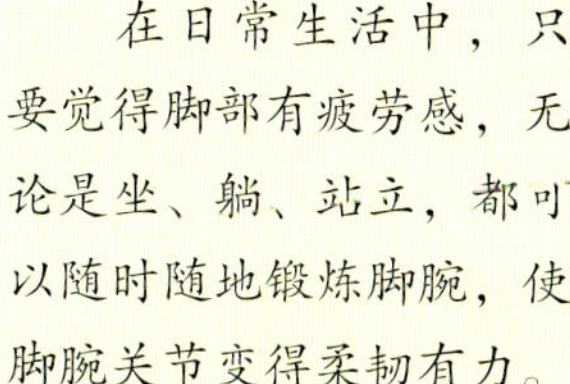

替您支招

在日常生活中，只要觉得脚部有疲劳感，无论是坐、躺、站立，都可以随时随地锻炼脚腕，使脚腕关节变得柔韧有力。

自制新生宝宝礼物——小揪帽

孕期多进行手工制作能让孕妈妈心情平静，还可以促进宝宝的大脑发育，是很好的胎教过程。下面给孕妈妈介绍一个制作小婴儿帽的方法，有了帽子就能保护宝宝的头部了，相信这份礼物一定能让宝宝喜欢。

* 需要准备的材料

2片柔软、稍有弹性的针织布，尺寸为38厘米×21厘米，适合0~3个月的宝宝。

* 制作步骤

❶将2片布料按图中所示裁剪。

❷取一片布料，正面朝上，下端向上翻折1厘米，然后再向上翻折3厘米，在距翻折边的上缘0.2厘米处从一端缝合至另一端，另一片布料按同样方法缝制。

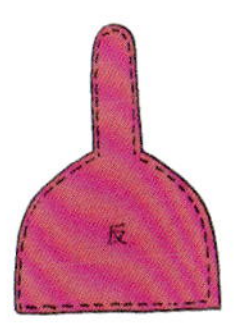

❸将两片处理好的布料正面相对，并用珠针固定，在距离边缘0.4厘米处缝合帽子外延一周。

❹将帽子的正面翻折出来，再揪个小揪，帽子就完工了。

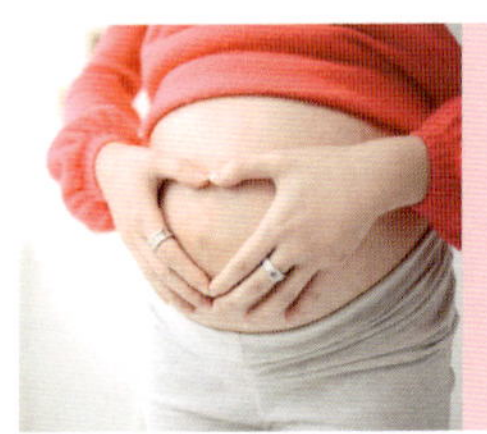

准爸爸做胎教

陪孕妈妈参加孕期知识培训

准爸爸要升级为好爸爸，相应的知识储备是不可缺少的阶梯，所以准爸爸应多学习一些孕产育儿的知识，多提升自己。

在孕妈妈接受产检的医院，一般都会定期举行孕期知识培训课程，以及一些产前宣传教育。这些课程基本涵盖了所有妊娠问题，包括孕妈妈营养保健、孕期心理健康、骨盆操、分娩止痛选择、胎宝宝发育、母乳喂养、新生儿护理、产后保健、防止产后抑郁等。

孕期知识培训通常安排在周末，白天、晚上都会举行，而且大部分都鼓励准爸爸参加。为方便孕妈妈，每堂课1~2小时不等，准爸爸不妨每次都抽时间陪孕妈妈参加。现在很多医院都会手把手地教准爸爸练习各种手法和技巧，这是非常好的机会。

替您支招

准爸爸也可多与孕妈妈一起，读相关的胎教育儿书籍和杂志，不但能学到必要的知识，而且能帮助孕妈妈调节情绪。

学做家庭监护，为胎宝宝健康保驾护航

怀孕期间，除了定期产检，以确保孕妈妈与胎宝宝正常外，还需要经常性地在家中进行自我监护，以便及早发现胎宝宝生长发育的异常情况，及时采取应对措施，孕中期后，孕妈妈行动不便，准爸爸应学会做家庭监护：

＊数胎动

胎动是胎宝宝发育存活的标志之一，准爸爸帮助孕妈妈数胎动，是监护胎宝宝发育和健康状况的手段之一，也是家庭生活中的母—子—父之间的关系开始逐渐形成的表现。

数胎动的方法

准爸爸将两手掌放在孕妈妈的腹壁上，可感觉到胎宝宝有伸手、蹬腿样活动。

从发现有胎动开始，最好每天早晨、午后、晚上各数1次，每次数1小时，然后将3小时的胎动次数相加乘以4，即可代表12小时的胎动次数。

胎动规律

胎动一般开始于怀孕4个月，在16~24周时会比较明显，一天有两个高峰，一个在下午19~21时，另一个是在午夜23时至凌晨1时，早晨最低。一般正常胎动持续在12小时20~30次。

注意：若每天不能数3次，则至少每天数1小时，即于晚上20时以后数1小时。1小时内胎动明显少于3次，可继续重复数1小时，若还是少于3次，或根本没有胎动，必须立即去医院检查。

＊听胎心

听胎心音也是观察胎宝宝发育情况的重要手段之一。

听胎心的方法

孕妈妈两腿伸直，准爸爸直接用耳朵或者听筒放在腹壁（脐部上、下、左、右四个部位）上听，时间为每天1次，每次1分钟。

胎心规律

一般正常胎心率为每分钟120~160次，过快、过慢或不规律均属异常现象，证明胎宝宝在子宫内有问题，须到医院诊查。

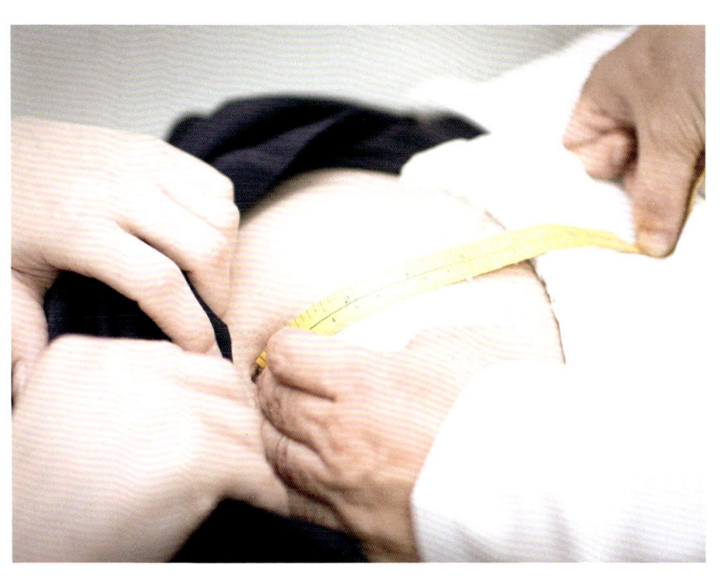

＊量宫底

子宫底的高度指的是从耻骨联合上缘到宫底的高度，测量子宫底的高度，主要是用来测定和推算胎宝宝发育和成长的情况。

量宫底的方法

孕妈妈排尿后，使其仰卧，两腿屈曲，准爸爸用卷尺测量耻骨联合（阴毛覆盖下的那块骨头）上缘至子宫底的距离。自怀孕20周开始，每周测1次。最好在医生指导、培训后再做。

宫底高度规律

随着孕期增加，子宫底的高度逐渐上升，怀孕第16周时居耻骨和肚脐中央；20~22周达到腹部；28周位于肚脐与胸骨下端剑突中央；32~34周达到剑突下1~2横指；36周时胎头入盆宫底上升速度减慢，或略有下降。

一般自20周起，宫底每周增加1厘米，若过分超过和明显落后于相应水平，应咨询医生。

＊称体重

孕妈妈的体重随着胎宝宝的生长发育而增长，体重的增长应当是逐渐的，一般规律如下：

孕周	体重增长值
1~12 周	2~3 千克
13~28 周	4~5 千克
29~40 周	5~5.5 千克

怀孕中期以后，每周体重增加约450克。

如体重增加过少，可能是营养不足、贫血，或胎宝宝发育迟缓。

如果体重增加过多，要注意是否身体水肿、羊水过多等。不正常的体重情况，预示着母体病变或胎宝宝发育异常，应及时咨询医生。

爸爸读故事：《父亲的菜园》

在每一个人眼中，自己的父亲是最伟大、最值得敬重的人，老公即将为人父，成为宝宝的榜样和表率，让他给胎宝宝读读这个故事吧。然后一起讨论一下，父亲对于你们来说是一个怎样的存在，这对以后你们将采取的教育方式有很大的指导意义。

一条新修的公路，使我家失去了四季翠绿的菜园。我们的心情都不大舒畅，没有了新鲜的蔬菜，对一个普通的农家来说，就像婴儿断了奶。

终于有一天，父亲望着饭桌上总也盛不满的菜碗，说要重新开一块菜地。全家人投去诧异的目光——要知道，在我们这里要找一块可以当菜园的地，是相当困难的。望着我们困惑的神情，父亲坚毅地说："我们去开一块新的菜地！"

于是，在我家后面的山坡上，父亲选择了一块相对平缓的坡地，作为菜园的基地。每天天还没亮，父亲就扛着锄头、挑起箢箕上山去，直到傍晚，才挑着一担柴草回家来。一个星期过去，展现在我们面前的，是足有二四分翻过的黄土地。

父亲还没来得及整理他新辟的菜园，一场暴雨说来就来了。那天，父亲正在吃午饭，把碗一丢，抓起铁锹就冲进了暴雨中……可是，山坡菜地里那薄薄的一层泥土已经被大雨冲了个一干二净，露出大块大块狰狞的岩石来。

父亲没有气馁，他在坡地的边缘砌了一道矮墙，再从山脚下把土一筐一筐地挑上去，盖住了那可怖的岩石。父亲的双肩红肿，脚板也磨起了泡。看着新菜园终于被开出来了，父亲笑了。

春天到了，父亲在他的新菜园里，种上了豌豆。望着这一块贫瘠的土地，我问父亲："豌豆真的能长出来吗？"

父亲摸摸我的后脑勺儿，信心十足地说："当然能！"

我似信非信地点点头。没过多久，菜园里长出了一片绿绿的豌豆。

就在我做着吃香喷喷的炒豌豆的美梦时，父亲却把那一片豌豆全翻在泥土里，我有些疑惑不解。父亲说："我们不能光顾眼前，也真难为了这片荒地，它是拼了命才养出这一片豌豆来的。就这样榨干它，以后就别想吃瓜吃菜了。这一季豌豆就用来肥土吧。"

以后的日子，我们便四处拾粪。有时候我在山坡上放牛，尿憋急了，父亲也要我跑到菜地里去撒。在父亲的精心伺候下，原本贫瘠的死黄土，变得黑亮，锄头挖下去，还能翻出蚯蚓来呢。远远望去，父亲的菜园就像一块碧绿的翡翠，嵌在荒凉的山坡上。直到现在，那一块坡地，仍是我家的菜园。春有菠菜、莴笋，夏有黄瓜、茄子，秋有辣椒、南瓜，冬有萝卜、白菜。一年四季，都是一片诱人的翠绿。

Part 6

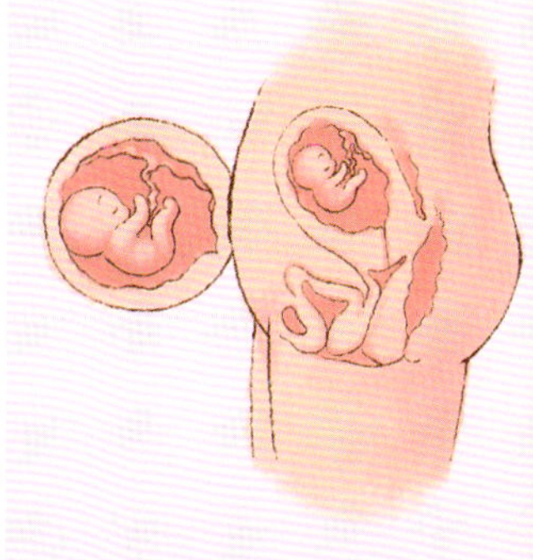

恍若蝶翅轻划而过的胎动

（第 5 个月）

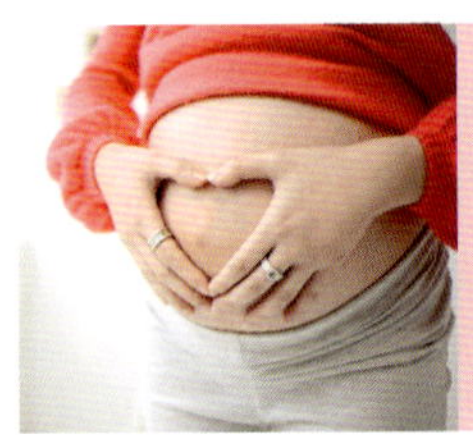

本月胎教要点

胎宝宝在5个月时，胎动更加活跃，心跳也更加有力，感知功能明显提高，对外界传入刺激信号的接受能力大大提高，已经是个能听、能看、会玩、有感觉的小生命了，孕妈妈要多用心与其交流。

在怀孕第5个月，你的胎教重点是：

* 加强声音和语言的刺激

这个月的胎教，最好每天听音乐，因为胎宝宝的听觉能力逐渐开启。此外，多放音乐可使胎宝宝感到安心，脑发育能得到更多的良性刺激。

还可以给胎宝宝讲故事、朗诵诗歌，看看胎宝宝在腹中有无反应，没有反应也无妨，目的是要刺激胎宝宝对声音和语言的感应。

* 多让胎宝宝做运动

从第5个月起，胎宝宝触觉功能逐渐发育起来，可开始用抚摸胎宝宝的方法进行胎教，抚摸时要配合语言或音乐刺激，获得更佳的胎教效果。

开展抚摸胎教的理想时间是每天傍晚，这个时候胎动最为频繁与活跃，对有早期宫缩的孕妈妈，不可用触摸动作。

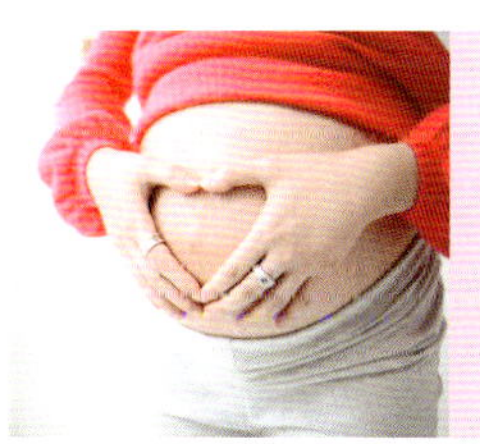

胎宝宝在发育

妈妈，这是一个重要的月份，现在我能用各种方式告诉你，我是一个健康的宝宝。妈妈你听，我的心脏跳动得强而有力，爸爸不用依靠听诊器也能听到了，不过我最高兴的并不是这个。说实话，我老早就习惯心脏发出的这些声音了，我兴奋的是，“房东”不仅给我免费扩大房间面积，而且允许我在里面自由运动。

现在，我经常指挥胳膊和腿进行搏击比赛，累了我就懒洋洋地翻滚几圈。妈妈你知道吗，这些运动给我带来了很多乐趣。我知道，妈妈也想和我分享快乐的时光，所以，我也喜欢用手轻轻推房间的墙壁，妈妈，你一定感觉到我的动作了吧？

17周胎宝宝——活跃地感受着这个世界

17周的胎宝宝看上去像个大洋葱，身长大约有13厘米，体重150~200克，在今后3周内，他将经历一个飞速增长的过程，重量和身长都将增加两倍以上。胎宝宝此时的骨骼都还是软骨，可以保护骨骼的卵磷脂开始慢慢地覆盖在骨髓上。他的循环系统和尿道完全进入正常的工作状态，肺也开始工作。

＊胎动变得活跃

胎宝宝现在与出生后的婴儿一样可爱，变得非常顽皮，胎动也非常活跃。他能够活动关节以及骨架，他特别喜欢用手拉或抓住脐带，脐带此时长得更粗、更强壮了。

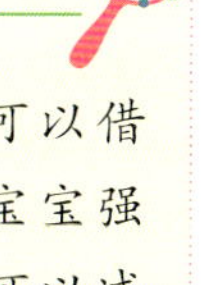

替您支招

本周孕妈妈可以借助听诊器听到胎宝宝强有力的心跳，这可以减少对分娩的恐惧，使信心倍增。

18周胎宝宝——小胸脯一起一伏

18周的胎宝宝身长13~15厘米，体重160~198克。胎宝宝的指尖和脚趾上的肉垫已经形成，薄薄的皮肤下的血管清晰可见，耳朵已长到正常的位置。胎宝宝的躯干、肢体都发育得比较完善了，看上去越来越具有人形，同时下肢比上肢长，下肢各部分也成比例。

* 胎宝宝在正常“呼吸”

这周胎宝宝的活动越来越频繁，经常戳、踢、扭动和翻转，孕妈妈会越来越多地感受到胎宝宝的这些动作。他的小胸脯不时地鼓起来、陷下去，这是呼吸的表现，但这时的胎宝宝吸入呼出的不是空气而是羊水。

替您支招

第18周，胎宝宝的骨骼已含钙质，在X射线下能够显影，股骨长度和头径都已经能够测量，测量头径可以用来进一步核实预产期。

19周胎宝宝——听见声音了

19周的胎宝宝身长大约有15厘米，体重200~250克。此周胎宝宝最大的变化就是感觉器官开始按照区域迅速地发展，味觉、嗅觉、触觉、视觉、听觉从现在开始在大脑中专门的区域里发育，此时神经元的数量不再增加，神经元之间的连通开始增加。

* 听见声音了

本周，胎宝宝的世界迎来一个新的阶段，他可以听到周围的声音了，最先听到的声音主要是血液流过血管的声音、胃部消化的杂音、心脏跳动的声音，以及孕妈妈声带发出的声音。研究显示，孕妈妈说话时，胎宝宝的心跳会减慢，说明他放松下来了。

替您支招

胎宝宝能听音了，孕妈妈现在一定要注意自己的言行，不要给胎宝宝留下不好的印象。

20周胎宝宝——开始分泌胎脂

20周的胎宝宝生长发育趋于平稳，皮肤开始增厚，身长为16~25厘米，体重为250~300克。胎宝宝的头上长出了头发，牙齿也正在发育，神经和肌肉之间的联系也已经建立。当肌肉受到刺激收缩和松弛时，胎宝宝的肢体就可以围绕关节运动，多数孕妈妈会初次感受到胎宝宝像鱼一样在轻轻地游动。

＊防水的胎脂

胎宝宝的腺体开始分泌出一种黏稠的白色油脂状物质，这就是胎脂，具有防水作用，可防止胎宝宝的皮肤长期浸泡在羊水中被腐蚀。此外，胎宝宝已能获取孕妈妈身体里的抗体，帮助他在出生后的最初一段时间里抵抗疾病。

替您支招

现在胎宝宝比较稳定，孕妈妈要将更多的精力放到补充营养上，要尽量保证营养均衡，切忌饮食过量。

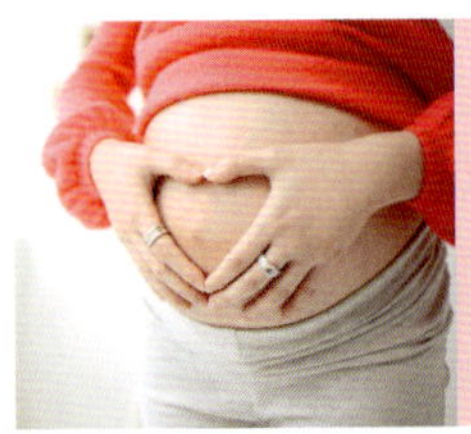

你需要了解的

正确护理宝宝的“粮仓”

孕中期乳房护理很重要，此时如果护理不当，可影响产后哺乳，比如乳头内陷、乳腺管不畅通、乳头皲裂等。

* 孕期护理乳房需要了解的

1 怀孕后，乳房逐渐变大，此时不要穿过紧的上衣，以免由于压迫乳房而妨碍其发育。应配戴合适的乳罩，防止乳房下垂。

2 孕妈妈的皮脂腺分泌旺盛，乳头上常有积垢和痂皮，强行清除可能会伤及表皮，应先用植物油(麻油、花生油或豆油)涂敷，使之变软再清除。

3 妊娠4~5个月后，孕妈妈应每日用毛巾蘸温水擦洗奶头数次，以增加其弹力，并可使表皮增厚，从而耐受婴儿吸吮，减少产后乳头皲裂的发生。

4 不要用香皂清洁乳房，香皂很容易洗去皮肤表面的角质层，时间久了会对皮肤表面的保护层造成损害，使乳房表皮肿胀，使得皮肤不再细腻有质感。

* 正确的乳房按摩法

洗浴后正确按摩乳房可促进血液循环，方法是：

1 清洗乳晕和乳头后，用热毛巾敷盖乳房并用手轻轻地按住。

2 将乳房擦净后撒一些爽身粉，并用涂有爽身粉的手指从乳房四周由内向外轻轻按摩。

3 用手指指腹在乳房周围以画圈方式轻轻按摩。

4 轻轻按住乳房并从四周向乳头方向轻轻按摩；拇指和示指压住乳晕边缘，再用两指轻轻挤压。

以上按摩可以在每天沐浴或睡觉前进行2~3分钟，按摩动作尽量轻柔，不可过度，如果有下腹部疼痛，应该立刻停止。

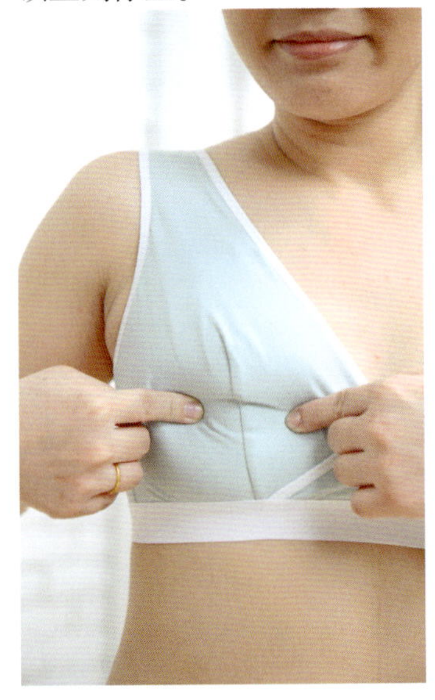

* 如何护理乳头

孕期进行乳头护理可加强乳头的承受能力，使乳头在分娩后不容易被宝宝吮破，护理方法是：

1 从怀孕第5个月起，经常用温水擦洗乳头，清除附在上面的乳痂，涂油脂。

2 洗澡后，先涂油脂，然后用拇指和示指轻轻抚摩乳头及其周围皮肤。

3 不要强行去除乳头上硬痂样的东西。可在入睡前覆盖一块长约10厘米、涂满油脂的四方纱布，第二天早晨起床后再擦掉硬痂。

4 经常用干燥柔软的小毛巾轻轻擦拭乳头皮肤，增加乳头表皮的坚韧性，避免以后哺乳破损。

替您支招

由于雌激素作用于乳腺，孕妈妈可能出现乳房瘙痒的症状，这时不要搔挠，以免伤害乳房。这种症状在分娩后会慢慢消失，一般不用特殊处理。

如何纠正乳头内陷

正常的乳头为圆柱形，突出于乳房平面，呈一结状，如果孕妈妈乳头内陷明显，可致产后哺乳发生困难，乳汁淤积，甚至继发感染而发生乳腺炎。乳头内陷的孕妈妈应该从怀孕5~6个月时开始设法纠正。

* 纠正乳头内陷的方法

1 用一手托住乳房，另一手的拇指和中、示指抓住乳头向外牵拉，每日2次，每次重复10~20次。

2 用一个5毫升空注射器的外管扣在乳头上，用一橡皮管连接另一个5毫升注射器，利用负压抽吸方法也有助于乳头外突。

3 将两拇指相对放在乳头左右两侧，缓缓下压并由乳头向两侧拉开，牵拉乳晕皮肤及皮下组织，使乳头向外突出，重复多次。随后将两拇指分别在乳头上下侧，由乳头向上下纵形拉开。每日2次，每次5分钟。

牵拉乳头可能会引起子宫收缩，动作一定要轻柔，时间尽量短，如果子宫出现频繁收缩，应立即停止。

注意：有习惯性流产、早产史的孕妈妈不适合在孕期做乳头纠正，只能在产后处理。

替您支招

此期，乳房内可能开始生成乳汁，所以乳头会分泌少量白色乳汁，这时孕妈妈可在胸罩内垫个棉垫，以免将衣服弄湿，造成尴尬。

常常腿抽筋，怎样应对

怀孕中期以后，孕妈妈常有腿部抽筋、疼痛的现象，而且多在晚上或睡觉期间频繁发作。

* 腿抽筋的原因

1 孕妈妈体重逐渐增加，双腿负担加重，腿部的肌肉经常处于疲劳状态，所以容易抽筋。

2 在孕中、晚期，孕妈妈每天钙的需求量增为1200毫克，如果摄取钙不足，肌肉的兴奋性增强，容易发生肌肉痉挛。而孕妈妈腿部肌肉的负担大于其他部位，更容易发生抽筋。

* 怎样应对和防止腿抽筋

孕妈妈可以从以下几个方面做起：

1 多吃含钙质食物，如牛奶、孕妇奶粉、鱼骨等，五谷、果蔬、奶类、肉类食物都要吃，并合理搭配。

2 适当进行户外活动，接受日光照射。

3 不要使腿部的肌肉过度疲劳，不要穿高跟鞋。

4 睡前可对腿和脚进行按摩。

5 必要时可在医生的指导下加服钙剂和维生素D。

6 一旦抽筋发生，立即站在地面上蹬直患肢；或是坐着，将患肢蹬在墙上，蹬直；或请身边亲友将患肢拉直。总之，使小腿蹬直、肌肉绷紧，再局部按摩小腿肌肉，即可缓解疼痛甚至使疼痛立即消失。

替您支招

虽然缺钙是孕妈妈腿抽筋的原因之一，但绝不能以小腿是否抽筋作为需要补钙的指标。因为每个人对缺钙的耐受值有所差异，有的孕妈妈在钙缺乏时，并没有小腿抽筋的症状。

预防妊娠高血压综合征

妊娠高血压综合征，是指怀孕后首次出现高血压，收缩压≥140mmHg和（或）舒张压≥90mmHg，主要症状还包括水肿、蛋白尿、体重增加过快等一系列综合症状。它会影响胎盘功能，使胎宝宝发育迟缓，甚至窒息，一定要做好预防工作：

＊定期产检

孕妈妈不应错过产检，多关注血压、尿蛋白和体重，因为妊娠高血压加上尿蛋白，可能意味着一种比较严重的孕期疾病，就是先兆子痫，应及早发现及早治疗，把影响降到最低。

＊控制体重增长速度与幅度

每周体重增长过快是妊娠高血压综合征的危险因素，整个孕期的体重增长应控制在10~12千克之间，尤其是孕晚期，每周增重0.5千克为宜。

＊控制盐分摄入

食盐控制量每日应在5克以内，避免所有含盐量高的食品，如浓肉汁、调味汁、腌制品、熏干制品、罐头制品、油炸食品、肉类熟食等。酱油也不能摄入过多，6毫升酱油约等于1克盐的量。

＊补充维生素C和维生素E

这样能够抑制血中脂质过氧化作用，降低妊娠高血压综合征的反应。因此，妊娠高血压综合征的孕妈妈应多吃蔬菜、水果、坚果等健康食品。

＊及时纠正异常情况

如发现贫血，要及时补充铁质；若发现下肢水肿，要增加卧床时间，把脚抬高休息；血压偏高时要遵医嘱按时服药。症状严重时要考虑终止妊娠。

＊注意既往史

曾患有肾炎、高血压等疾病以及上次怀孕有过妊娠高血压综合征的孕妈妈要在医生指导下进行重点监护。

替您支招

妊娠高血压综合征发病原因尚不清楚，因此难以完全避免。如果出现妊娠高血压症状，一定要尽可能多休息，不要为工作或生活所累，听从医生的指导，一般病情都能得到控制并好转。

孕中期是带胎宝宝出游的好时机

怀孕中期16~28周最适合出游。这个时段，孕妈妈已适应怀孕生理变化，身体状态最佳，不适症状最少，而且发生流产或早产的机会最小，即使长途旅行也不会有太大问题。如果需要旅游，最好安排在孕中期。

* 出游前需要了解的

1 制订合理的旅行计划。在行程安排上一定要留出足够的休息时间。若行程难以计划和安排，有许多不确定的因素，最好还是不去为好。

2 途中要有人全程陪同。最好是由准爸爸、家人或好友等熟悉的人陪伴前往。

3 随身携带药品。胃肠药、治疗外伤的药水药膏、创可贴等，使用前要先看药品说明书上有无孕妈妈慎用的字样。

4 运动量不要太大或太刺激。例如，不要玩过山车、自由落体、高空弹跳等。

5 旅途中随时注意身体状况。若有任何身体不适，如下体出血、腹痛、腹胀等，应立即就医，不要轻视身体上的任何症状而继续旅行，以避免错过最佳诊治时机。

6 一般来说，出游季节以气候温和凉爽的春季及秋季为好，地点以平坦的平原、交通方便的地方为主，不要进行走马观花似的旅游，免去舟车劳顿之苦。

7 旅游前最好先咨询医生，以确定自己的身体状况是否适合旅游。

* 旅途中衣食住行需要注意的

1 衣：衣着以穿脱方便的保暖衣物为主，也可戴上帽子、围巾等，以预防感冒；若所去地区天气炎热，帽子、防晒油不可少；多带一些纸内裤，以便急用。

2 食：避免吃生冷、不干净的食物，以免造成消化不良、腹泻等突发状况；奶制品、海鲜等食物容易变质，若不能确定是否新鲜，最好不要吃。

3 住：避免前往海岛或交通不便的地方；蚊蝇多、卫生差的地区不可前往。

4 行：坐车、搭飞机一定要系好安全带，而且要在落座前找好洗手间的位置；不要搭坐摩托车或快艇；登山、走路注意不要太费体力，一切宜量力而为。

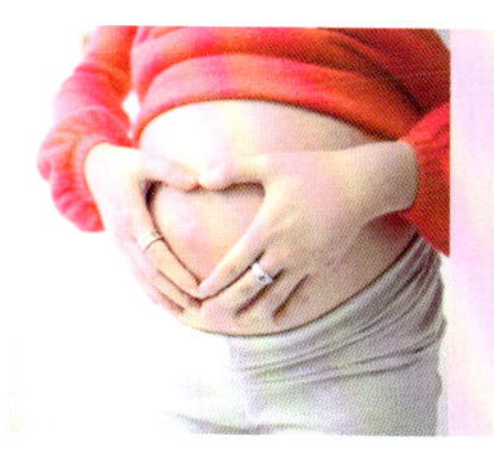

胎教在生活的点滴中

试一试家庭插花

插花是一项艺术，随手一插也可能饱含意境，重在插花人动手来做，发挥自己的创意，这也是一种很有益的胎教。下面我们给孕妈妈提供一种菊花的插法：

＊需要准备的材料

废弃纸筒1个（茶叶筒、饼干筒等均可），试管数支（可用窄玻璃杯代替），小菊花数枝，龟背叶两片（可用栀子花叶代替）。

＊插花步骤

❶ 将装好水的试管一一放进纸筒里，装满纸筒为止。

❷ 将修剪好的小菊花一一插入试管中，摆出自己喜欢的造型。

❸ 将龟背叶插放到小菊花枝叶间，遮住纸筒口，调整龟背叶到看不到试管。

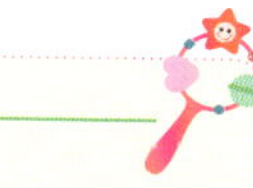

替您支招

插花是一项创意活动，并没有绝对的插法，孕妈妈不妨按照自己的心愿和想法来插。

讲故事《小猫钓鱼》

在树林旁边，有一条小河，河里有许多鱼在游来游去。

一天早上，猫妈妈带着小猫到小河边去钓鱼。它们刚刚坐下，一只蜻蜓飞来了，蜻蜓真好玩，飞来飞去像架小飞机。小猫看了真喜欢，放下钓鱼竿，就去捉蜻蜓。蜻蜓飞走了，小猫没捉着，空着手回到了河边，一看猫妈妈钓了一条大鱼。

小猫又坐到河边钓鱼，一只蝴蝶飞来了，蝴蝶真美丽，小猫看了真喜欢，放下了钓鱼竿，又去捉蝴蝶。蝴蝶飞走了，小猫又没捉着，空着手回到河边，一看，猫妈妈又钓了一条大鱼。

小猫说："真气人，我怎么一条小鱼也钓不着？"

猫妈妈看了看小猫，说："钓鱼就要一心一意，不要三心二意，你一会儿捉蜻蜓，一会儿捉蝴蝶，怎么能钓着鱼呢？"

小猫听了猫妈妈的话很难为情，便一心一意地钓鱼了。

蜻蜓又飞来了，蝴蝶也飞来了，小猫就像没有看见一样，一步也没走开。不一会儿，嘿！钓竿上的线往下沉，钓竿也动起来啦！小猫使劲把钓竿往上甩，"哎哟！"一条大鱼钓上来啦。鱼摔在地上，噼噼啪啪地乱蹦乱跳，小猫赶紧捉住大鱼，高兴地喊了起来："我钓到大鱼啦！我钓到大鱼啦！"后来，猫妈妈和小猫一起拎着钓到的鱼，高高兴兴地回家了。

＊胎教点读

可爱的小猫看着什么都喜欢，都想去玩，等小猫玩够了回来时，猫妈妈用实际行动告诉了小猫：虽然喜欢的东西很多，但要是三心二意的话，就什么都不能得到了，做一件事情要一心一意才行。

孕妈妈讲故事时，除了告诉胎宝宝道理外，可以给胎宝宝描述一下小猫的样子，也可以学几声小猫的叫声给胎宝宝听。在描述或模仿的过程中，胎宝宝能熟悉孕妈妈的思维，也能加深对小猫的了解。

放松精神，消除紧张感

下面给孕妈妈介绍一种精神放松法——自律训练，它的目的是消除紧张情绪，集中精神、安定身心，具体方法是：

准备

先用温水让自己紧张的身体松弛下来，换上宽大的衣服，在一个地方冥想，消除紧张情绪。

步骤

第一阶段：坐在椅子上或是平躺在床上，闭上眼睛，放松全身，全身处于无力状态，把气吸入腹部，再通过腹部呼出，反复2~3次。

第二阶段：心中默念“内心平静、双臂沉重”，把意识集中于四肢，努力体会沉重的感觉。

第三阶段：“内心平静、双臂沉重”和“双脚温暖、内心平静”各念两遍，体会手脚温暖的感觉。

第四阶段：双臂前移，移动手指，将胳膊肘弯曲后再打开，然后伸个懒腰，冥想结束。

替您支招

在不同的国家，由于人们的生活方式和习俗不一样，孕妈妈们放松自己的方式也各有特色，比如，日本妈妈崇尚插花，她们在孕期也会用插花来放松；俄罗斯妈妈喜欢歌曲，她们开创了将想说的话用歌曲来表达的胎教方式。

职场孕妈妈怎样吃得更营养

职场孕妈妈可能不得不吃工作餐，难免会在营养方面有欠缺，甚至还有一些不太健康、容易导致发胖的饮食。孕妈妈要想吃得更营养，一定要善于“去粗取精”，注意选择，以下建议可能会给孕妈妈一些帮助。

1 不要选择味重刺激的食物

孕妈妈应少吃太咸的食物，以防止体内水钠潴留，引起血压上升或双足水肿；其他辛辣、调味重的食物也应该明智地拒绝。

2 尽量避免油炸食物

外面餐馆的油炸类食物，在制作过程中使用的食用油一般都是被重复使用过很多次的回锅油。这种油反复沸腾，有很多有害物质，孕妈妈最好不要食用工作餐里的油炸食物。

3 慎重挑选饮料

对于孕妈妈来说，健康饮料包括矿泉水和纯果汁，其他饮料最好不要选择，尤其是含咖啡因或酒精的饮料。

4 自带袋装牛奶和新鲜水果

为了弥补吃新鲜蔬菜的不足，孕妈妈应在午饭前30分钟吃个水果，以补充维生素缺乏，可以自带。此外，还可带牛奶，以补充钙质。

替您支招

容易饥饿的孕妈妈要记得带些全麦饼干或者面包之类的食物，以备饿的时候需要。

孕期体操——猫姿

猫姿是一种倾斜骨盆的练习，不仅可以有效地预防腰痛，还可以对分娩时所需的肌肉进行锻炼，更好地支持子宫，有助于将来顺产。

* 准备工作

选择一个宽阔的平面，地板或是床，放松身体，深呼吸，待呼吸平静下来后开始练习。

* 做法

❶趴下，手与双膝分开，身体呈爬姿，手、腿与腰同宽。

❷一边呼气，一边拱起背部，前倾骨盆，头部弯向两臂中间，直至看到肚脐，想象着猫夹着尾巴的姿势来绷紧腹部。

❸吸气后，再一边呼气一边慢慢放松腹部。

❹呼气的同时一边恢复到原来的姿势，一边向上抬头。

❺边吸气边前抬上身。

❻边呼气边后撤身体，直至趴下。

❼注意在整个过程中，肘部不要弯曲。重复10次。

替您支招

在做猫姿的过程中可能引起宝宝在腹中旋转，因此不适合孕晚期的妈妈练习。

让你更舒适的孕期体操

孕期体操是专门为准妈妈设计的体操，可以缓解你的孕期不适，让你更舒适，也有利于分娩；也可以使胎宝宝身心得到良好的发育，是胎教的重要方式。

＊ 需提前了解的注意事项

1 做操时，穿着宽松舒适的衣服，彻底放松。

2 开始时不要勉强自己，做操次数可依身体状况而定，以后可逐日增加运动量。

3 做完操后，如果你感觉身体微微发热（不是过热），通体舒畅，就是适当的运动量，但如果你感到累，就要适当减少运动量。

4 如果做操时有任何不适，如头晕、胎动变少或过快、子宫收缩、阴道流血等，需要马上停止。

＊ 腿部伸曲动作

这个动作可以使你腿的肌肉具有耐力，减少日益成长的胎宝宝对你造成的压力。

Step1：站立，双脚分开与肩同宽，膝盖稍微向外，双手放在脑后，吸气，边呼气边屈膝，停5秒钟。

Step2：吸气，边呼气边直膝，双手伸直。吸气，边呼气边屈膝，停5秒钟。吸气，边呼气边直膝，最后整个是蹲的姿势。

Step3：重复做5次，每天2~3次。

替您支招

运动贵在坚持，如果你想要取得比较好的效果，不妨利用晚上睡觉前、工作的间隙等来进行简单的运动，将运动坚持下去。

准爸爸做胎教

准爸爸怎样和胎宝宝玩游戏

5个月的胎宝宝已经是个有感觉的小生命了，会伸懒腰、打哈欠、调皮地用脚蹬妈妈的肚子。准爸爸这个时候更应该多和胎宝宝做一些互动，轻声呼唤、轻柔抚摸都是不错的交流方法，现在可以适当地加一些游戏的内容。

游戏的种类多种多样，关键是准爸爸也能够参与到胎教中来。孕妈妈平躺时，准爸爸以抚摸轻按的方式诱导胎宝宝在“宫中”活动；孕妈妈进餐时，准爸爸可以模拟给胎宝宝喂饭，游戏时要注意语言上的配合，如“宝宝，爸爸有没有摸到你的小胳膊呀？”“爸爸做的饭好不好吃呀？”

玩游戏不仅可以增加与胎宝宝之间的联系，还可以加深与孕妈妈之间的感情。

准爸爸如何给胎宝宝讲故事

准爸爸是胎教的主力军，其中语言胎教是最主要的方面。从本月开始，对胎宝宝听力的练习可以适当加强了，准爸爸可以多给胎宝宝讲讲故事。

在给胎宝宝讲故事的时候，准爸爸要把他当成懂事的孩子一样看待，不要抱着敷衍的态度，并且让孕妈妈也积极地参与进来，让胎教通过孕妈妈的心理感受，更好地作用于胎宝宝。

故事形式上以有好玩的对话的小故事为佳，给孕妈妈安排一个角色，然后两个人绘声绘色地模拟角色中的人物进行对话。故事内容应轻松愉悦，娓娓动听，千万不要讲一些会令孕妈妈产生心理恐惧的故事，本书也精选了一部分好的小故事，准爸爸亦可从中选择。

准爸爸在讲故事的时候，尽量将作品中的人、事、物详细、清楚地描述出来，例如，说到太阳时，可以描述一下太阳的模样、颜色、形状、作用等，让自己更好地融入到故事中去。

Part 7

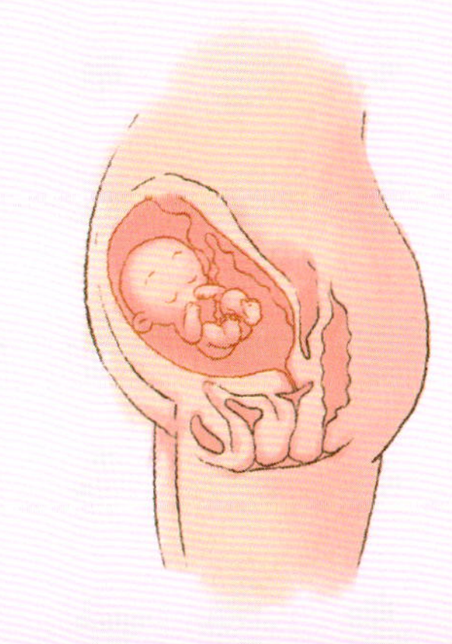

胎宝宝躲在子宫聆听

（第 6 个月）

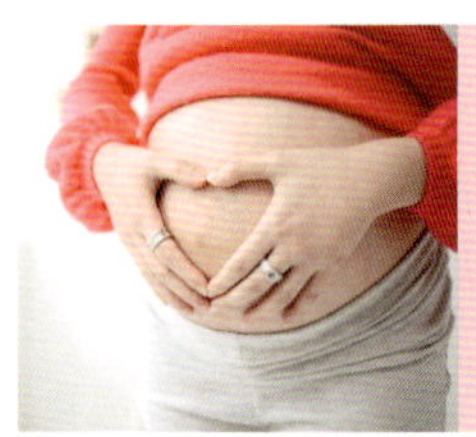

本月胎教要点

这个月，胎宝宝状态较为安定，孕妈妈可进行简单、适量的运动，既可避免肥胖，也使未来的生产过程更为顺利。

进入本月之后，胎宝宝的大脑已经比较发达，并产生了自我意识，渐渐形成了自己的个性特征与情感，可以说胎宝宝已经懂事了。

这一时期正是胎教任务最重的时期，孕妈妈和准爸爸应有明确的“人父”、“人母”意识，提高自我修养，不失时机地对胎宝宝进行教育。

在怀孕第6个月，你的胎教重点是：

＊加强母爱

母爱对胎宝宝来说是独一无二的，也是最幸福的，特别是怀孕中、晚期，要仔细体会和观察胎宝宝的信号，关注胎宝宝的生长，及时锻炼身体，摄入足够营养，避免不良刺激。

＊多呼唤胎宝宝的乳名

这时胎宝宝能对听到的声音做出不同的反应，和胎宝宝对话时，要先呼唤他的名字，帮助他加深印象，这样胎宝宝出生后也能回忆起这熟悉的呼唤，产生特殊的安全感。

＊教胎宝宝学习

胎宝宝有了学习和记忆的能力，孕妈妈要不失时机地对胎宝宝进行教育。此外，孕妈妈还应当保持旺盛的求知欲，让胎宝宝也受到积极的影响，从而促进大脑和智力的发育。

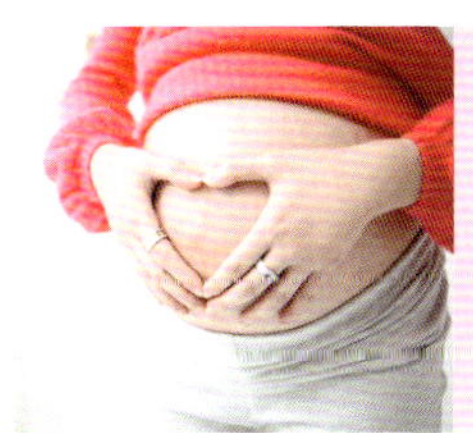

胎宝宝在发育

妈妈，我真想跳出去告诉你一件令人兴奋的事儿。我能听见你的声音了。那天你和爸爸说悄悄话，全让我给听见了哦，呵呵，以后你们可不能再背着宝宝偷偷说话了。其实，没事的时候，我很希望能和爸爸妈妈聊聊天。

还有个事儿，我也不知道算不算好事，专家说从现在起，我就有生存能力了，就算出去了也能把我放到暖箱里保护好。可是妈妈，我才刚刚开始完全占领我的房间，还一点儿也不想出去呢。

对了，关于房间的事，有点儿小遗憾，“房东”刚刚找过我，它说我长得太快了，房子扩张的速度明显赶不上我，让我做好心理准备。不过，我还是特别高兴，因为有好多运动项目等着我，我现在不仅会踢球还会顶头球，我已经决定了，下一步我要向帅贝（贝克汉姆）靠拢，认真练习脚球，要是踢疼了妈妈，请妈妈多见谅哦。

21周胎宝宝——有点滑溜溜的

本周胎宝宝的身长16~18厘米，体重300~350克，在这个时候的胎宝宝体重开始大幅度增加。现在胎宝宝的身体比较匀称，虽然整体看上去头仍旧显得稍大，但是腿、手臂和躯干并不会显得太短。胎宝宝的眉毛和眼睑清晰可见，手指和脚趾也开始长出指甲。

* 滑溜溜的胎宝宝

胎宝宝现在看上去滑溜溜的，胎脂覆盖了他的全身，它可以保护胎宝宝的皮肤，不少宝宝在出生时身上都还残留着这些白色的胎脂，此时，细细的胎毛也已经布满全身。

现在的胎宝宝非常爱动，平均一个小时可以动50次左右，夜深人静的时候，孕妈妈可以强烈地感觉到。此期胎宝宝的听力达到了一定的水平，对外界的声音会更加敏感和好奇。

22周胎宝宝——是个浓缩版的小婴儿

本周胎宝宝的身长19~22厘米，体重350~400克，胎宝宝的眼睛也已发育，但是虹膜(眼中的有色部分)仍缺乏颜色，眉毛和眼睑已经清晰可辨。胎宝宝的嘴唇越来越清晰，小牙尖也出现在牙龈内，显露出长牙的最初迹象。胎宝宝的胰腺（产生消化液和胰岛素的重要器官）正在稳步发育。

＊看上去像个小宝宝

现在胎宝宝的外貌和举止已经很像个小宝宝了，由于胎宝宝体重依然偏小的缘故，这时候的皮肤依然可以看见皮肤下的骨头、器官和血管，是皱的、红红的，要等胎宝宝体重增加到一定的程度才能把皮肤撑起来，当然这皱折也是为皮下脂肪的生长留有余地。

替您支招

现在孕妈妈的身体越来越重，行动越来越不便，上楼会吃力，这很正常，孕妈妈要渐渐适应身体的这种变化。

23周胎宝宝——正欲睁眼看世界

本周胎宝宝的身长19~22厘米，体重约400克，骨骼和肌肉已经基本发育完成了，身材也比较匀称，可以说，他现在已经很健壮了。胎宝宝肺中的血管已经形成，呼吸系统正在快速地建立，他不断地吞咽，但是要等到出生后才能完成真正的呼吸和排便动作。现在，胎宝宝的皮肤还是红红的、皱皱的，透过皮肤显露出的血管是皮肤变红的原因。

＊视网膜形成

胎宝宝的嘴唇、眉毛和眼睫毛已各就各位，清晰可见，视网膜也已形成，因此他现在具备了微弱的视觉，能模糊地感受到光亮了，并且听力基本形成，已经能够辨认孕妈妈的说话声、心跳声和肠胃的蠕动声，不过外界突如其来的大声响还是会惊吓到他。

24周胎宝宝——开始充满子宫

本周胎宝宝身长25~30厘米，体重500~550克。胎宝宝此时在孕妈妈的子宫中开始充满整个空间，所以他的活动会受到一些限制，最喜欢的活动仍然是抓住脐带，触摸四周。虽然体重增加了不少，但胎宝宝还是显得很瘦，他的身体正在协调生长，很快也会增加更多的脂肪。

胎宝宝的大脑发育得非常快，味蕾现在可能也在发挥作用了。现在棕色脂肪已经开始沉积在颈部、胸部和大腿两侧，并将一直持续到足月，这种特殊的脂肪组织是可以使身体产生热量、维持体温。汗腺也正在形成。

替您支招

在这个阶段，胎宝宝可能会早产，孕妈妈一定要定期产检，发现身体异常反应要及时去医院检查，防止早产发生。

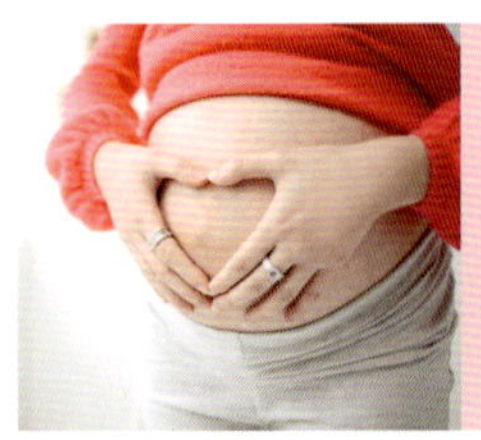

你需要了解的

巧妙站、走、坐，轻松应对大肚挑战

对于大肚孕妈妈而言，平常一些轻而易举就能做到的动作，现在都是一个很大的挑战，尤其是在行走、站立或坐下的时候，稍不注意，就会引起全身酸痛。如果掌握一些行动的技巧，不仅可以避免一些不必要的酸痛，有时候还能收到意外的效果。

＊站、走、坐的前提动作——挺起肚子

因为子宫增大，孕妈妈的重心开始发生变化，突出的腹部使得身体重心前移，为了保持平衡，孕妈妈要将肚子挺起来一点，让重心落在脚部，这样才不至于摔倒。

＊站姿

两腿平行，两脚稍微分开，这样可以使身体重心落在两脚中间，不易疲劳。若站立时间较长，则应将两脚一前一后站立，并每隔几分钟就变换两脚前后位置，使体重落在伸出的前腿上，可以减少疲劳。

＊走姿

行走时背要直、头要抬起、臀要紧收，保持身体平衡，稳步行走，不要用脚尖走路，必要时可以用两只手分别顶住自己的后腰，挺起肚子，或是像划船一样划动两条胳膊，这样也有助于身体平衡。如果需要的话，可以扶着扶手或栏杆行走，这样就更省力了。

＊坐姿

深坐椅中，后背笔直靠椅背，股和膝关节成直角，大腿成水平位。这样可以减轻长时间坐姿带来的疲劳感。

替您支招

如果要取高处的东西，最好请别人代劳，尤其是有流产史的孕妈妈，因为伸长上身及胳膊时，容易造成腹部用力，对子宫中的胎宝宝不利。

怎样缓解频繁袭来的便秘

怀孕后，由于胃肠道蠕动速度减慢、盆底肌肉群张力变弱、子宫的压迫等因素，食物通过胃肠道的时间明显延长，容易发生便秘。轻度的便秘会让妈妈腹痛、腹胀；重者可导致肠梗阻，并发生早产。因此，为了胎宝宝的安全，孕期要及时缓解便秘。

* 缓解便秘从生活习惯开始

孕期便秘不能随便用药，最好是从饮食、起居等各方面来进行调理，从改变不良生活习惯入手：

1 多吃新鲜蔬菜，如芹菜、菠菜、大白菜、韭菜、南瓜等，不宜进食菠萝、柿子、桂圆、橘子等，这些水果会加重便秘。

2 膳食应以粗细搭配、荤素搭配为好，少吃被精制过的食物，多吃一些荞麦、高粱、玉米等粗粮，可以在煮饭时适当添加，既有丰富的营养，又能防治便秘。

3 多喝水，尤其是每日清晨起床后，可以喝一杯温水，润通肠道，促进排便。

4 最好每天喝一杯酸奶，有助于加强消化功能，增加大便湿润度，促进其排出。一般在饭后30分钟到2个小时之间饮用酸奶效果最佳。

5 少吃辛辣和带刺激性的食物，避免大量饮酒。这些饮食都会导致大便秘结，加重便秘。

6 不易消化的食物，如莲藕、蚕豆、荷包蛋、糯米等也要少吃，否则也会加重肠胃负担。

7 适当进行一些活动，可以促进肠管蠕动，缩短食物通过肠道的时间，并能增加排便量。

8 养成良好的排便习惯，每日定时排便1次，孕妈妈最好在每天早晨起床后就立即排便，一旦有便意要及时排掉。

要注意的是，孕妈妈便秘持续超过3周以上时，应及早就医，尤其当便秘转变成腹泻，或腹泻转变成便秘时，更应寻求医生帮助，千万不要置之不理，忽略身体发出的信号。

* 长期便秘的缓解妙方

长期便秘的孕妈妈可以尝试以下方法：

1 每天早晨醒来后，尝试空腹喝一杯蜂蜜水，或者舀一小勺蜂蜜吃，刺激肠道蠕动，帮助身体产生便意。

2 将1根香蕉、1小块木瓜、1袋250毫升的牛奶放入榨汁机内，打成果汁。每天晚上睡觉前喝一杯，坚持喝3天就会有很好的效果。但孕妈妈要先确定自己对香蕉、木瓜、牛奶不过敏。另外，第一次不要喝得太多，每天1杯即可。

3 习惯性便秘的孕妈妈，可以早晚空腹喝一小口香油，以润肠通便。

要注意的是，以上方法对于肠胃不好、有腹泻现象的孕妈妈并不适用，应征求医生的建议。

怎样处理胎动异常

正常明显胎动1小时不少于3次，12小时明显胎动次数为30~40次以上，但由于个体差异，有的胎宝宝12小时可动100次左右，只要胎动有规律、有节奏、变化不大，即是正常的，否则为胎动异常。各种异常胎动的原因与防治对策可参见下表：

异常胎动类型	可能的原因	防治对策
胎动突然减少	孕妈妈发烧，胎盘、子宫的血流量减少；胎动减少，如果体温持续超过 38℃，应尽快就医	1. 注意休息，避免感冒，避免在流行性疾病发生时去人多的地方 2. 保持室内空气流通，保证空气新鲜 3. 多喝水、多吃新鲜蔬果
胎动突然加快	孕妈妈受剧烈的外伤	1. 少去人多的地方，以免被撞倒 2. 不要剧烈运动
胎动突然加剧，随后慢慢停止	会使胎宝宝做出类似反应的原因一般是缺氧、受到外界刺激、高血压，以及外界噪声的刺激	1. 定时产检，并配合医生的建议安排日常的生活起居 2. 避免不必要的外力冲撞和噪声刺激 3. 保持良好的心态，放松心情，避免紧张
急促的胎动后突然停止	脐带绕颈或打结，导致胎宝宝因缺氧而窒息	1. 一旦出现异常，要立即就诊，以免耽误治疗时间 2. 每天坚持数胎动，感觉不良时，马上去医院检查

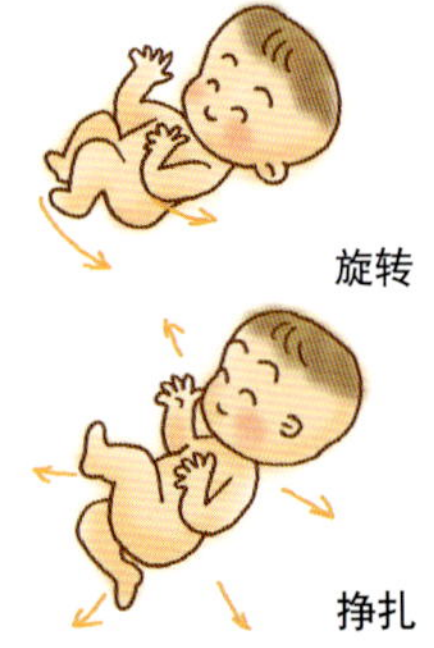
旋转
挣扎

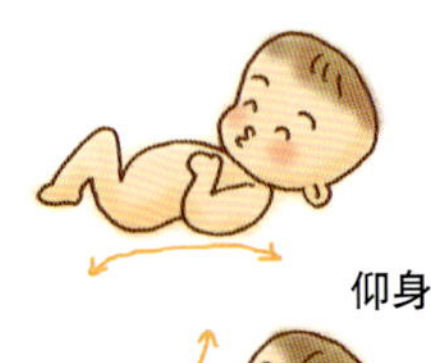
仰身

跳跃
缩紧身体
爬行

打嗝

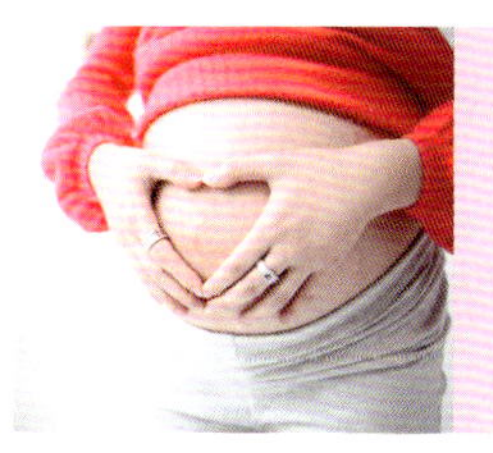

胎教在生活的点滴中

孕妈妈学写毛笔字

书法是一门艺术，能提高人的审美感觉，孕妈妈学写毛笔字其实是一种美学胎教。

＊需要准备的工具

毛笔，墨汁。

纸张：刚开始练习用宣纸太浪费了，可用学生用十五格纸，用废报纸也行。

字帖：一本好字帖对于初学者非常重要，最好从真书（楷、隶、魏碑等）入手，行草比较难，不宜先行练习。

＊向孕妈妈推荐几本好字帖

楷书：颜真卿的勤礼碑、多宝塔碑、麻姑仙坛记；柳公权的玄秘塔、神策军碑；欧阳询的九成宫等。

隶书：史晨碑、张迁碑等。

魏碑：郑文公碑等。

＊怎样开始写毛笔字

1 从笔画开始练起，再循序渐进，穿插带笔画的字进行练习，如“三、王”练横画，练熟后可以临古诗帖。

2 不练笔画，可以直接从练字开始，主要方法有：

描红：在勾勒出的字框内填写笔画，一般书店都有售。

摹临：在前人的法帖上覆上白纸临摹。

临摹：参照前人的法帖进行临摹。

背临：先学习消化前人的法帖，然后不看法帖完成书写。

替您支招

毛笔字最好能天天写，两三天写一次也可，但三天打鱼两天晒网是起不到效果的，而且坚持不懈地练习对身体及性格调整会有益处。

孕妈妈多动脑，胎宝宝也受益

孕妈妈的思想活动对胎宝宝大脑发育的影响很大，肚里的胎宝宝虽小，却能感知孕妈妈的思想，孕妈妈动脑多，胎宝宝的大脑也会受益。

孕妈妈在保证休息和健康的基础上，适当地读书学习、勤于动脑，对生活和工作充满积极的热情和盎然的情趣，保持旺盛的求知欲，可以令胎宝宝从自己身上获得更多积极的信息，从而促进他的大脑发育，形成良好的进取精神和求知欲。

替您支招

孕妈妈很多时候会感到特别疲惫，容易犯懒，什么也不想干，甚至什么也不愿想。这虽然属于正常生理情况，但孕妈妈要注意调节，否则可能失去让胎宝宝长心智的良机。

听音乐《小狗圆舞曲》

《小狗圆舞曲》是肖邦的作品，也叫降D大调圆舞曲，是肖邦在世时最后发表的圆舞曲，也是肖邦圆舞曲中最著名的一首。乐曲描写小狗飞快旋转追逐自己尾巴的样子，曲调健康活泼、悠然自得、诙谐有趣。

让《小狗圆舞曲》变得有趣的还有一件事，这首曲子是肖邦为他当时的女友法国著名女作家乔治·桑的一条小狗所作。这条小狗特别喜欢飞快地转着圆圈追逐自己的尾巴，惹得女主人非常高兴，于是要求肖邦用音乐表现出来，就这样《小狗圆舞曲》出现了。

* 胎教点读

这是一首快乐的曲子，描述了一只快乐的小狗，相信孕妈妈和胎宝宝也会被作者的快乐感染。这个阶段，孕妈妈每天可以给胎宝宝播放1~2 次音乐，每次15~20 分钟。

多吃这些食物，缓解孕期水肿

约有75%的孕妈妈在怀孕期间或多或少地会有水肿情形发生。不过，水肿不会对胎宝宝产生不良影响，产后会慢慢自愈，孕妈妈可以通过饮食来缓解，一些有利尿作用的食物可多吃：

＊鲫鱼

鲫鱼是一种益脾胃、安五脏、利水湿的淡水鱼。鲫鱼肉是高蛋白、高钙、低脂肪、低钠的食物，经常食用，可改善血液的渗透压，有利于合理调整体内水的分布，使组织中的水分回流进入血液循环中，从而达到消除水肿的目的。

＊鲤鱼

鲤鱼有补益、利水的功效，常食可以补益脾胃、利水祛湿。鲤鱼肉中含有丰富的优质蛋白质，钠的含量也很低，可消水肿。

＊冬瓜

冬瓜具有清热泻火、利水渗湿、清热解暑的功效，可提供丰富的营养素和无机盐，既可泽胎化毒，又可利水消肿，孕妈妈可以常吃。

＊土豆

土豆含有丰富的无机盐分，钾含量很高，不仅能帮助身体排出因食盐过多而滞留在体内的钠，还能促进身体排出多余水分，因而可以消除水肿。

＊西瓜

西瓜含有一种氨基酸类的成分，叫作瓜氨酸，有很好的利尿功效，对因怀孕引起的水肿有效。

替您支招

有一个很简单的去水肿方法，就是喝玉米须茶。做法是取玉米须适量，用热水冲泡20分钟，每天饮用即可。

选补脑效果好的坚果做零食

要想胎宝宝有一个聪明的脑袋，要抓住脑发育的黄金时期多吃些补脑食物。

坚果通常被归为脂肪类食物，高热量、高脂肪是它们的特性，但坚果主要是以不饱和脂肪酸为主，对于胎宝宝大脑发育来说，非常需要不饱和脂肪酸。因此，坚果是补脑佳品。下面介绍几种可作为孕妈妈零食的坚果。

＊开心果

推荐摄入量：每日5~8粒。

开心果含有大量油脂和维生素E，有润肠通便的作用，同时可补脑。

＊松子

推荐摄入量：每日20~30克。

松子含有丰富的胡萝卜素和维生素E，以及人体必需的脂肪酸、油酸、亚油酸，有防癌、抗癌作用，还能促进胎宝宝大脑健康发育。

＊花生

推荐摄入量：每日25~30克。

花生含有约50%的脂肪和25%的蛋白质，还含有维生素B_1、维生素B_2及维生素E等多种营养成分，孕妈妈常吃还可以预防产后缺乳。

＊核桃

推荐摄入量：每日2~3个。

核桃含有较高的亚油酸，在体内能合成DHA，有补脑、健脑作用。核桃也含有丰富的维生素E，能促进胎宝宝血管生长和发育。

＊榛子

推荐摄入量：每日8~10粒。

含有约50%的脂肪，脂肪酸以不饱和脂肪酸为主，并富含磷、铁、钾等矿物质，以及胡萝卜素、维生素B_1、维生素B_2、烟酸，经常吃可以明目、健脑。

＊葵花子

推荐摄入量：每日20~30克。

葵花子脂肪富含亚油酸，能促进脑发育，也含有大量维生素E，促进胎宝宝血管生长和发育，同时还能增进卵巢机能，增强孕酮的作用，有助于安胎。

＊腰果

推荐摄入量：每日5~8粒。

营养丰富，含蛋白质达21%，含油率达40%，各种维生素含量也都很高，具有补充体力、健脑的作用，还能使干燥的皮肤得到改善，同时可补充铁、锌等。

孕期体操——抬腰提肛

孕中期适合做一些比孕早期动作稍微复杂的运动。这里给孕妈妈介绍抬腰提肛运动，经常训练对于分娩时放松肌肉很有帮助，还可以帮助缓解孕妈妈便秘，对于孕中期可能会出现的漏尿情况也有好处。做法是：

1 仰卧，平躺于床上，双腿放平，两手放于身体两侧，平静地呼吸。

2 右脚向上弯曲，然后右腿向右边打开。

3 重复第2步4次，放回原位。

4 换左脚，同样动作重复4次，放回原位。

5 双腿放平，慢慢吸气，同时收缩肛门，腰部抬起。

6 慢慢呼气，放松腰部，再放松肛门。

7 重复第5~6步5次。

8 这个运动每日可以早晚做2次，每次5分钟左右。

以上动作可以简单地理解为：把腰尽量地离开床面，像忍大便一样地提肛门。

剪一条会游泳的小鱼

剪纸是一项很好玩的手工活动，只需要简简单单几张彩纸，就可以剪出可爱图案来，这就是剪纸艺术的魅力。孕妈妈来动动手吧，别让胎宝宝错过了体会剪纸艺术的机会，下面我们给孕妈妈介绍一种方法来剪出会动的小鱼：

* 需要准备的材料

几种不同颜色的纸（绿色、黄色、黑色或其他自己喜欢的颜色）、剪刀、胶水。

* 制作步骤

1 在绿色纸上剪出一个鱼形的造型。

2 在黄颜色纸上剪出两个稍大的黄色椭圆形，是用来做小鱼眼眶的。

3 在黑纸上，剪两个小的黑色圆形，黑色小圆则是鱼儿的眼睛。再剪8个其他颜色的小圆，是用来当作鱼鳞的。

4 对折刚才剪下的绿色大圆，以及鱼尾、鱼鳍。

5 将鱼眼、鱼鳞粘在相应的位置。

6 将剪出的一根绿色小条两端稍卷，粘在鱼儿的前端，这就是鱼须，一条活灵活现的小鱼就做好了。轻轻压动鱼尾，小鱼儿就“游动”起来了。

替您支招

在做任何一件事情时，孕妈妈都可以教胎宝宝学习，在剪纸时可以描绘小鱼的模样、习性、故事等，要相信胎宝宝听得到，将他当作真正的学生来看待。

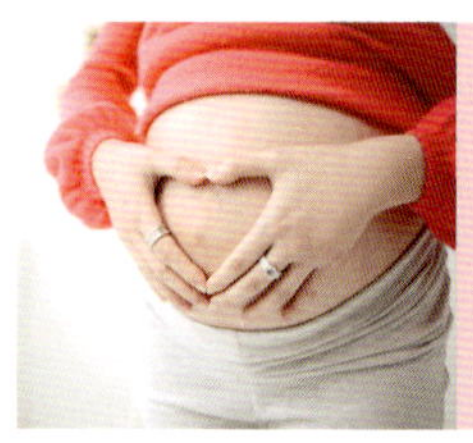

准爸爸做胎教

准爸爸动动手：做两道帮助减轻水肿的营养美食

在整个孕期，尤其是孕中期后，准爸爸都可以多为孕妈妈做几道减轻水肿的菜，帮助孕妈妈缓解水肿的困扰。下面是我们为准爸爸精选的两道菜，供准爸爸参考。

＊鲫鱼红豆汤

材料：鲫鱼250克，红豆100克。

做法：❶鲫鱼剖洗干净，红豆洗净。

❷将鲫鱼和红豆一起入锅煮熟。

●美味提示

此汤不加盐，每天喝一次，红豆、鱼、汤水均可吃，连吃数日即可见效。

＊清蒸冬瓜盅

材料：绿皮冬瓜500克，熟冬笋100克，水发冬菇100克，彩椒50克。

调料：香油1大匙，料酒1小匙，酱油1大匙，白糖、水淀粉、高汤各适量。

做法：❶冬瓜选肉厚处用花槽刀挖出6个圆柱形，焯水后抹香油备用。

❷冬菇洗净切碎末；冬笋去皮切碎末；彩椒去籽、洗净，切末备用。

❸锅内放油烧至六成热，将各种末下入油中煸炒，再加料酒、酱油、白糖、高汤，烧开后用淀粉勾厚芡，冷后成馅。

❹掏空冬瓜柱，填上馅，放盘中，上笼蒸10分钟取出，将盘中汤汁倒入锅里烧开，调好味后勾芡，浇在冬瓜盅上即可。

准爸爸该怎么给胎宝宝放音乐

现在可以有计划地进行音乐胎教了，这样不但能刺激胎宝宝的听觉器官发育，还能促进他的大脑发育。不过，音乐胎教一定要掌握正确的方法，方能取得最好的胎教效果。准爸爸应该这样给胎宝宝放音乐：

1 事先熟悉和挑选乐曲

准爸爸首先应熟悉音乐内容，理解其中的内涵和社会背景，并帮助孕妈妈快速熟悉音乐，放松精神，并告诉胎宝宝要听音乐了。

2 帮助孕妈妈选择合适的姿势

音乐选好后，要帮助孕妈妈以最舒适的姿势做好准备，可以取半卧姿态，最好坐在沙发或躺椅上。另外，还要注意胎宝宝的状态，要在他清醒时听，即要有胎动，如果是计划好的时间，可轻轻推动孕妈妈腹部使他醒来再开始。

3 打开音乐设备，开始听音乐

音乐的音量要适中，关于听音乐的时间，最好有个计划，一般每日3次（即早、中、晚各一次），每次5~10分钟，如果比较忙，可早、晚各1次，或根据具体情况调整时间。一般来说，做到每天坚持听，而且每次听都是在孕妈妈兴致最高、心情最好的时候，效果就会很好。

4 一次不宜听太多、太杂的乐曲

应注意不要过于频繁地更换曲目，一般来说，一首曲子应天天听，待基本听熟后，再更换其他的比较好。这样才能在胎宝宝的头脑中留下印象，使音乐胎教有可能起到促进胎宝宝脑和智力发展的作用。

替您支招

听到熟悉的音乐时，准爸爸可以随着音乐哼唱。如果会唱，可以直接清唱，或者可以由自己教孕妈妈唱，让胎宝宝跟着孕妈妈一起学唱。

Part 8

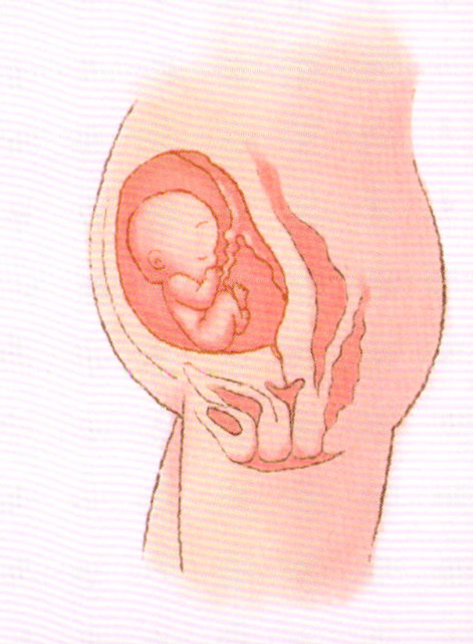

越来越爱动的胎宝宝

（第 7 个月）

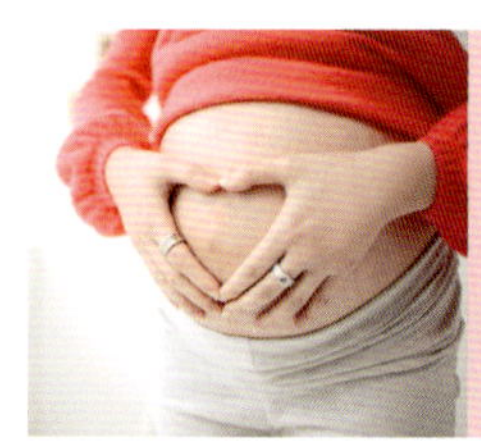

本月胎教要点

本月，胎宝宝初步形成视觉，能够区分外部的明暗，并且还能够直接体验孕妈妈的视觉感受。此外，胎宝宝感应声音的神经系统，已经接近完成阶段。这时孕妈妈腹壁变薄，所以胎宝宝可以听到外界的各种声音。

在怀孕第7个月，你的胎教重点是：

＊多与胎宝宝沟通

除了加强音乐胎教外，还应多对胎宝宝说话或讲故事，孕妈妈对胎宝宝的爱，可以通过声音传递，并在妊娠期间建立起良好的联系，胎宝宝出生后，听到孕妈妈的声音会有安全感。

＊多欣赏一些美好的事物

把生活环境布置得整洁美观、赏心悦目，挂几张漂亮的宝宝照片，孕妈妈可以天天看，想象腹中的胎宝宝也是这样健康、美丽、可爱。多欣赏花卉盆景、美术作品和大自然美好的景色，多到野外呼吸新鲜空气，避免烦恼、惊恐和忧虑的情绪。

＊适当运动，起居规律

孕妈妈需要适当运动，通过屈伸的动作使血气运行通畅。此外，饮食起居要有规律，按时作息，避免过量食用寒凉的食物。

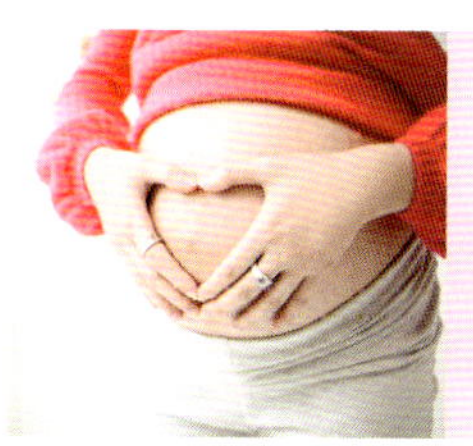

胎宝宝在发育

妈妈，一转眼我在你肚子里已经7个月了，最近我老忙着练习踢球，都忘了我动得太厉害妈妈会很辛苦，想起来怪不好意思的。直到刚才兴奋地为妈妈秀我的漂亮脚球时，才感觉到妈妈很紧张，以至于都开始怀疑我是不是个双胞胎了。

我忍不住为妈妈的可爱想法笑出了声，妈妈别担心，我确定，我没有弟弟妹妹，要知道，每100个胎宝宝中才只有一对双胞胎呢，这种概率说起来其实也蛮低的哦。妈妈，接下来的日子里宝宝决定乖一点，定时吃饭睡觉，让你开心地度过每一天。

25周胎宝宝——脑发育进入又一个高峰期

25周的胎宝宝身长约30厘米，体重在600~700克之间。胎宝宝这时候在孕妈妈的子宫中占据了相当大的空间，开始充满了整个空间。他的身体比例很匀称，不过皮肤仍然薄而且有很多的小皱纹，几乎没有皮下脂肪，但看起来较上周饱满了些。本周胎宝宝舌头上的味蕾正在形成，所以胎宝宝现在已经可以品尝到味道了。

* 大脑发育又进入高峰期

这一周，胎宝宝的大脑细胞迅速增殖分化，体积增大，他的脑波图像和那些足月出生的宝宝相像，大脑处理视觉和听觉信息的部分正在活动，同时大脑半球的划分仍在继续，孕妈妈在此时可以多吃些健脑的食品如核桃、芝麻、花生等。

26周胎宝宝——开始囤积脂肪

本周胎宝宝的坐高（顶臀长）约23厘米，从头到脚长约35厘米，重约900克。这一周，胎宝宝的听觉器官发育成熟，此时耳朵的结构基本上和出生时相同。他的传音系统完成，对声音的反应更灵敏，由声音引起的反应也更强烈。

胎宝宝已经可以睁开眼睛了，如果这时候孕妈妈用手电筒照自己的腹部，胎宝宝会自动把头转向光亮的地方，这说明胎宝宝视觉神经的功能已经开始起作用了。

＊脂肪迅速累积

胎宝宝的皮下脂肪已经开始出现，但这时候的胎宝宝依然很瘦，全身覆盖细细的绒毛，从现在到出生，胎宝宝的脂肪会迅速累积，他的体重会增长3倍以上。胎宝宝需要脂肪来帮助他适应离开子宫后外界更低的温度，并提供出生后头几天的能量和热量。

27周胎宝宝——在做美梦

27周的胎宝宝身长大约38厘米，体重约900克。此时胎宝宝大脑已经发育到了一定水平，大脑皮层表面开始出现特有的沟回，脑组织快速地增长，大脑开始可以发出命令来控制全身机能的运作和身体的活动。胎宝宝在子宫内也已经形成嗅觉，掌握了寻找母乳的本领。

＊可能会做梦了

胎宝宝这时候眼睛已经可以睁开和闭合了，同时有了睡眠周期，能通过孕妈妈大脑的激素来区别昼夜。由于开始有了原始的睡眠周期，所以胎宝宝可能会做梦了。

28周胎宝宝——性格在胎动中显现

28周的胎宝宝坐高（顶臀长）约26厘米，身长37厘米左右，体重1200克左右。现在胎宝宝内脏的形状和机能已经接近成人的状态，心脏的四个腔室（左心室、右心室、左心房、右心房）均已分隔形成，横膈在规律移动，但实际上此时呼吸的还是羊水。

这周胎宝宝已经可以睁开眼睛了，脂肪层在继续积累，为出生后在子宫外的生活做准备。此时的胎宝宝已能感到疼痛，味觉感受敏锐，大脑的思维部分在快速发育。

＊从胎动看性格

现在，胎宝宝有时会用小手、小脚在孕妈妈的肚子里又踢又打，有时还会让自己翻个身，把孕妈妈的肚子顶得一会儿这里鼓起来，一会儿那里又鼓起来。胎宝宝的性格在此时已经有所显现了，胎动特别规律的胎宝宝可能比较文静，胎动频繁且没什么规律的胎宝宝相对活泼好动，有的甚至还淘气、调皮。这时的胎宝宝几乎占满了整个子宫，随着空间越来越小，胎动在慢慢减弱。

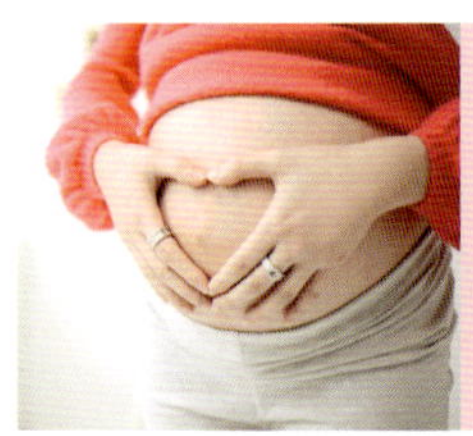

你需要了解的

让孕妈妈一生受益的凯格尔运动

凯格尔运动是一套可以用来增强骨盆底肌肉力量的练习，可以减轻尿失禁，还能预防痔疮，加快会阴侧切或会阴撕裂愈合，还能增强阴道的弹性。

凯格尔运动并不是一套针对孕妈妈的运动，它适合任何女性，孕妈妈可以从任何时候开始练习，并一直坚持下去，它将让孕妈妈一生受益。

孕妈妈只需要按部就班地按照以下方法来做即可收到成效：

1 排空膀胱，运动中要照常呼吸，除了骨盆底肌肉外，保持身体其他部位放松，可以用手触摸腹部，如果腹部有紧缩的现象，则表示不够放松。调整好以后，下一步开始练习。

2 平躺，双膝弯曲。练习时，把手放在肚子上，这样可以帮助确认自己的腹部保持放松状态。

3 收缩臀部的肌肉向上提肛。

4 紧闭尿道、阴道及肛门(它们同时受到骨盆底肌肉支撑)，就像平时尿急时需闭尿的动作。孕妈妈可以将一只干净的手指放入阴道，如果在练习的过程中，手指能感觉到受挤压的话，就表明锻炼的方法正确。

5 保持骨盆底肌肉收缩5秒钟，然后慢慢放松，5~10秒后，重复收缩。

6 孕妈妈可以每天做3次，每次练习3~4组，每组10次。刚开始时，一天中可分多次练习，随着骨盆底肌肉的不断增强可以逐渐增加每天练习的次数，并延长每次收紧骨盆底肌肉的时间。

让分娩更顺利的拉梅兹呼吸法

拉梅兹呼吸法的主要目的是转移疼痛，放松肌肉，使孕妈妈充满信心地在分娩发生产痛时保持镇定，以加快产程并让宝宝顺利出生，因而也被称为心理预防式的分娩准备法。

我们建议孕妈妈从怀孕第7个月起，开始进行拉梅兹呼吸法的训练，以便熟练运用。

进行拉梅兹呼吸法前，孕妈妈需要先了解分娩过程，以及在不同分娩阶段自己身体的变化和胎宝宝状态，这样才能使拉梅兹分娩呼吸法发挥最大作用。

* 拉梅兹呼吸法的准备

孕妈妈可以在客厅地板上铺一条毯子或在床上练习，室内可以播放一些优美的胎教音乐。孕妈妈可以选择盘腿而坐，在音乐声中，孕妈妈要首先让自己的身体完全放松，眼睛注视着同一点。

第一阶段：胸部呼吸法

应用阶段：分娩开始的阶段，此时宫颈开3厘米左右，孕妈妈可以感觉到子宫每5~20分钟收缩一次，每次收缩持续30~60秒。

呼吸要点：由鼻子深深吸一口气，随着子宫收缩就开始吸气、吐气，反复进行，直到阵痛停止再恢复正常呼吸。

孕妈妈可以通过这种呼吸方式准确地向家人或医生反映有关宫缩的情况。

第二阶段：嘻嘻轻浅呼吸法

应用阶段：胎宝宝一面转动，一面慢慢由产道下来的时候（子宫颈开7厘米以前）。此阶段，宫颈开至3~7厘米，子宫的收缩变得更加频繁，每2~4分钟就会收缩一次，每次持续45~60秒。

呼吸要点：

1 让自己的身体完全放松，眼睛注视着同一点。

2 用嘴吸入一小口空气，保持轻浅呼吸，让吸入及吐

出的气量相等，呼吸完全用嘴，保持呼吸高位在喉咙，就像发出“嘻嘻”的声音。当子宫收缩强烈时，需要加快呼吸，反之就减慢。

练习时由连续20秒慢慢加长，直至一次呼吸练习能达到60秒。

第三阶段：喘息呼吸法

应用阶段：宫颈开至7~10厘米时，子宫每60~90秒钟就会收缩一次，这已经到了产程最激烈、最难控制的阶段了，胎宝宝马上就要临盆，子宫的每次收缩维持30~90秒。

呼吸要点：先将空气排出后，深吸一口气，接着快速做4~6次的短呼气，感觉就像在吹气球，比嘻嘻轻浅式呼吸还要更浅，也可以根据子宫收缩的程度调节速度。

练习时由一次呼吸练习持续45秒慢慢加长至一次呼吸练习能达90秒。

第四阶段：哈气呼吸法

应用阶段：第二产程的最后阶段。此时为避免发生阴道撕裂，不要用力，等待宝宝自己挤出来，这一阶段孕妈妈可以用哈气法呼吸。

呼吸要点：阵痛开始，先深吸一口气，接着短而有力地哈气，如浅吐1、2、3、4，接着大大地吐出所有的气，就像在吹一样很费劲的东西。

练习时每次呼吸须达90秒。

第五阶段：用力推

应用阶段：此时宫颈全开了，胎宝宝即将露出头部，这时要长长吸一口气，然后憋气，马上用力，将宝宝娩出。

呼吸要点：下巴前缩，略抬头，用力使肺部的空气压向下腹部，完全放松骨盆肌肉。需要换气时，保持原有姿势，马上把气呼出，同时马上吸满一口气，继续憋气和用力，直到宝宝娩出。

当胎头已娩出产道时，你可使用短促的呼吸来减缓疼痛。每次练习时，至少要持续60秒用力。

替您支招

准爸爸如果能陪同孕妈妈一起练习的话，效果将会更好，拉梅兹呼吸法的效果发挥重在熟练运用，因此孕妈妈平时应勤练习。

怎样防治孕期静脉曲张

在怀孕期，孕妈妈经常能够在腿上见到蚯蚓般曲张的条状物，呈现出青色，形状突出，于腿上蜿蜒而行，这就是静脉曲张。据统计，约有1/3的孕妈妈会遭遇严重程度不等的静脉曲张，曲张的静脉不只出现在双腿，在身体其他部位，如颈部及会阴部也可能会出现。

* 孕妈妈为什么容易患静脉曲张

其原因主要有三点：

1 怀孕时全身血流量增加，使得原本闭合的静脉瓣膜分开，造成静脉血液的逆流。

2 胎宝宝和子宫增大，压迫骨盆腔静脉和下腔静脉，造成静脉曲张，已经曲张的静脉也会越来越明显。

3 家族遗传或孕期体重过重，静脉曲张有家族遗传倾向，体重是静脉曲张的高危因素。

轻度静脉曲张不会引起任何症状，当其加重时，会使孕妈妈感到发胀、酸痛、麻木和乏力，甚至造成血栓性静脉炎或静脉栓塞等危险情况，孕妈妈在生活中必须多加防护。

* 静脉曲张的防护要点

1 不要长久站立，也不要久坐不动，应该经常变换体位休息，经常活动脚部，每次蹲厕时间不要太长。

2 每天进行适度的温和运动，坚持锻炼有助于避免过量脂肪堆积、保持良好的血液循环并强韧血管，慢走、游泳都是不错的选择。

3 控制体重，超重会使静脉曲张更加严重，孕妈妈应使妊娠期的体重增加控制在正常范围。

4 不要穿紧身的衣服，鞋子不可过紧，睡眠时用枕头垫高双腿，以促使静脉血液回流，尽量左侧躺，避免压迫到腹部下腔静脉，减少双腿静脉的压力。

5 可以在医生指导下，每天起床后，趁静脉曲张和下肢水肿较轻时，穿上合适的医疗级弹性袜来减轻静脉曲张症状，还可避免磕碰等外伤造成的出血及感染。

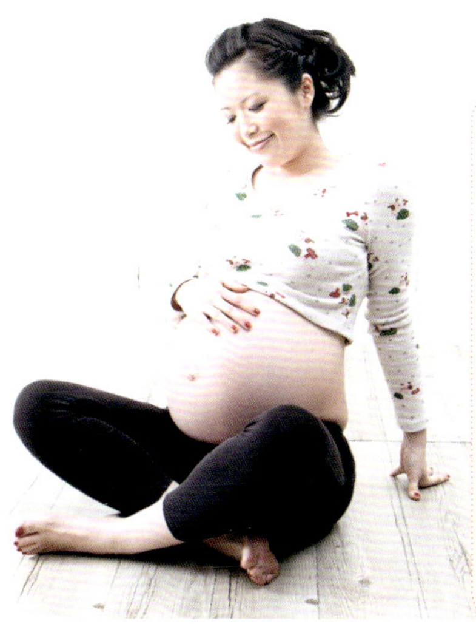

替您支招

一般情况下，静脉曲张会在分娩后自行恢复，孕妈妈若有外阴静脉曲张，应及时就医，因为外阴静脉曲张同时，伴有阴道和子宫颈的静脉曲张，胎宝宝的头经过时可能会发生静脉破裂出血。

怎样应对恼人的孕期痔疮

痔疮在孕妈妈当中发病率高达66%，怀孕以后，孕妈妈逐渐膨大的子宫，会慢慢影响盆腔内静脉血液的回流，使得肛门周围的静脉丛发生瘀血、凸出，从而形成痔疮。痔疮也可以看作是静脉曲张的一种，早期症状是便中带有血迹，有痒及发胀感，甚至引起头晕、气短、乏力、精神不佳等贫血症状。

当患上痔疮时，孕妈妈要多卧床休息，不要久坐、久站，适当出去散散步，做适当的运动，为了避免痔疮发生或随着孕期加重，建议孕妈妈在日常生活中从以下几方面进行改善：

＊养成良好的饮食习惯

1 平时注意多饮水，最好喝些淡盐水或蜂蜜水，晨起后空腹喝一杯500毫升的淡盐水有助于排便。

2 多吃新鲜蔬菜水果，尤其应注意多吃些富含粗纤维的食物，如韭菜、芹菜、青菜，以利大便通畅，也要多吃些粗粮，如玉米、地瓜、小米等。

3 注意不吃或少吃辛辣刺激性的食物和调味品，如辣椒、胡椒、姜、蒜等。

＊养成良好的排便习惯

1 排便时间要相对固定，一般可定在某一次进餐后为好。排便习惯一旦形成后，不要轻易改变，到排便的时间，即使无便意也要坚持如厕。

2 每次蹲厕所时间一般不要超过10分钟，如果一次排不出来，可起来休息一会儿再去。千万不要蹲在厕所里看书、看报，否则会增加腹压和肛门周围血流的压力，导致痔疮或加重痔疮。

3 有排便感时不要忍着，排便后，最好能用温水坐浴，以促进肛门局部血液循环，有便秘时应积极治疗。

＊适当进行一些体力活动和肛门保健

1 应防止久坐不动，提倡适当的户外活动，适量的体力活动可增强体质，促进肠蠕动而增加食欲，防止便秘，慢走、游泳都很好。

2 每日早晚可做两次提肛运动，方法是做忍大便的动作，将肛门括约肌往上提，同时吸气内收肚脐，然后放松肛门括约肌，呼气，一切复原，反复做15~30次，这样有利于增强盆底肌肉的力量和肛门周围的血液循环，有利于排便和预防痔疮。

3 经常做肛门按摩来改善局部的血液循环，方法是：排便后先用温水清洗局部，再用热毛巾按压肛门，按顺时针和逆时针方向各按摩15次。

替您支招

孕期痔疮一般分娩后即可消除，如果痔疮严重，孕妈妈应及时就医；如果需要用药，应在医生的指导下使用，千万不可擅自用药。

孕妈妈尿路感染重在预防

由于激素分泌增多，泌尿系统管壁的肌肉会变得肥厚扩张和蠕动减弱，子宫增大又对盆腔内的输尿管和膀胱产生压迫和推移，加上孕妈妈尿液中营养物质增加，有利于细菌滋生和繁殖，因此孕妈妈比较容易发生尿路感染。

尿路感染可引起流产和早产，严重的尿路感染可使孕妈妈发生中毒性休克，因此孕妈妈要注意预防，预防的关键在于日常生活中的卫生细节：

* 勤清洗

睡前、便后要用温水清洗下身，清洗顺序应先洗外阴，后洗肛门，避免交叉感染，毛巾、水盆、脚布应分开，洗脚与洗外阴的毛巾也应分开。

* 不要憋尿

过度憋尿会造成尿液浓缩而刺激膀胱黏膜，导致发病。

* 科学饮食

1 多喝水，喝水能增加排尿作用，通过冲洗尿道，有利于细菌和毒素的排出，每天喝水量应在1500~2000毫升。

2 多吃新鲜水果，多喝果汁饮料，少吃葱、韭菜、蒜、胡椒、生姜等辛辣刺激性食物，减少对尿路的刺激。

3 禁酒戒烟，忌食热性食物，如羊肉、狗肉及油腻之品。

* 注意睡眠姿势

怀孕中晚期，增大的子宫在仰卧位时压迫双侧输尿管，使尿液停留而易于感染。应取侧卧位，特别是左侧卧位，以解除子宫对输尿管的压迫，不仅利于尿液通畅、预防尿路感染，而且对增加胎宝宝血液供应量也有益。

* 节制性生活

频繁或不洁的性生活会导致尿路感染，特别是原有尿路感染病史的孕妈妈，孕期最好避免性生活。如果进行性生活，双方应先用温水清洗下身，事后孕妈妈应排空膀胱，可起到冲洗尿道，减少感染的作用。

* 定期产检

定期去医院进行尿常规检查，即使未出现尿路感染症状，也应配合医生每半个月到一个月检查一次，以便及时发现尿液改变，获得治疗，患病后一定要及时去医院诊治，切勿拖延以待自愈。

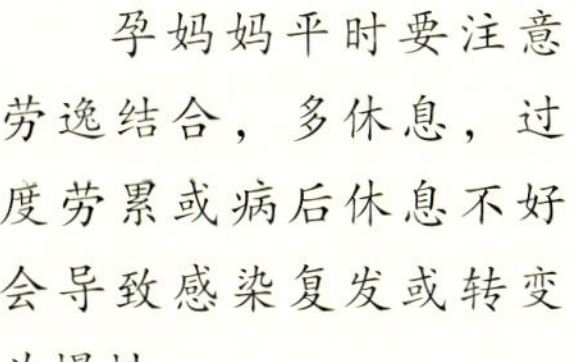

替您支招

孕妈妈平时要注意劳逸结合，多休息，过度劳累或病后休息不好会导致感染复发或转变为慢性。

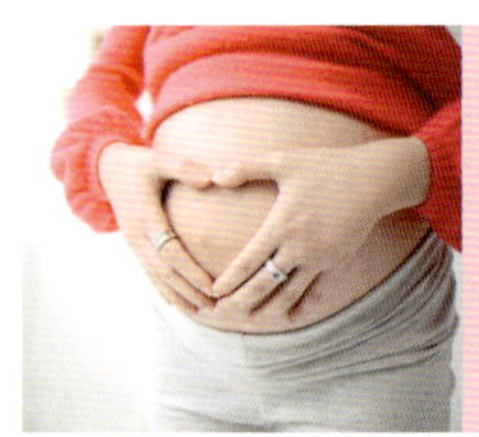

胎教在生活的点滴中

唱《对数儿歌》

我说一，谁对一，哪个最爱把脸洗？
你说一，我对一，小猫最爱把脸洗。
我说二，谁对二，哪个尾巴像扇子？
你说二，我对二，孔雀尾巴像扇子。
我说三，谁对三，哪个跑路一溜烟？
你说三，我对三，兔子跑路一溜烟。
我说四，谁对四，哪个圆圆满身刺？
你说四，我对四，刺猬圆圆满身刺。
我说五，谁对五，哪个蹦跳上大树？
你说五，我对五，猴子蹦跳上大树。
我说六，谁对六，哪个扁嘴水里游？
你说六，我对六，鸭子扁嘴水里游。
我说七，谁对七，哪个叫人早早起？
你说七，我对七，公鸡叫人早早起。
我说八，谁对八，哪个鼻子长又大？
你说八，我对八，大象鼻子长又大。
我说九，谁对九，哪个天天沙漠里走？
你说九，我对九，骆驼天天沙漠里走。
我说十，谁对十，哪个耕地有本事？
你说十，我对十，黄牛耕地有本事。

* 胎教点读

对数儿歌非常有特点，做到了很自然地重复，重复是胎教儿歌特别重要的一点，胎宝宝喜欢重复，这样能加深印象，获得认同感。

而且对数儿歌塑造了很多生动的动物形象，能通过孕妈妈激发起胎宝宝丰富的想象，对于智力发育特别有好处。

折纸：圣诞老人

因相信而存在，今天，给胎宝宝折一个圣诞老人吧，然后告诉他：宝宝，世界上真的有圣诞老人哦。

❶准备一面是红色，一面是白色的正方形纸，按照图示将底边向上折出条白边；

❷再将另一边折出白边；

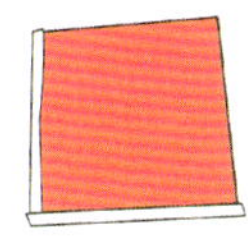

❸将两白边相对的角稍稍向上折；

❹翻过来，右边按图斜向上折叠；

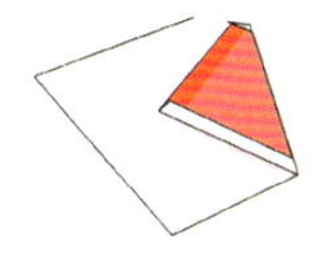

❺左边斜向上折；

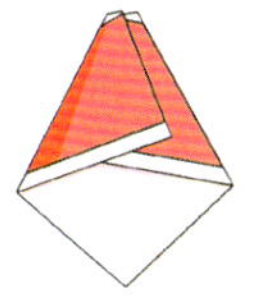

❻将帽尖向右折叠，圣诞帽初步成形；

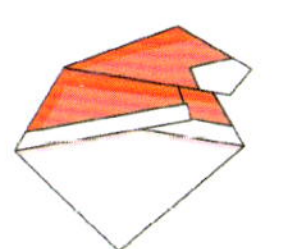

❼翻过来，将下角按图折叠，形成圣诞老人的胡子；

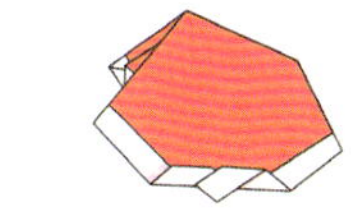

❽头部折成，画上圣诞老人的眉眼和嘴。

❾另取一张纸制作身体。红色一面朝上，左右对折出小白边；

❿翻过来，对折；

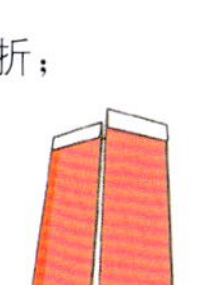

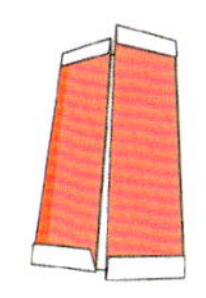

⓫将上部如图打开；

⓬沿着中间向上折起，压平整；

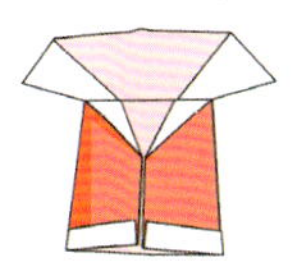

⓭圣诞老人的身体就叠好了。

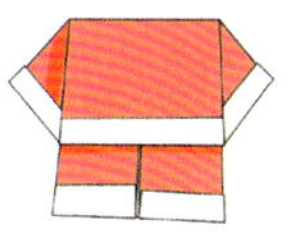

⓮粘贴起来，一个可爱的圣诞老人就出现了！

＊告诉宝宝，圣诞老人是真实存在的

相信美好的东西让你更有信仰，让你更快乐。告诉胎宝宝吧：如同世界上有爱、有同情心、有诚实一样，圣诞老人也确确实实地存在着，就像没有你这样可爱的宝宝，世界不可想象一样，没有圣诞老人的世界，也是不可想象的呢。

朗诵诗歌《请回答我，七月》

请回答我，七月
哪里有蜜蜂
哪里有干草
哪里有羞红的面孔
啊，七月说
哪里有种子

哪里有蓓蕾
哪里有五月
请你，回答我
哦，五月说
让我看看雪飘
让我看看风铃

让我看看小鸟
小鸟它也在问
哪里是玉米
哪里是迷雾
哪里是浆果
岁月说，都在这里

＊胎教点读

这首诗是美国著名诗人艾米莉（1830—1886）所作，她是美国文学史上最伟大的诗人之一。诗人对大自然充满了好奇，用富有感情的想象向七月发问，七月也有很多疑问，五月和小鸟也想知道更多，最后诗人用智慧的语言道出大自然的真谛：一切都在岁月中。

让胎宝宝也领略一下诗人珠辉玉丽的诗句吧，从诗人独具特色的句子中，相信胎宝宝也能感受到深厚的情感，以及人生与自然的智慧。

自制南瓜小点，好味道不止一点点

这道南瓜小点绝对能给孕妈妈和胎宝宝带来特别的惊喜，不仅是金黄的小南瓜模样惹人喜爱，更赞的是其味道，不仅能让你和胎宝宝品尝到正宗的南瓜味，而且其味甘甜糯软，非常令人回味。这道别致的小点心做起来也不难，大约半个小时就能"出炉"。

心动了吧？孕妈妈快动手来做一做，帮助胎宝宝捕捉南瓜好味道，让美食的艺术继续下去，按下面的步骤来，相信作品很快能呈现在眼前了。

＊需要准备的材料

黄瓤小南瓜200克，糯米粉120克，白糖2大匙(30克)，红豆沙80克，葡萄干2小匙(10克)。

＊制作步骤

1 小南瓜削去外皮，洗净，切成小块，入蒸锅大火蒸20分钟，取出后用小勺碾成泥，放凉备用。

2 将糯米粉和白糖放入南瓜泥中，揉匀，制成南瓜面团。

3 将南瓜面团均分成小块，揉圆后按扁，包入少许红豆沙，然后收口，搓成圆球状，并稍稍压扁，呈扁圆形。

4 用小刀背在整好形的南瓜面团上压出瓣状纹路，做成小南瓜，在小南瓜顶上插入1枚葡萄干，装饰成南瓜蒂。

5 将小南瓜入笼大火蒸约6分钟即可。

＊让孕妈妈锦上添花的妙法

若要让成品色彩更亮丽，可在蒸制前在南瓜面团上刷一层薄薄的油，或者将适量的绵白糖加水小火炒成糖色，浇到蒸好的南瓜小点上。

孕期体操——抬腿

孕妈妈这个阶段腿脚很容易水肿，可以试着练习抬腿运动：

1 孕妈妈仰卧，平躺于床上，双腿放平，两手放于身体两侧，平静地呼吸。

2 右脚向上弯曲，然后右腿向右边打开。

3 重复第2步4次，放回原位。

4 换左脚，同样动作重复4次，放回原位。

5 孕妈妈起身，跪在床上，双手尽量前伸，然后跪着趴下来，这样趴可以不碰着肚子里的胎宝宝。

6 抬起右腿伸直，然后尽量向外打开，收回，重复4下。

7 换左腿，按第6步操作。

8 略微休息，抬起一条腿，伸直，向上抬腿，收回，重复4下。

9 换腿，按第8步操作。

10 孕妈妈慢慢起身，左侧卧。

11 右腿向上抬，收回，重复4下，换边换腿继续。

12 平躺，慢慢呼吸，结束。

孕期瑜伽——肩转动练习

这里给孕妈妈介绍一种消除肩膀紧张感和酸痛感的孕期瑜伽——肩转动练习。

在做之前，先要熟悉胜利式呼吸法，其要点是，叹口气好像对着玻璃哈气一样，双唇闭合，呼吸的重点放在咽喉而不是鼻子，呼气时间比吸气时间稍长，避免储存过多氧气，以免引起头晕。

接下来，可以开始练习瑜伽了：

1 在舒适的位置坐好，用胜利式呼吸法吸气呼气各1次，再吸气。

2 缓慢将肩膀向前移动，然后带动肩膀向上移动。

3 呼气，肩胛骨向后挤压。

4 肩膀下拉，恢复正常姿势。

5 重复1~4步3次。

6 肩膀朝相反的方向转动4次，也就是吸气时肩胛骨先往后拉，然后向上运动，呼气时肩膀向前转动然后恢复正常。

这个练习会让孕妈妈感觉肩膀慢慢转了一个大圈，非常舒服。

美食胎教——高钙什锦锅

* 材料（1人份）

大骨高汤500克、杏鲍菇150克、玉米笋50克、鸡蛋豆腐1盒、黄豆芽100克、豆苗100克、黑木耳50克、乌龙面1包。

* 调味料

盐适量，香菇粉适量。

* 做法

❶将杏鲍菇、玉米笋、黄豆芽、豆苗、黑木耳洗净。

❷用砂锅将所有材料放入砂锅中，倒入大骨高汤，煮沸。

❸待食材煮熟后，依个人喜好调入适量的调味料。

* 功效

怀孕期应摄取足够的钙质。建议可再加入一些铁质含量较高的食物（如绿花椰、红枣、金针菇等），亦可增加所需的营养。

准爸爸做胎教

为孕妈妈拍几张孕期漂亮照

怀孕的女人是最美丽的，孕妈妈在第7个月时肚子比较漂亮，水肿逐渐消失，是留下孕期照的好时机，准爸爸可以帮孕妈妈留下这一刻的美丽。

如果准爸爸是个摄影发烧友，或是有拍照基础，不妨自己为孕妈妈拍，这可以免去很多奔波劳苦。最重要的是准爸爸比较了解孕妈妈，可以随时拍出漂亮照片，过程也会很顺利。

准爸爸还可以陪孕妈妈去影楼拍摄，影楼拍摄比较专业，但是需要等待时机，提前做好准备。

* 拍摄孕期照时用得上的经验

1 头天晚上19点后不要喝水，以免第二天眼睛水肿。

2 要准备一双舒服的鞋子，不然摆造型时会很累。

3 去孕妇专卖店淘一件隐形内衣。

4 拍照前一天可以用黄瓜捣碎加少许蜂蜜敷脸，可以让脸更光洁，而且不会过敏。

5 头一天晚上不要洗头发，不然第二天头发蓬松不容易弄造型，应提前一天洗。

6 拍照当天要吃饱，但不能吃撑。

7 服装和道具最好不使用影楼公用的那种，可以自带，一般孕妈妈穿鲜亮的颜色拍照都很好看，中间色效果也很好。

8 拍摄中要放松心情，如果不喜欢别人给做的造型或给出的拍照姿势，一定要当即提出，否则会影响拍照情绪，拍出的效果也会受到影响。

9 每个人的脸都有一个最佳拍摄角度。影楼的摄影师是流水作业，可能不会去认真帮着找出来。准爸爸可以多给孕妈妈拍不同角度的照片，找出这个角度，让照片更漂亮。

10 有的摄影师为了追求效果，会在孕妈妈的肚皮上彩绘，一定要注意涂料的质量问题。我们建议孕妈妈最好不彩绘，以免影响到胎宝宝。

替您支招

准爸爸不用担心照相会对胎宝宝产生不良影响。照相的感光过程甚至闪光过程都不会产生有害射线，不会对胎宝宝和孕妈妈造成伤害。

准爸爸给胎宝宝朗诵唐诗

咏鹅（骆宾王）

鹅，鹅，鹅，曲项向天歌。
白毛浮绿水，红掌拨清波。

池上（白居易）

小娃撑小艇，偷采白莲回。
不解藏踪迹，浮萍一道开。

村居（高鼎）

草长莺飞二月天，拂堤杨柳醉春烟。
儿童散学归来早，忙趁东风放纸鸢。

夜宿山寺（李白）

危楼高百尺，手可摘星辰。
不敢高声语，恐惊天上人。

绝句（杜甫）

迟日江山丽，
春风花草香。
泥融飞燕子，
沙暖睡鸳鸯。

山居秋暝（王维）

空山新雨后，天气晚来秋。
明月松间照，清泉石上流。
竹喧归浣女，莲动下渔舟。
随意春芳歇，王孙自可留。

＊胎教点读

唐诗是我国优秀的文学遗产，唐代李白、杜甫、白居易等都是世界闻名的伟大诗人，唐诗讲究诗中有画，用很简练的语言，寥寥数语就勾画出一幅幅优美的意境。

也许准爸爸平时羞于给胎宝宝读诗歌、散文，这些简洁的唐诗或许能让准爸爸酣畅地为胎宝宝一展喉咙，让胎宝宝熟悉自己的声音，体会到自己的爱意。

另外，准爸爸读唐诗还能让胎宝宝吸取我国古代优秀文化的精华，让胎宝宝打好国学的基础。

Part 9

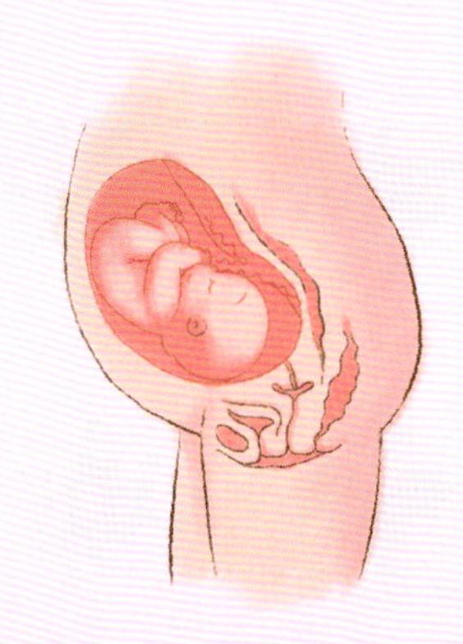

和妈妈的相处越来越融洽

（第 8 个月）

本月胎教要点

8个月的胎宝宝活动十分有力，孕妈妈可以感觉到强烈的胎动。此外，胎宝宝的听觉功能完善，对外界声音反应灵敏，对话、朗读、音乐、唱歌等胎教内容显得越来越重要。

在怀孕第8个月，你的胎教重点是：

* 多和胎宝宝轻柔地谈话

胎宝宝现在能够区别高低声音，不妨经常跟他说说话，胎宝宝熟悉后，就会对各种声音做出反应。一旦胎宝宝出生，就会十分自然地对父母的声音产生亲切感。

* 播放节奏明快的乐曲

节奏明快的乐曲与母亲的心跳节律相似，胎宝宝听了也会随之活动。实践证明，胎宝宝出生后，也会对胎教的音乐特别喜欢，听到后往往会停止哭闹，很快地安静下来。因此，孕妈妈可以经常听一些节奏明快、流畅、抒情的音乐。

* 亲切地抚摸、触动

抚摸、触动可激发胎宝宝在母体中运动的积极性，感受到父母的爱抚。

* 创造和谐、愉悦的氛围

一个和睦、安谧的环境，能让胎宝宝感受到父母的一片爱心，使其处在平和、愉悦的氛围中。再加上生活有规律、营养充足、劳逸适度，就能确保胎宝宝良好的生理和心理状态。

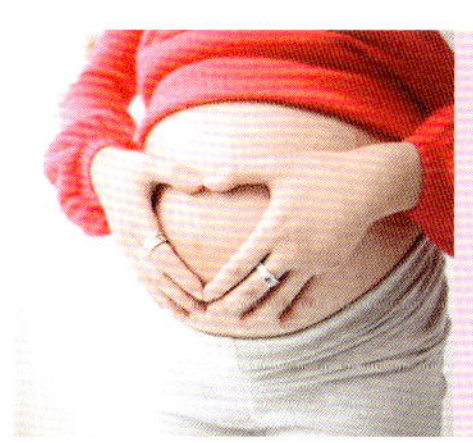

胎宝宝在发育

妈妈，我上个月很乖吧，我没有乱动哦，每天吃得饱饱的，晚上会按时睡觉。你看，我现在真的长成了一个胖娃娃，日子过得真舒服，而且我现在不仅听得见，还看得见。天哪，我那天睁眼后看见自己的脚竟然顶在房子的天花板上，才意识到“房东”真的没有骗我，我长大的速度确实比房子扩建的速度快多了，再这样下去，房子很快就容不下我了。这可不行，我还不想出去呢，好日子才这么短，我还想和妈妈多相处一阵子。

我决定，暂时不出去了，大不了我蜷缩一下，总可以待一段时间了吧。我想到了一个好办法，房子只有一个小小的出口，在妈妈的盆腔里，我可以倒转身体，用我的大脑袋把它堵起来，这样谁也赶不走我了。妈妈，我觉得自己真是太聪明了，对，就这样办！

29周胎宝宝——告别小老头时代

本周胎宝宝坐高（顶臀长）为26~27厘米，身长约有43厘米，体重有1300多克。

胎宝宝越长越大，他在母体内的活动空间相对会越来越小，胎动也会逐渐减弱。但现在胎宝宝还是比较好动的，在孕妈妈肚子里不停地变换体位，有时头朝上，有时头朝下，并没有固定的姿势，不过大多数时候，胎宝宝都会因头部较重而自然采取头朝下的体位。如果需要纠正的话，产前体检时医生会给予适当指导的。

此时如果有光亮透过孕妈妈子宫壁照射进来，胎宝宝就会睁开眼睛并把头转向光源，这说明胎宝宝的视觉发育已相当完善。

＊告别小老头的日子

胎宝宝的肌肉和肺正在继续成熟，皮下脂肪也初步形成，手指甲也已经很清晰，看上去显得圆润多了，已经不再像个皱巴巴的小老头。

30周胎宝宝——感官正在稳定工作

本周胎宝宝坐高（顶臀长）约27厘米，身长约44厘米，重量在1400克左右。由于体形的变化，胎宝宝占据子宫的空间越来越多，羊水也会有所减少，胎动也在逐渐地减少。

胎宝宝的头部还在增大，而且这时大脑发育非常迅速，大脑和神经系统已经发育到一定的程度，皮下脂肪继续增长。

＊感觉器官正稳定地发挥作用

胎宝宝能记住来自感官的信息，并且感觉器官正准备处理这些信息。他的眼睛可开闭自如，大概能够看到子宫中的景象，虹膜开始对光线的亮度有所反应，在模糊的光线环境中睁开眼睛，在明亮的光线下闭上眼睛，这就是瞳孔反射。

这时，胎宝宝的听觉器官已经大致发育完成，经过过去几个月的训练，他应该已经非常熟悉你的声音了。另外，由于子宫里不呼吸空气，胎宝宝的嗅觉器官要到出生后才能发挥作用。

替您支招

由于子宫上升压迫腹腔和胸腔内的脏器，孕妈妈会感到呼吸困难，喘不上气来，吃饭后胃部不适。这些都是正常现象，不必担心，不久以后胎宝宝头部会下降到骨盆，不适感觉会逐渐减轻。

31周胎宝宝——经历身体发育高峰

现在胎宝宝大概身长45厘米，坐高（顶臀长）28厘米左右，重1400~1500克。31周的胎宝宝皮下脂肪更加丰富了，皱纹减少，看起来更像一个婴儿了，身体和四肢继续长大，直到和头部的比例相当。

现在胎宝宝周围大约有850毫升的羊水，随着胎宝宝的增大，他在子宫内的活动空间越来越小了，胎动也有所减少。

＊身体发育经历高峰

在这一周里，胎宝宝的身体即将经历一个发育的高峰，各个器官继续发育完善，肺部和消化系统已基本发育完成，有呼吸能力，可以分泌消化液。胎宝宝喝进羊水，形成的尿液经膀胱也排泄在羊水中，一天中羊水被吞进再经尿液排出，这样完全替换数次，为出生后的小便功能进行锻炼。

现在胎宝宝能够把头从一侧转向另一侧了，如果孕妈妈用小手电照射腹部，胎宝宝会转过头来追随这个光亮，甚至可能会伸出小手来触摸。

32周胎宝宝——不再那么闹腾

本周胎宝宝的身长约45厘米，坐高（顶臀长）约28厘米，体重1500~1600克。

现在的胎宝宝与出生时的婴儿相似，但身体仍需要长胖些。他的手和脚上的指（趾）甲已经完全长出来了。有些胎宝宝已经长了满头的头发，有些只长出了淡淡的绒毛。他的眼睛能区分光亮与黑暗。

胎宝宝的各个器官继续发育完善，肺和胃肠功能已接近成熟，已具备呼吸能力，能分泌消化液。此时的胎宝宝，如果一旦娩出，在保温箱中成活率是比较高的。

* 不再翻跟头了

现在孕妈妈的子宫几乎要被胎宝宝占满了，胎宝宝已转成头向下的体位，准备娩出。孕妈妈会发现，现在胎宝宝动的次数比原来少了，动作也减弱了，再也不会像原来那样在你的肚子里翻跟头了。

替您支招

孕妈妈这周会感觉尿意频繁，这是胎宝宝头部下降，压迫膀胱的缘故。沉重的腹部会让孕妈妈不愿意走动，并且感到疲惫，但是为了让生产时更轻松，孕妈妈还是要适当活动。

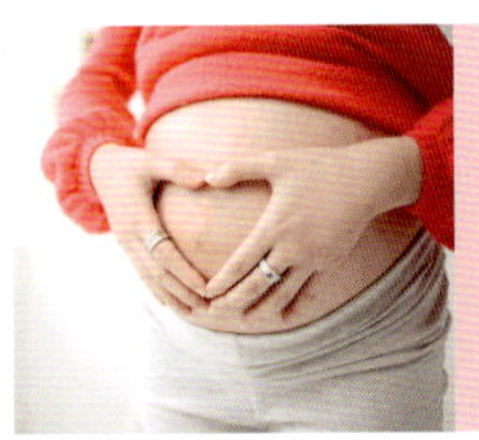

你需要了解的

进入孕晚期，孕妈妈要保证睡眠质量

有关研究表明，孕晚期的睡眠质量是整个孕期中睡眠质量最差的，主要有以下几个方面的原因：

＊怎么样都不舒服

原因：主要是由于腹部已经太大，无法做到舒服地躺着。

对策：孕妈妈可以左侧卧，并将枕头夹在两腿中间，以及垫在背后。如果这些都没有作用，可以找一张舒服的躺椅，另外，用些东西垫在背部支撑一下，会睡得好些。

＊膀胱再次受到压迫

原因：腹中不断生长的宝宝挤压到了膀胱，让孕妈妈不断地想要去卫生间。

对策：从傍晚开始就少喝水，并且每次去洗手间时尽量排空膀胱。

小提示：小便时身体向前倾斜有助于排空膀胱。

＊胃灼热以及其他影响睡眠的因素

原因：胃灼热、腿抽筋、打鼾以及胎宝宝的踢腾扭动，都可能导致孕妈妈半夜醒来。

对策：孕妈妈不要太惊慌，研究证明，大多数孕妈妈在孕晚期都难以得到更多的深度睡眠，把这些经历当作是一次彩排，积极地缓解那些影响睡眠的因素。

＊睡觉多梦，甚至做噩梦

原因：这是心理压力大的缘故，特别是有的孕妈妈信心不足，担心不能顺利生产、宝宝不健康及以后难以抚养等。

对策：孕妈妈要多与其他妈妈交流，多学一些相关知识，增加自信，摆脱烦恼，从而保证睡眠。

＊孕妈妈可能用得上的更多建议

睡前2小时内不要大量吃喝。

睡前不要做剧烈运动或令人兴奋、劳累的事情。

可以冲个热水澡，喝杯自己喜爱的热饮料（如牛奶）。

如果努力入睡却怎么也睡不着，不如干脆起床，做点事情，可以读读书，听听音乐，看看电视，写写信、电子邮件等，但不要太兴奋。

怎样减轻假宫缩带来的不适

到了孕晚期，孕妈妈偶尔会觉得肚子一阵阵发硬发紧，这是假宫缩，不需要太紧张。假宫缩，也叫迁延宫缩，宫缩间隔的时间不等，可能十多分钟一次，也可能1小时以上一次，没规律，每次持续的时间也不相同，几分钟到十多分钟都有可能。

＊怎样缓解假宫缩不适感

出现假宫缩时，孕妈妈可以适当地改变一下姿势，如果孕妈妈一直站立可以稍微躺会儿；若之前一直坐着或卧着，可以起来走走。（如果是真正分娩时的宫缩，无论你做什么，宫缩都不会停止，而且会逐渐加强）

建议处于孕晚期的孕妈妈，要注意避免走太远的路，站立的时间不要过长。有时间的话，认真地记录下每一次有规律的胎动。此外，适当地参加些分娩课程，多了解些相关的内容，会让孕妈妈踏实些，心情也会舒展些。

如果这些措施依旧不能改善宫缩的痛苦，孕妈妈可以咨询妇产科医生。如果宫缩频繁，或者有疼痛感时，应立刻休息，必要时应及时去医院就诊。

＊学会区分产前真假阵痛

假性宫缩经历的时间会比较久一点，真正的阵痛在分娩开始之前才发生，“真性阵痛”，是指有规律性的阵痛，其发生时，整个肚子都有硬起来的感觉，且疼痛通常是由下腹部开始，并慢慢波及整个后背部，疼痛程度循序渐进、越来越强烈，其规律性可能由20分钟痛一次，渐渐变为15分钟，甚至到8分钟或6分钟痛一次，而疼痛的时间会越来越长，且不论用任何方式都无法缓解。

当真性阵痛来临时，孕妈妈最好先平躺，并用手表或时钟测量阵痛的间隔时间，一旦发现阵痛为6分钟或8分钟痛一次时，就应准备前往医院待产。

＊学会判断异常宫缩

一般情况下，到预产期只有伴有疼痛的宫缩，才是分娩的先兆。孕妈妈一定要学会判断常见的三种异常宫缩：

1 频繁宫缩。一般计算宫缩时，如果每小时宫缩次数在10次左右就属于比较频繁的，应及时去医院，在医生指导下服用一些抑制宫缩的药物，以预防早产的发生。

2 假性阵痛。到了怀孕最后期，宫缩变得频繁，甚至10～20分钟就收缩一次，部分还呈现规律性，有时伴有阵痛，令孕妈妈感到很不舒服。这时候的宫缩，很难与进入待产的真正阵痛区分，必须到医院检查与进一步观察。

3 早产宫缩。当孕妈妈发生早产时，子宫收缩压力增加，孕妈妈不但下腹部酸痛，还会痛到腹股沟甚至有持续性下背酸痛；严重的还会伴随阴道分泌物增加及阴道出血。而当有不正常的分泌物或出血情况时，就要尽速就诊，预防早产。

了解早产，预防胎宝宝提早出生

在怀孕28~37周之间（第8~9个月）发生的分娩称为“早产”，在此期间出生的体重1000~2500克、身体各器官未成熟的新生儿，称为“早产儿”。早产儿不仅体重小，而且生存能力差，体温调节功能不良，呼吸功能、消化功能及免疫功能均较差，很容易发生感染。

* 早产原因

早产发生的原因仅有50%可以探知相关因素，这些因素包括：

1 感染

这是早产的重要原因，感染的来源是宫颈、阴道的微生物，部分来自宫内感染。

2 子宫过度膨胀

双胞胎或多胎妊娠，羊水过多可使宫腔内压力增高，发生早产。

3 子宫颈口关闭不全

孕中期时，宫颈口被动扩张，因张力改变以致胎膜破裂，发生胎膜早破而致早产。

4 子宫发育不全

子宫畸形均因子宫发育不良而导致早产。

5 心理压力过大

孕妈妈心理压力越大，早产发生率越高，特别是紧张、焦虑和抑郁与早产关系密切。

此外，早产还与妊娠并发症、孕期劳累颠簸、内分泌紊乱、吸烟、饮酒、吸毒等密切相关。

* 早产预防在先

要预防早产，应在孕前就与医生密切配合，尽量避免易导致早产的危险因素，孕期要定期产检，评估是否有早产倾向，以便尽早发现问题，采取应对措施，我们建议孕妈妈多注意以下几方面：

1 积极治疗生殖道感染。患有生殖道感染疾病时，应该及时请医生诊治。

2 避免劳累和外来刺激。孕晚期最好不要长途旅行，避免路途颠簸劳累；不要到人多拥挤的地方去，以免碰到腹部；走路，特别是上下台阶时，一定要注意一步一步地走稳；不要长时间持续站立或下蹲；孕晚期须禁止性生活。

3 保持良好的生活和心理状态。改善生活环境，减轻劳动强度，增加休息时间；保持心境平和，消除紧张情绪，避免不良精神刺激；摄取合理、充分的营养，孕晚期多卧床休息，并采取左侧卧位，减少宫腔内向宫颈口的压力。

4 关注自己的健康。如果孕妈妈患有心脏病、肾病、糖尿病、高血压等合并症，应积极配合医生治疗；有妊娠高血压综合征、双胞胎或多胎妊娠、前置胎盘、羊水过多症等情况的孕妈妈，一定要遵医嘱，积极做好自己孕期的保健工作，及时发现异常，并尽早就医。

胎位异常怎么纠正

胎位异常对孕妈妈及胎宝宝都有很大的威胁，是造成难产和围产儿死亡的重要原因之一。如果孕妈妈在孕7月前发现胎位不正，则不必处理，但是在孕8月时胎宝宝的头部仍未向下，应予以矫正。

下面我们提供两种矫正方法供孕妈妈参考，孕妈妈可以在医生的指导下进行练习：

＊桥式卧位

1 准备前，孕妈妈需要排空大小便，换上宽松、舒适的衣服。

2 先用棉被或棉垫将臀部垫高30~35厘米，孕妈妈仰卧，将腰置于垫上。

3 每天只做1次，每次10~15分钟，持续1周。

＊膝胸卧位

1 准备前，孕妈妈仍需要排空大小便，换上宽松、舒适的衣服。

2 将小腿与头和上肢紧贴床面，在床上呈跪拜样子，但要胸部贴紧床面，臀部抬高，使大腿与床面垂直，保持15分钟，然后再侧卧30分钟。

3 每天早、晚各做1次，连续做7天。

要注意的是，患有心脏病、高血压的孕妈妈忌用此方法。

如果经过矫正之后，胎位依然不正，那么，孕妈妈一定要请医生在腹部进行按摩帮助胎位转位。即使依然无效，也别着急，更不要影响心情，要知道即使不能顺产，仍然可以选择剖宫产。

替您支招

胎位不正是很常见的事，孕妈妈不必太过担心和焦虑，平时避免久坐久卧，忌寒凉性及胀气性食品，如西瓜、螺蛳、豆类、奶类等。

剖宫产不可随心所欲

目前剖宫产率在一些城市高达47.92%，奇高的剖宫产率与人们对剖宫产存在错误认识有关，孕妈妈要正确地认识剖宫产与自然分娩。

＊剖宫产的宝宝并不会更聪明

研究证实，剖宫产与自然分娩的孩子在智力上并无差异。所以，剖宫产的孩子更聪明之说是不科学的。相反，最近的研究成果表明，在多动症孩子的求治人群中，剖宫产的孩子占到八成。

＊剖宫产不是最佳选择

对宝宝来说

自然分娩的宝宝，虽然头部会受到挤压，甚至变形，但一两天后即可恢复正常，而胎宝宝受压的同时，也是对脑部血管循环加强刺激，为脑部的呼吸中枢提供更多的物质基础，出生后容易激发呼吸而呱呱啼哭。此外，胎头经过子宫收缩与骨盆底的阻力，可将积存在胎宝宝肺内以及鼻、口中的羊水和黏液挤出，有利于防止吸入性肺炎的发生。

有研究者提出，剖宫产使宝宝降临人世时的自然环境发生变化，正常产道生产过程带来的神经接触等感觉失去，从而使宝宝在成长过程中易得多动症等神经精神疾病。另外，剖宫产新生儿的脐血中，免疫球蛋白含量比自然分娩的新生儿要低，能抗病的抗体含量更低，所以，剖宫产出生的新生儿更易感染疾病。

对孕妈妈来说

自然分娩是人类繁衍后代的正常生理功能，也是女性的一种本能，身体健康、年龄适宜、正常足月妊娠的妇女，其自然分娩是瓜熟蒂落、水到渠成的事。虽然分娩过程会有疼痛，但这些都是暂时的，也都是可以承受的。

剖宫产属于人为创伤，必然会带来并发症，如果发生术中意外或术后刀口感染，则会带来更多的麻烦。另外，剖宫产术后恢复要比自然分娩慢得多，刀口完全愈合和身体完全恢复需要1~2个月，甚至更久一些。

＊哪些孕妈妈适合剖宫产

1 骨盆狭窄，胎宝宝过大，体重超过3500克，怀疑有头盆不称或软产道裂伤。

2 足先露、臀先露等胎位不正，胎膜早破、宫口未开大而胎心音有改变者。

3 宫口未开全、脐带脱垂、胎心音尚好，估计短时间内不能经阴道分娩者。

4 破膜后子宫收缩乏力，产程进展缓慢，或产程过长，出现胎儿窘迫，为抢救胎宝宝防止感染。

5 产妇有难产史，无活婴，此次胎宝宝较大者。

要注意的是，必要的剖宫产肯定是孕妈妈需要的，但是有的孕妈妈因为害怕疼痛而选择剖宫产，这是不对的，如果不是出现医学上需要剖宫产的情况，建议孕妈妈选择自然分娩。

是什么原因造成了难产发生

难产就是异常分娩，不能顺利地将宝宝生下来，难产不仅伤害孕妇的身心健康，而且对胎宝宝的生命安全也是一种威胁。在分娩过程中，有四个因素影响着分娩：产力、产道、胎宝宝情况以及孕妈妈情况，这四个因素之中有任何一个出现问题，都有可能造成难产。

＊产力

产力就是指将胎宝宝和胎盘自子宫内逼出的力量，其中最主要的是子宫肌肉的收缩力量。正常的宫缩有一定的节律性，并且临近分娩时逐渐增强。宫缩不管是过弱还是过强，都有可能造成难产。

＊产道

产道是指胎宝宝分娩时的“通道”，它主要是由孕妈妈的骨盆大小以及形状所决定的，也就是通常所说的骨产道。当然，孕妈妈的软产道也很重要，软产道包括子宫、子宫颈、阴道及外阴等。两者中有任何一个异常，都会造成难产。

＊胎宝宝情况

在骨盆和产力正常的情况下，如果胎宝宝在孕妈妈子宫中的位置不正常，或者胎宝宝在宫内生长发育得过大，以及各种畸形等情况都会影响正常的分娩过程，必须及早发现并及时处理。

＊孕妈妈情况

如果孕妈妈对分娩中所要面临的“挑战”没有心理准备，或是对分娩过程存在过度的恐惧心理，不能好好地配合医生，那么在分娩过程中就很容易造成孕妈妈自己心力交瘁，从而造成难产。

另外，孕妈妈如果在孕期营养过剩，导致胎宝宝生长过大，形成巨大胎宝宝，也会增加难产的发生率。

怎样增加顺产的概率

顺产是最安全最有益于孕妈妈和胎宝宝的分娩方式，应尽量创造条件顺产，下面是几条顺产良方，可帮助孕妈妈增加顺产的概率：

1 在24~29岁间生产

处于这一年龄段的女性顺产可能较大。年龄越大妊娠与分娩的危险系数越高，产道和会阴、骨盆的关节变硬，不易扩张，子宫的收缩力和阴道的伸张力也较差，以至于分娩时间延长，容易发生难产，这也是许多高龄产妇选择剖宫产的原因。

2 孕期合理营养，控制体重

理想的体重为：孕早期增加2千克，孕中期和孕晚期各增加5千克，前后共12千克左右为宜。如果整个孕期增加20千克以上，就有可能使胎宝宝长得过大，分娩时无法顺利通过产道，只能依靠手术了。

3 适当运动

适当运动不但有利于控制孕期体重，还有助于顺产，它可以缩短产程，降低难产概率。常运动的孕妈妈通常可以维持体能及心肺功能在一定水准上，对产痛的承受能力也就比较好，但不要选择激烈的项目，一般孕期体操和瑜伽都可以。

4 定期做产前检查

定期做产前检查便于医生早期发现问题，及早纠正和治疗，使孕妈妈和胎宝宝能顺利地度过妊娠期和分娩，比如遇到胎位不正时，可以及时矫正，从而不影响顺产。

5 对顺产有信心

要提前做好心理准备，多阅读一些这方面的书籍，了解顺产的过程和应对方法，要保持稳定的心情，相信在医生和助产士的帮助下自己会安全、顺利地度过分娩，迎接宝宝的来临。

6 做好分娩前的准备

预产期前几个月，孕妈妈应通过医生或书本来了解有关分娩的知识，做好心理准备，一旦宫缩开始，积极配合医生。保持正常的生活和睡眠，吃些营养丰富、容易消化的食物，如牛奶、鸡蛋等，为分娩准备充足的体力。

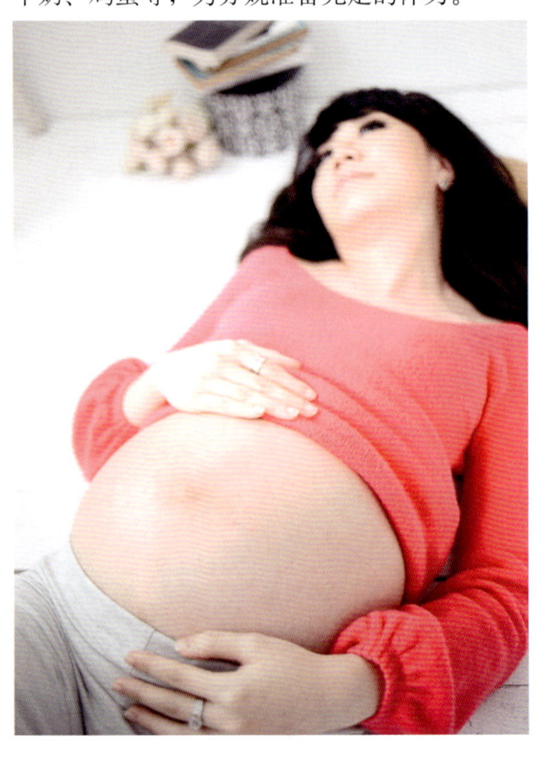

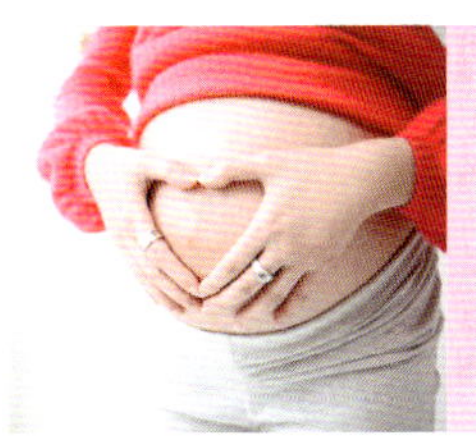

胎教在生活的点滴中

用身心将美的感受传递给胎宝宝

“美”所包含的内容很广，如造型艺术的美、文学艺术的美、大自然的美等。我们生活的这个世界里到处充满了各种各样的美，我们通过看、听享受着美的一切。

孕妈妈将美的感受用身心传递给胎宝宝就是美学胎教，到这个月份，胎宝宝初步的意识萌动已经建立，可以多进行比较抽象、立体的美学胎教，可以经常进行的美学胎教有：

＊形体美

主要指孕妈妈本人的气质。首先孕妈妈要有高雅的情趣和良好的道德修养，举止文雅，具有内在的美。其次颜色明快、合适得体的孕妇装束，干净利索的头发，更显得人精神焕发。

＊音乐美

美好的音乐能够使孕妈妈心旷神怡，浮想联翩，从而使其情绪达到最佳状态，并通过神经系统将这一信息传递给腹中的胎宝宝，使其深受感染。安静的音乐能够给胎宝宝创造一个平静的环境，让他在躁动不安中安静下来。

另外，悦耳怡人的音响效果能激起孕妈妈植物神经系统的活动，由于植物神经系统控制着内分泌腺，使其分泌出许多激素，这些激素经过血液循环进入胎盘，使胎盘中有利于胎宝宝健康的化学成分增多，从而激发胎宝宝大脑及各系统的功能活动。

＊自然美

自然美能陶冶孕妈妈的情感，对孕妈妈自身和胎宝宝的心理健康是非常有益的。美好的大自然给孕妈妈带来欢乐，对孕妈妈和胎宝宝都是一种难得的精神享受，也是胎教的一种形式，孕妈妈应多到大自然中去饱览美丽的景色。

* 提高美学修养

孕妈妈应在学识、礼仪、审美、情操等各方面去提升审美感受，比如孕妈妈会被一些优美的言语、引人入胜的文学作品所吸引，从中感受到大自然母亲般的胸怀，从描写中体会到世界的温馨，这不仅可以使孕妈妈本身得以充实、丰富，同时熏陶了腹中的胎宝宝，让他也感受这诗一般的语言、童话一样美的仙境，而且还会刺激胎宝宝快速地生长，使其大脑发育得更好。

这种美学修养的提升会使胎宝宝事先拥有朦胧美的意识，出生后一般比较聪慧、活泼、可爱，胎宝宝与孕妈妈的关系会因此而倍加亲密。

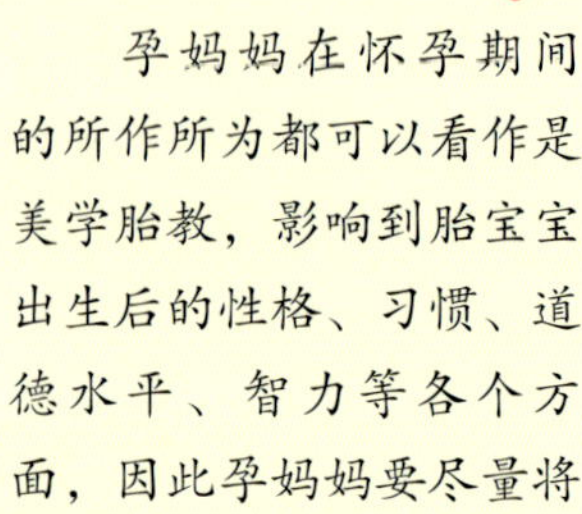

孕妈妈在怀孕期间的所作所为都可以看作是美学胎教，影响到胎宝宝出生后的性格、习惯、道德水平、智力等各个方面，因此孕妈妈要尽量将自己好的一面表现出来。

童言童语，宝宝的世界很有趣

什么动物

电视上《人与自然》开始了，父亲看着看着，突然来了灵感，就问儿子：“我来考考你，世界上有许多动物，什么动物既能给你肉吃，又能给你皮鞋穿？”

儿子想了一会儿，肯定地回答：“是爸爸！”

家里人

小男孩问和他一起玩耍的小女孩：“等你长大了，愿意和我结婚吗？”

“哎呀，那可不行。”她说。

“为啥？”

“在我们家，只有自己家的人才能结婚。你看，爸爸娶了妈妈，奶奶嫁给爷爷，叔叔和婶婶结婚，都是这样的。”

老鼠病了

儿子：“妈妈，你去哪里呀？”

母亲：“我去买老鼠药。”

儿子：“老鼠病了吗？”

不要妹妹

邻居阿姨生了个小妹妹，母亲问明明想不想要个小妹妹。

明明说：“妹妹有啥好玩的。妈妈，你给我生只小狗吧，要白颜色的。”

* 胎教点读

宝宝天真可爱，他们童言无忌，他们活学活用的语调和神情总是能让人倍感快乐，忘却所有的艰辛和烦恼。孕妈妈走进去看一看，相信一定能得到很多欢乐，也让腹中的胎宝宝更快乐。

让胎宝宝识字更快的妙方

将识字变得更有趣味，或是用一些能让孕妈妈不感到枯燥的方法来教识字，比如用简短明了的歌谣、诗词、谜语等方式，不仅能让胎宝宝认识更多的字，而且还能调动胎宝宝的文艺细胞，给胎宝宝补充更多的文学营养。

歌谣认字法

1.一人大，二人天，天字出头就是夫，夫字两点夹夹牢，夹子站好来来来。

重点认字：一，人，大，天，夫，夹，来

2.一二三，加一竖，就是王，

王上一点叫作主，泡在水里变成注。

重点认字：一，二，三，王，主，注

3.小孩子，戴帽子，头上一点写大字，小孩子，戴帽子，头上三点上学去。

重点认字：子，字，学

诗词歌赋法（《咏雪诗》）

一片两片三四片，

五六七八九十片。

千片万片无数片，

飞入梅花总不见。

谜语识字法

1.有时挂在天边，有时落在树梢，

有时像个圆盘，有时像把镰刀。（月）

2.东边升，西边落。看时圆，写时方。（日）

宁静下来，在心里描绘胎宝宝的模样

进入孕晚期，离分娩越来越近，孕妈妈反而比以往更紧张，心理压力很大，这对胎宝宝的发育非常不利。宁静愉悦的心绪是孕妈妈特别需要的，多想想胎宝宝漂亮的模样，这会减轻孕妈妈的心理压力，让孕妈妈的注意力集中到积极的情绪上来。

孕妈妈在脑海中多幻想胎宝宝的模样：眼睛、嘴巴、眉毛，还有小家伙欢快地从睡眠中醒来，伸脚动手、打哈欠、伸懒腰那活泼可爱的样子。他有着准爸爸宽阔的额头、俊俏的剑眉，孕妈妈善于传情的大眼睛、高高的鼻梁、轮廓分明的嘴唇等，结合B超照片想象，让胎宝宝的模样清晰起来，这种美好的想象和期待能让心情迅速平静下来，让自己处于一种愉快的心境中。

替您支招

在一遍遍想象胎宝宝的模样后，还可以为他做一个形象设计，将未来小宝宝的形象用笔画出来，或者用电脑软件合成出来，这不仅能促成想象成果，而且能令胎教效果更好。

讲故事《小猪猪请客》

小猪猪有两个好朋友，小猫猫和小狗狗。有一天，小猪猪对小猫猫和小狗狗说："你们明天来我家一起玩吧，妈妈给我买了个新玩具。"两个小伙伴满口答应。小猪猪回去之后就想，明天我做什么好吃的给我的好伙伴们呢？小猪猪想了想终于有了主意。

第二天，小猫猫和小狗狗来了，小猪猪很热情地欢迎他们，拿出了妈妈给他新买的玩具——一个会唱歌的球。看得小猫猫和小狗狗可好奇了！小球真好玩，一骨碌滚起来就会唱歌，还有五颜六色的灯在闪呢。三个好朋友围着小球玩作一团，咯咯地笑。

到了吃饭饭的时候了，小猪猪拿了小猫猫最喜欢的鱼，给小狗狗的呢，是新鲜的肉骨头。两个好朋友都说："谢谢小猪猪，知道我们最爱吃的东西。"小猪猪呵呵地笑着说："我们是好朋友嘛。"这一天，三个小伙伴真开心。

＊胎教点读

这个故事简短浅显，可教给胎宝宝的都是实实在在的好礼仪、好品德，小猪猪给胎宝宝树立了一个不自私、和好朋友一起分享玩具的好榜样。从故事中胎宝宝还能了解小猪猪的朋友有什么特点，比如小猫猫爱吃鱼、小狗狗爱吃骨头，不仅能学会分享，还能增长知识。

孕妈妈记得用欢快的语气为胎宝宝讲这个故事，令胎宝宝心情愉悦，这样胎宝宝就明白这个故事是值得听的，会激发他认真听的劲头。

变废为宝，用袜子做个可爱的小兔子

手工是对生活的一种态度，也是一种时尚，更是孕妈妈对胎宝宝深深的爱。给胎宝宝亲手做一个好看的玩具娃娃，胎宝宝成长路上能有孕妈妈的手工陪伴是多么幸福的事情。孕妈妈千万不要吝啬自己的心灵手巧，快跟我们一起给胎宝宝做个可爱的小兔子吧！

＊需要准备的材料

废旧袜子2只（当然，袜子价格不贵，也可以用新的），棉花若干，圆形纽扣2个，珍珠纽扣1个。

＊制作步骤

❶将袜子底部对半剪开做耳朵，在脚后跟留3~5厘米的距离做脑袋，然后剪掉脚指头部分。

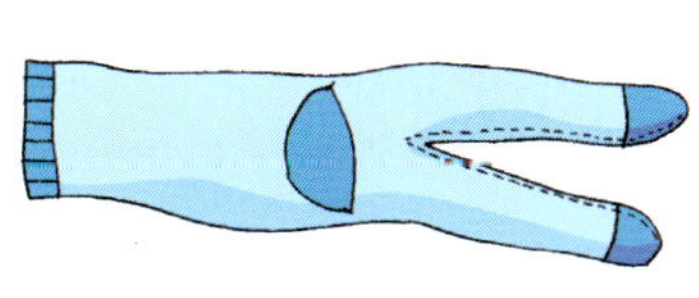

❷把袜子翻过来，将耳朵缝上，在脚后跟上6~7厘米的地方剪去袜子上半部分。

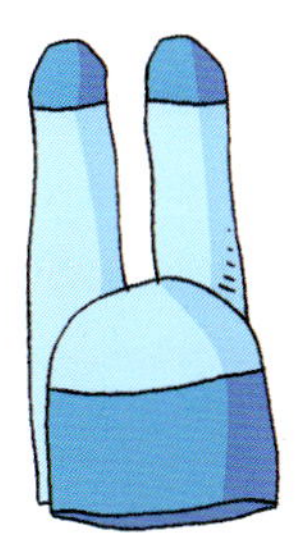

❸在耳朵和脑袋中塞进棉花，把脑袋缝起来。

❹在另一半袜子的下部剪出兔子的2只腿，反面缝合，然后翻到正面，塞入棉花做成兔子的身体和腿，将头和身体缝起来。

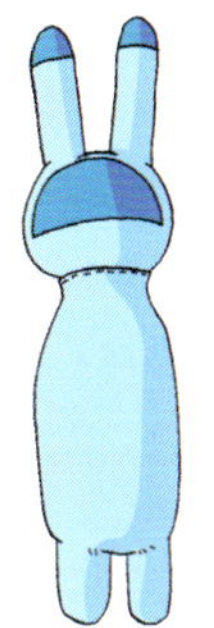

❺将另一只袜子的脚趾部分剪下8~10厘米长，从中间剪开，反面缝合后翻到正面，塞入棉花制成2只手，然后将手接到身体上。

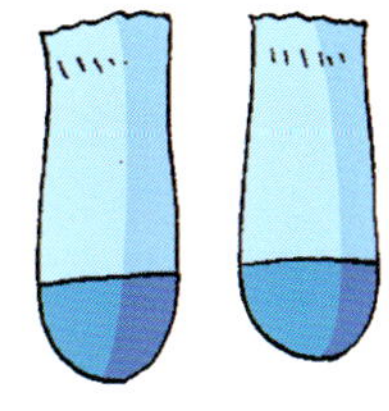

❻画出小兔子的眼睛、嘴巴、脸，在眼睛部位钉上2粒圆形纽扣，鼻尖部位钉上1粒珍珠纽扣就大功告成啦。

给宝宝做个性十足的手工布相框

宝宝出生后会有很多照片，用漂亮的相框展示宝宝的照片是最好的了，买的相框大多是冷冰冰的塑料或金属制作的，要让相框充满感情，孕妈妈可以尝试着DIY，自己手工制作的相框会个性十足。手巧的孕妈妈还能让相框很出彩，不但孕妈妈自己看着欢喜，胎宝宝更能体验到手工带来的快乐。

下面我们为孕妈妈介绍一款特别漂亮的布相框做法，希望给孕妈妈和胎宝宝带来更多的乐趣。

＊需要准备的材料

相框纸样2个（7寸，内框126毫米×177毫米，外框根据个人喜好即可，要硬纸板），其中一个中间不挖空，保持完整，做底板用。布料若干块（包相框用的布尺寸要大于相框边缘），辅棉（包裹相框用），铆钉2颗。

＊制作步骤

❶在相框和底板上分别涂上胶水，再分别铺上辅棉。

❷将相框放在选好的布上，布的正面朝外，按照先上下、再左右的顺序将布的边缘用胶水粘在相框上。

❸内框的布料剪个大X形状，按相同方法粘牢，底板也按同样方法粘上。

❹另外剪一块做支架的纸板，按相框方法包裹布料，然后用2颗铆钉固定在底板上。

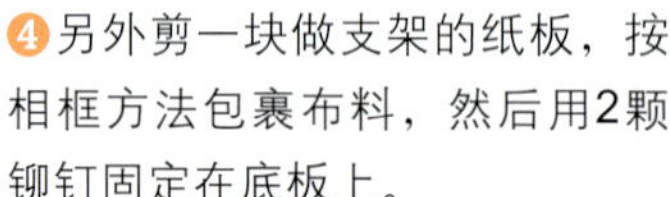

❺把相框和底板放在一起，缝合3边，留一边放相片。

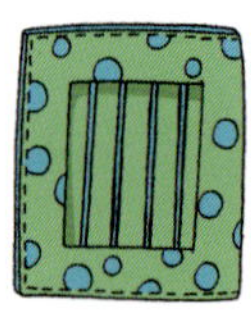

❻用剩余的布料剪6片圆形布片。

❼将布片对折，缝弧形的一边，缝完一个接着不间断地缝下一个，直到5个都缝完，然后拉紧，就像一朵花了，打上结。

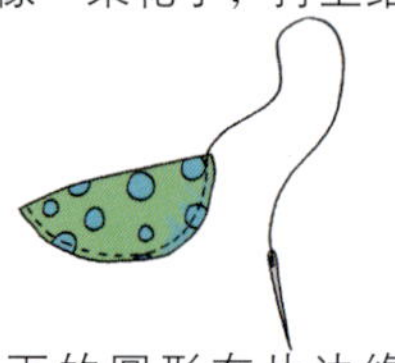

❽将剩下的圆形布片边缘缝一圈，然后拉紧，塞入棉花，缝到花朵上，就成了一朵完整的花。

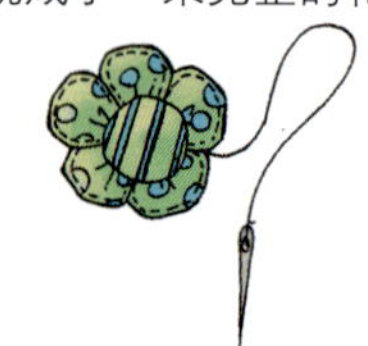

❾将花朵缝在相框上，一个漂亮的相框就完成了。

准妈妈做手工：环保收纳盒

每过一段时间，家里总会增添很多没用的东西，如包装盒、旧台历、各种各样的旧瓶子等。这些垃圾往往质量很好，可放在家里又很占地方，成了“食之无味、弃之可惜”的“鸡肋”。

* 胎教引语

只要准妈妈动一动脑筋，这些看似无用的废品就能变身为实用的生活工具，而且，最关键的是这样可以增强胎宝宝的动手能力，培养准妈妈同腹中胎宝宝的感情。

* 胎教意境

旧鞋盒变收纳盒

工具：旧鞋盒、剪刀、双面胶、包装纸。

步骤：

1. 在硬纸板上画出鞋盒底部的形状，剪出来，形成盒子的底板。
2. 将底板贴上内衬包装纸。
3. 拆开旧鞋盒，在鞋盒内四壁贴上包装纸。
4. 重新装上鞋盒，装上底板，再用包装纸贴在盒身的外面和鞋盒的盖子上，完成收纳盒。

扑克牌变小收纳盒

工具：扑克牌。

步骤：

1. 2张扑克牌相对叠放，分别将多余部分折起。
2. 2张叠好的纸牌相对扣合，形成一个方形小块。
3. 按如上方法准备4块方形小块。
4. 另外拿4张扑克牌，分别对折，作为小方块之间的连接。
5. 分别将对折后的扑克牌插于2个小方块之间，形成筒状。
6. 如步骤1，再叠出2张扑克牌，插于底部形成盒子。

替您支招

能直接服务于生活实践的手工活动对推动准妈妈的积极性是有帮助的，你可以多找一些这样的手工来做，当然也可以自己发挥更好的创意，将做和想的过程向胎宝宝描绘一下，为以后宝宝养成爱整理、爱整洁的好习惯打下基础。

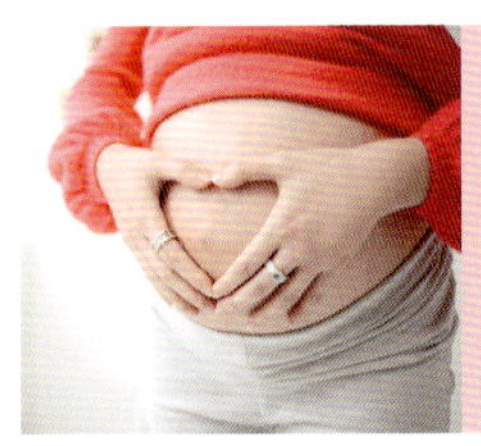

准爸爸做胎教

准爸爸要忍受孕妈妈的多变情绪

孕妈妈常常处于喜悦与忧虑的矛盾之中，经历着从未体验过的生理变化，畅想着胎宝宝的成长，担心孩子的健康；面临竞争的压力，担心自身未来的发展；生理的变化引起自身容貌的改变，担心失去准爸爸的爱……

孕妈妈多虑，内心非常敏感，情绪变化特别强烈，感情通常脆弱，尤其进入孕晚期之后，对分娩的恐惧和身体的各种不适，让孕妈妈变得更加脆弱，对准爸爸的依赖比以往任何时候都要强烈，而且期望值也更高，当准爸爸不能如自己的意时，甚至容易发脾气。

这个时候准爸爸一定要保持足够的耐心，不要觉得自己养家辛苦，而妻子却不理解自己、不可理喻。事实上，准爸爸如果以“理”去解释孕妈妈的异常情绪可能无法行得通，甚至引起争吵，这就非常不好了，不仅可能造成身体伤害，而且孕妈妈会因此陷入精神、情感上绝望的境地，急性子的准爸爸尤其要注意避免争吵，多忍让。

准爸爸要和孕妈妈一起多学习分娩知识，多表现自己亲切的笑脸、暖心的话语，不可发脾气，帮助孕妈妈消除对分娩的恐惧心理。

替您支招

当准爸爸生气时，不妨倒数30秒，让自己先冷静下来，避免坏情绪升级，一旦觉得自己火气未消，不要靠孕妈妈太近，再倒数30秒，什么也不想，做深呼吸，尽量让自己不生气。

和胎宝宝说说心里话

孕期经常与胎宝宝对话是一项十分重要的行为，尤其是准爸爸，准爸爸每天坚持与胎宝宝讲话，能够唤起胎宝宝的热情，促进胎宝宝的智力发育。

准爸爸可以每天跟胎宝宝说说心里话，随便唠叨几句，不一定要拘于某种形式，内容应该丰富一些，诸如问候、安慰或批评胎宝宝等都可以，但要注意避开一些消极情绪，比如今天上班被老板批评等。

每天晚上睡觉前，准爸爸不妨把手放在孕妈妈的腹部，对胎宝宝说："你今天又长了这么多，我是你爸爸哟，今天天气很不错，爸爸遇到了很多高兴的事……"每天早上起床时，准爸爸可以亲切地对着孕妈妈的腹部说："宝贝，我是你爸爸，正在跟你说话呢！爸爸要起床了，一会儿你和妈妈就能吃早餐了哦。"

准爸爸每天抚摸一下胎宝宝，怀着愉悦的心情跟他说一些想说的话，胎宝宝能从中受益不少，尤其对于情绪和精神紧张的孕妈妈来说，这也是一剂良好的安慰剂。

Part 10

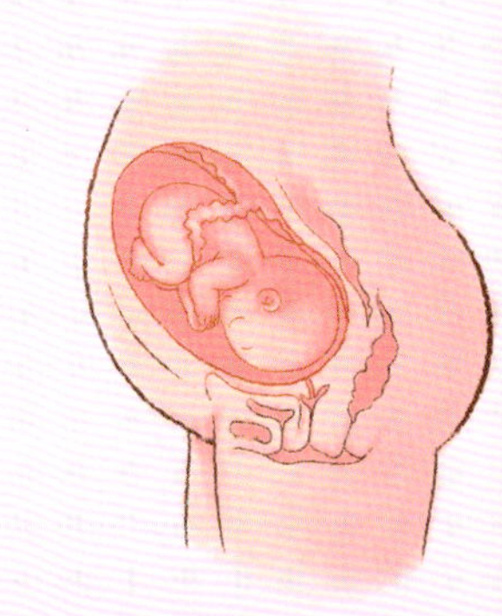

越来越漂亮的胎宝宝

（第 9 个月）

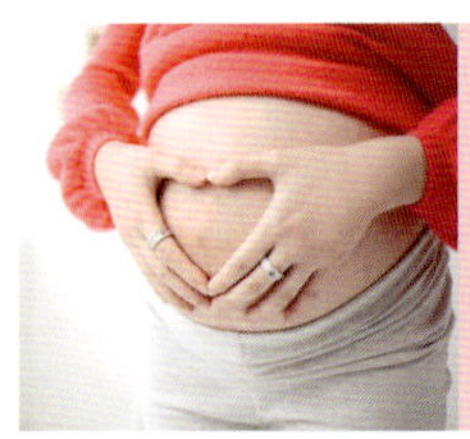

本月胎教要点

孕妈妈的动作变得越来越笨拙，行动也越来越不便，有的孕妈妈因此放弃了孕晚期的胎教训练，这样会影响到前期训练的效果。为了巩固胎宝宝在孕早期、孕中期对各种刺激已形成的条件反射，孕晚期应坚持各项胎教内容。

在怀孕第9个月，你的胎教重点是：

＊适当地运动

适当地运动不仅有利于分娩顺利进行，还可以给胎宝宝躯体和前庭感觉系统自然的刺激，促进胎宝宝的运动平衡能力的发育。孕妈妈应在晴朗的日子里多散散步，散步时，可将手放在腹部，轻轻地和胎宝宝说："宝宝，你知道现在的阳光多好吗？"适量的光线和孕妈妈温柔的声音，对即将出生的胎宝宝而言，是一种良性的刺激。

＊轻轻地抚摸

妊娠9个月后，由于胎宝宝的进一步发育，孕妈妈本人或准爸爸用手在孕妈妈的腹壁上能清楚地触到胎宝宝头部、背部和四肢，抚摸他时，如果模仿小孩子的语气说话，将更能引起他的注意。

＊保持乐观的精神状态

这时已接近妊娠的尾声，孕妈妈在做好胎宝宝教育的同时，要积极进行分娩前的准备，保持乐观的精神状态，全身心地期盼着与小宝宝见面。如果情绪高度紧张，容易导致心理上的不平衡，甚至使整个养胎、护胎与胎教的过程功亏一篑，尤其是高危孕妈妈。

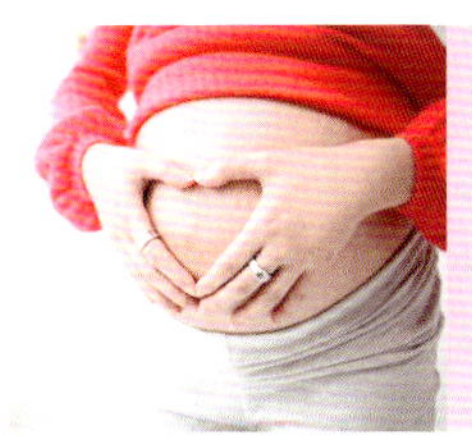

胎宝宝在发育

妈妈，我有两个消息要告诉你，一个是好消息，另一个对我来说有点儿为难，还是先说好消息吧。

现在我的身体无论怎么看，都相当完美，圆润健壮的轮廓、聪明的大脑、稳定工作的呼吸和消化系统、漂亮的五官……我的力气也不小呢，轻轻推一下“房间”，墙壁就会顶出个“包包”来。妈妈，你看，刚才这个“包包”就是我用拳头顶的哦。

还有个事儿说起来有点羞羞，自从我用脑袋顶住房间的出口后，身体完全倒转过来不说，头也被紧紧地夹在门口，我试了很多次，根本就倒不回去。老实说，这种日子有点不好过，而且“房东”最近隔三岔五地就警告我别把房子挤坏了，我想，我恐怕待不久就得搬家了。

33周胎宝宝——软软的骨骼在变硬

本周胎宝宝的身长43~48厘米，体重在1800克左右。现在胎宝宝在子宫内的活动范围非常小，有的胎宝宝头部已开始降入骨盆。胎宝宝的皮肤不再那么红红的、皱皱的，指甲已长到指尖，但一般不会超过指尖。呼吸系统和消化系统的发育已经接近成熟。

现在有的胎宝宝已长出了一头胎发，也有的头发稀少，不过现在头发的多和少并不代表出生以后头发的稀疏。

* 身体软骨变得结实

胎宝宝软软的骨头都在变硬，除头部外，身体其他部位的骨骼已经变得很结实，不过颅骨还是软软的，每块头骨之间有空隙，这种松动的结构是为宝宝在出生的时候，头部能够顺利通过阴道做准备的，以至于很多刚出生的宝宝头部看起来呈圆锥形，这很正常，以后会变圆。

替您支招

33周时，孕妈妈应当注意胎宝宝头部的位置，胎位正常与否直接关系到孕妈妈是否能够正常分娩，如果是臀位，要在医生的帮助下进行纠正，以便顺利生产。

34周胎宝宝——出落成小婴儿般

现在胎宝宝的身长45厘米左右，体重在2300克左右。这周胎宝宝的中枢神经系统仍然在发育，肺部已经发育得很成熟了。此时胎宝宝应该已经为分娩做好了准备，将身体转为头位，即头朝下的姿势，完全倒立了，头部已经进入骨盆，紧压在孕妈妈的子宫颈口。

＊成了丰满的“小婴儿”

胎宝宝的皮下脂肪层还在变厚，他看上去有点圆圆胖胖，与刚出生的小婴儿差不多，这些脂肪层将在宝宝出生后帮助他保持体温。

替您支招

这个阶段，如果宝宝出生的话，99%都能够成活，而且大多不会出现与早产相关的长期严重问题，所以孕妈妈不必太担心早产。

35周胎宝宝——具备出生的能力

35周的胎宝宝身长约50厘米，体重在2500克左右。现在胎宝宝看起来已经很丰满了，在接下来的几周内，他的体重还将继续增加。

随着胎宝宝的逐渐长大，孕妈妈的子宫空间会相对减小，所以胎宝宝已经不是在羊水里漂浮着，也不能再翻跟头了。现在胎动也会有所减少，孕妈妈可以在胎宝宝活动的时候看到他的手脚、肘部在腹部突显的样子，这是因为子宫壁和腹壁已经变得很薄的缘故。

＊基本具有新生儿的行为能力

胎宝宝的肾脏已经完全发育，肝脏也能够代谢一些废物了，大部分身体发育都已完成，除了不会哭，他现在基本具有新生儿所有的行为能力。胎宝宝逐渐建立起属于他自己的每日活动周期，白天有光亮时醒来，晚上睡觉。

替您支招

由于胎动开始减少了，孕妈妈要向医生学习如何测胎心和胎动。

36周胎宝宝——随时准备降临人世

36周的胎宝宝仍然在生长，本周胎宝宝的身长约50厘米，体重在2800克左右。医生已经可以通过B超或触诊估计出胎宝宝的体重，但这并不是最后结果，最后4周内胎宝宝体重可能还会增加不少。

现在胎宝宝的胰腺已经发育完成，并可以分泌胰岛素了，所有器官几乎都已发育成熟。覆盖胎宝宝全身的绒毛和在羊水中保护胎宝宝皮肤的胎脂开始脱落。胎宝宝现在会吞咽这些脱落的物质和其他分泌物了，它们将积聚在胎宝宝的肠道里，直到他出生。这种黑色的混合物叫作胎粪，它将成为胎宝宝出生后的第一团粪便。

＊即将成为足月儿

到本周末，胎宝宝就是足月儿了（在37~42周出生的宝宝即为足月宝宝，在42周后出生的宝宝为过期产儿），现在胎宝宝的姿势很可能是头朝下的，这是顺产的最理想姿势。

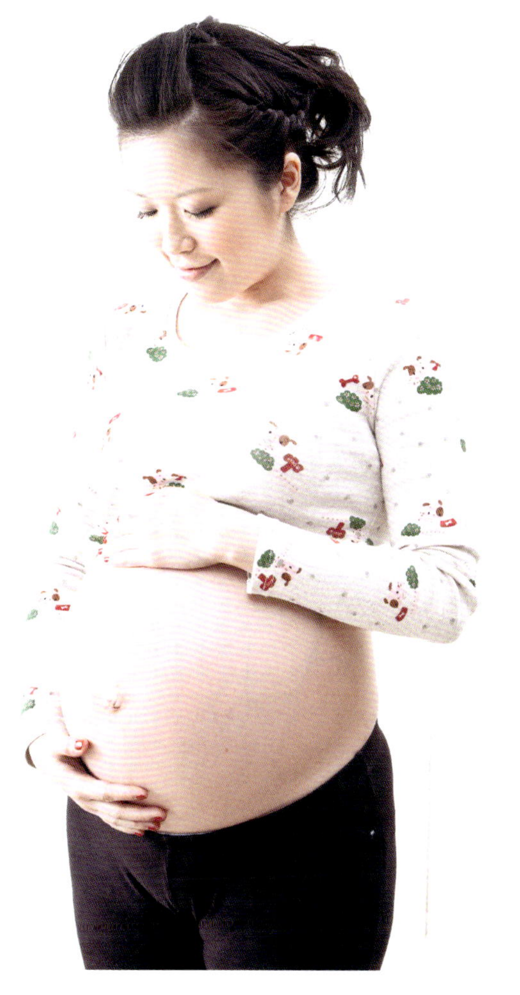

替您支招

随着宝宝体重的增加，孕妈妈现在可能经常有宝宝就要出来的感觉，另外有的孕妈妈还会经常有尿意，这些都是正常现象，不必担心。

你需要了解的

胎心监护是本月产检的重点

怀孕35周后，孕妈妈每周去医院产检时，都要进行胎心监护，以便尽早发现胎宝宝异常，采取有效的急救措施。

＊胎心监护怎么做

孕妈妈躺在床上露出肚子，医生会把一个小仪器抹上耦合剂（做B超时抹的那种黏黏的液体），仪器上的两个探头，一个绑在孕妈妈的子宫顶端（压力感受器，探测宫缩），另一个绑在胎宝宝的胸部或背部对应的孕妈妈肚子处（进行胎心的测量），另外还有一个按钮，当孕妈妈感觉到胎动时可以按压此按钮，它会发出“嘟”的一声，机器会自动将胎动记录下来。

仪器的屏幕上有胎心和宫缩的相应图形显示，孕妈妈可以清楚地看到自己胎宝宝的心跳，医生根据你按的时间会看看每次胎宝宝动的时候心跳是否有相应的反应。

＊做胎心监护时的有用建议

1 做监护30分钟至1小时前吃一些食物，比如巧克力。

2 最好选择一天当中胎动最为频繁的时间进行，避免不必要的重复。

3 监护前排空膀胱，选择一个舒服的姿势进行监护，避免仰卧位，最好取左侧卧位，仰卧位有时会影响监护结果。

4 如果做监护的过程中胎宝宝不愿意动，他极有可能是睡着了，可以轻轻摇晃你的腹部把他唤醒。

5 一次监护30分钟左右，但如果胎心监护的效果不是非常满意，可能需要继续做下去，40分钟或者1小时是非常有可能的，孕妈妈不要太过着急。

替您支招

正常胎心音是120~160次/分，胎心过快或过慢都是有问题的表现，但是一般性的伴随胎动的胎心过快不表示胎宝宝出现问题，往往是胎心过慢的风险更大，提示胎宝宝面临缺血、缺氧的危险，需要医生及时予以处理。

生产时需要用到哪些东西

入院生产时，孕妈妈的用品是最多的，现在应该开始准备了，将准备的东西放入待产包，放在方便取用的地方，那样一旦需入院可随时取用，待产包里具体需要放的东西见下表。

物品类别	具体需要准备的东西
资料、现金	孕妇保健手册、医保卡、准爸爸和孕妈妈的身份证、户口本、现金
日常用品	饮水杯、饭盒、调羹、筷子、软毛牙刷、牙膏、漱口液 1 瓶、毛巾至少 3 条（洗脸、擦身、洗下身各 1 条）、脸盆至少 2 个（洗脸、擦身各 1 个）、梳子、镜子、洗浴用品、护肤霜、塑料袋及保鲜袋若干
衣物、卫生用品	2~3 套睡衣、方便穿脱的大衣 1 件、带后跟的棉拖 1 双、防乳汁渗漏的乳垫 2 副、哺乳胸罩 2 个、一次性纸内裤 1 包、棉袜 3 双、餐巾纸若干、日用和夜用卫生巾多准备几包（要勤更换）、衣架
食物	巧克力、饼干、果汁（配上弯曲的吸管，可以方便喝水）
其他	手机、充电器、杂志或书（学习孕产知识或缓解情绪用）、CD 或 DV、MP3（听音乐来缓解情绪）、钱包、纸、笔

替您支招

所有物品还可以按照使用时间来分类进行放置，如入院、分娩、住院和出院的用品可以放进不同的袋子，然后再分别放进待产包。

小宝宝降临后需要用到哪些东西

小宝宝就要出世了，需要准备的东西也不少，下面的宝宝用品清单可供孕妈妈参考：

物品类别	具体需要准备的东西
衣物	和尚袍（中号、长袖，可以买大点儿）2 件、小被子 1 条、婴儿床 1 个（栏杆不要太矮，最好是能一边打开的那种）、蚊帐、小玩具
洗护用品	婴儿浴盆 1 个、浴巾 2 条、小毛巾 10 块（洗屁屁用，可用纱布）、婴儿专用洗发露、沐浴露、润肤露、护臀膏、塑料盆 2 个（用来洗衣物、尿布）、爽身粉（夏天需要）、水温计 1 个、婴儿洗衣液
卫生用品	纸尿裤 1 包、尿布（布尿片或纸尿布）不少于 10 块、纸尿布若干包、婴儿柔湿巾多多益善、指甲剪、体温计 1 个（有的医院会送）、隔尿纸巾 1 包（一次性，迅速将尿渗透）
喂奶用品	小号奶瓶 1 个、奶嘴 2 个（小号、十字开口）、奶粉 6 小袋（以备不能母乳喂养之需）、奶瓶奶嘴刷、奶瓶清洁液

临近分娩，外阴清洁每天都要进行

进入孕晚期后，孕妈妈阴道的分泌物明显增多，这是为顺利分娩做准备的，通过润滑阴道能使胎宝宝顺利娩出。

不过阴道分泌物增多会使菌群结构改变，使阴道成为细菌滋生的场所，容易产生炎症。此外，女性的外阴有许多皱褶，汗腺、皮脂腺、阴道的分泌物常常积存于这些皱褶之中，而且阴道口又位于尿道口和肛门之间，很容易受到污染，不仅不利于孕妈妈的健康，还会影响到胎宝宝的健康，所以孕妈妈平时一定要注意外阴清洁。

现在临近分娩，孕妈妈应该每天清洗外阴，一般用清水清洗就可以了，不要用任何冲洗剂，冲洗剂中的成分会破坏外阴的酸性环境，不利健康。在清洗的时候，应先洗外阴，再清洗肛门，清洗的毛巾、盆必须专用，内裤宜选择天然纯棉的，并每天换洗。

替您支招

如果孕妈妈阴道有黄绿色的分泌物，或者是豆渣一样的分泌物，或者是有臭味、有痛的感觉，要及时去医院进行检查。

胎宝宝脐带绕颈到底要不要紧

脐带是胎宝宝的营养物质供应、气体交换和代谢产物排出的重要通道，胎宝宝足月时脐带的长度会达到30~70厘米，直径1.0~2.5厘米，常呈螺旋状扭转。

脐带绕颈是胎宝宝常见的情况，通过B超检查，脐带缠绕可在妊娠晚期被发现。脐带绕颈的发生率为20%~25%，每4~5个胎宝宝中就有一个生下来发现是脐带绕颈的，是胎宝宝在动的过程中将脐带缠绕在颈部造成的，绝大部分脐带绕颈在妊娠期不会对胎宝宝产生大的危害，很多脐带绕颈的胎宝宝生下来都很好，所以孕妈妈不必太过担心。

脐带绕颈是否引起不良后果，主要取决于脐带的长度和绕得松紧度。只要脐带绕颈松弛，不影响脐带血循环，不会危及胎宝宝。如果脐带比较短，绕得紧，绕得圈数多，往往会在胎宝宝活动时或临产后胎头下降时，脐带被收紧或受压，而致胎宝宝缺氧，造成胎儿宫内窘迫甚至死胎、死产或新生儿窒息。这种现象多发生于分娩期，因此孕妈妈在家要多数胎动，如果突然发生激烈的、大量的胎动，赶紧去医院检查。

若胎宝宝发生脐带绕颈，建议孕妈妈：

1 坚持数胎动，胎动过多或过少（12小时胎动少于20次，或较以往减少50%)时，应及时去医院检查。

2 坚持做好产前检查，及时发现并处理胎宝宝可能出现的危险状况。

3 通过胎心监测和超声检查等间接方法，判断脐带的情况。

4 注意减少震动，保持睡眠左侧位。

脐带缠绕

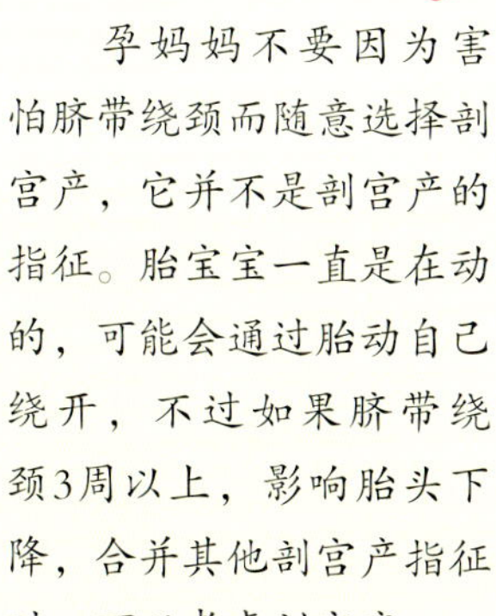

替您支招

孕妈妈不要因为害怕脐带绕颈而随意选择剖宫产，它并不是剖宫产的指征。胎宝宝一直是在动的，可能会通过胎动自己绕开，不过如果脐带绕颈3周以上，影响胎头下降，合并其他剖宫产指征时，可以考虑剖宫产。

如何应对孕晚期的疼痛

孕晚期经常出现各种各样的疼痛，孕妈妈要学会积极应对，不要让疼痛影响自己的心情，顺利迎接分娩到来。

＊下背疼痛

由于腹部前凸更多，孕妈妈的下背部凹陷也越多，下背部疼痛可能会更厉害，尤其是长时间站立后，腹部会变得越来越重，髋关节也越来越松弛，这也会影响孕妈妈的步伐。

给孕妈妈的对策

1 保持正确的站姿，平直地抬起头部，不要侧倾头部，保持腰杆挺直，保证膝关节平直，不要弯曲，腹部和臀部收紧，两脚指向同一方向，这样可以让两脚承受平均的重量。

2 放慢步伐，尽量把注意力集中在步伐的轻快和优美上，避免需要快速改变方向的运动，防止可能摔倒的危险。

＊臀部和腿部疼痛

由于身体的肿胀、姿势的改变和增大的子宫压力，都可能会压迫到坐骨神经，引起以臀部和腿部疼痛为特征的坐骨神经痛。

给孕妈妈的对策

多练习第8个月“有助于顺利分娩的伸展练习”可缓解臀部和腿部的疼痛，孕妈妈睡硬床也能相应地减轻症状。

＊小腿抽筋

孕晚期偶尔会小腿抽筋，孕妈妈不用担心，但如果经常抽筋，则需要及时咨询医生。

给孕妈妈的对策

1 保证饮食中有足够的钙。

2 经常伸展小腿。

3 一旦遇到小腿抽筋，可以笔直向外伸展小腿，向上抬起脚趾，然后请准爸爸用手掌按压脚掌，或轻轻拉伸小腿，痉挛很快会缓解，然后让准爸爸轻柔地旋转按摩小腿肌肉，或在小腿后侧热敷，以放松肌肉。

替您支招

孕晚期子宫迅速增大，子宫四周的韧带很紧张，韧带被牵拉也可引起牵引胀痛，孕妈妈需要定期做好产前检查，观察胎动的情况，腹痛时尽量躺下休息。

分娩过程中的正确做法

自然分娩的全过程一般分为三个时期，也就是三个产程，孕妈妈需要提前了解每个产程的进程及需要注意的情况，以便冷静对待随时可能到来的临产，顺利分娩。

＊第一产程：子宫颈开口期

产程特点

第一产程所占时间最长，初产妇需要12~16小时。从子宫出现规律性的收缩开始，直到子宫口完全开大为止。随着宫缩越来越频繁，宫缩力量逐渐加强，子宫口逐渐开大，直到扩展到10厘米宽(子宫口开全)，这时第一产程结束。

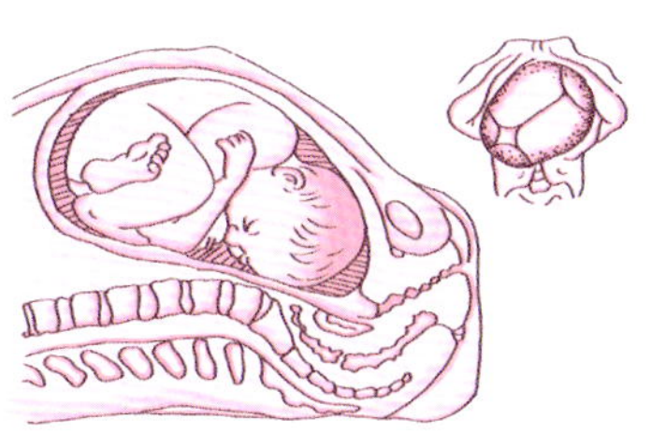

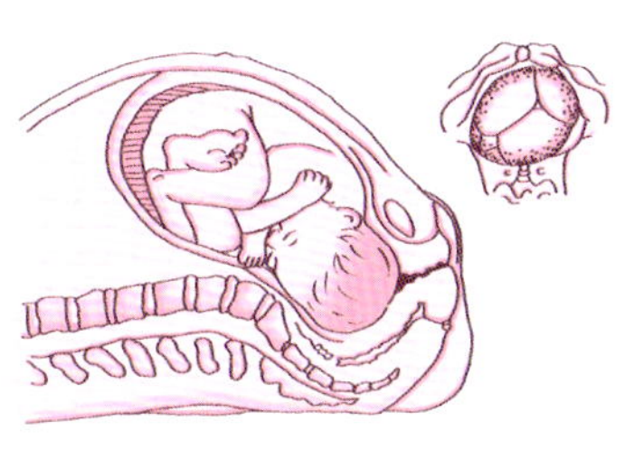

正确做法

1 在此阶段，子宫口未开全，孕妈妈用力是徒劳的，过早用力反而会使宫口肿胀、发紧，不易张开。

2 在这一阶段孕妈妈要保持安静，尽量忍住疼痛，不要大喊大叫白白消耗体力，如果把体力提前消耗掉，反而会减缓产程，疼痛也会变本加厉。

3 可运用拉梅兹呼吸法缓解阵痛，或者接受亲人的安慰、聊聊天、听听音乐、想象宝宝的样子来转移注意力。

＊第二产程：胎宝宝娩出期

产程特点

第二产程时间最短，为1~2小时，胎宝宝从完全开大的子宫口娩出。宫口开全，胎宝宝随着宫缩逐渐下降，当胎宝宝先露部下降到骨盆底部压迫直肠时，孕妈妈便不由自主地随着宫缩向下用力。

正确做法

1 宫口开全后，孕妈妈要注意随着宫缩用力。

2 当宫缩时，两手紧握床旁把手，先吸一口气憋住，接着向下用力。

3 宫缩间隙，要休息，放松，喝点水，准备下次用力。

4 当胎头即将娩出时，孕妈妈要密切配合接生人员，不要再用力向下屏气，避免造成会阴严重裂伤。

＊第三产程：胎盘娩出期

产程特点

胎宝宝生下后，胎盘及包绕胎宝宝的胎膜和子宫分开，随着子宫收缩而排出体外。胎盘娩出时，只需接生者稍加压即可。如超过30分钟胎盘不下，孕妈妈则应听从医生的安排，由医生帮助娩出胎盘。胎盘娩出意味着整个产程全部结束。

正确做法

1 在第三产程，孕妈妈要保持情绪平稳。

2 分娩结束后2小时内，孕妈妈应卧床休息，进食半流质饮食补充消耗的能量。

3 一般产后不会马上排便，如果孕妈妈感觉肛门坠胀，有排大便之感，要及时告诉医生，医生要排除软产道血肿的可能。

4 如有头晕、眼花或胸闷等症状，也要及时告诉医生，以及早发现异常并给予处理。

替您支招

在第一产程时，孕妈妈可尽可能多吃一些东西，以备在第二产程时有力气分娩，以稀软、清淡、易消化为原则，第二产程时可适当喝点果汁或菜汤，以补充因出汗而丧失的水分。

会阴侧切的是与非

会阴是阴道与肛门之间的软组织，胎宝宝产出时可能撕裂会阴。会阴侧切是指当胎宝宝的头快露出阴道口时，医生在孕妈妈会阴附近施与局部麻醉，然后用剪刀剪开会阴，使产道口变宽，以便利胎宝宝的产出。

据有关报道指出：女性生产时，经历会阴切开术的比率将近七成，初产妇遭切开会阴的比率近乎九成。会阴该不该侧切一直是备受争议的问题，医生决定采用侧切，很大一部分理由就是为了避免孕妈妈的会阴撕裂。

一般来说以下几种情况需要进行会阴侧切：

1 胎宝宝较大，胎头位置不正。

2 会阴弹性差、阴道口狭小或会阴部有炎症、水肿等情况，胎宝宝娩出时可能会发生会阴部严重撕裂。

3 35岁以上的高龄孕妈妈，或者合并有心脏病、妊娠高血压综合征等高危妊娠时，为了减少孕妈妈的体力消耗，缩短产程，减少分娩对母婴的威胁，当胎头下降到会阴部时，一般会进行侧切。

4 子宫口已开全，胎头较低，但是胎宝宝有明显的缺氧现象，胎宝宝的心率发生异常变化，或心跳节律不匀，并且羊水混浊或混有胎便。

5 借助产钳助产时。

其实，只要孕妈妈的产程很顺利，即使会阴撕裂，其伤口也不会很大时，是可以避免侧切的，建议孕妈妈在孕期注意以下事情：

1 少吃淀粉类食物，并增加蛋白质的摄取，控制体重增加的速度，避免胎宝宝生长过大。

2 加强锻炼，多散步、爬楼梯和练习拉梅兹呼吸法等，都可以加强肌力，帮助生产。

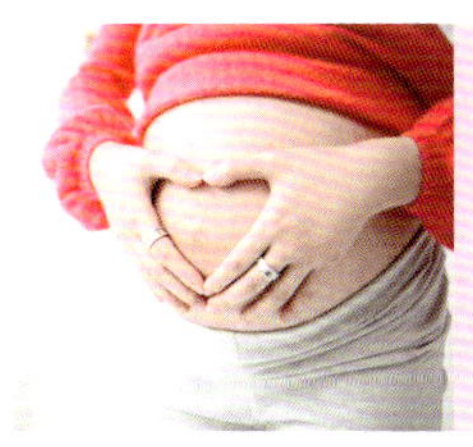

胎教在生活的点滴中

欣赏名画《音乐课》

这幅画作与《缠毛线》的风格类似，同属莱顿的作品。画面中女教师微微俯身帮助女孩调试琴弦，女孩则依在女教师胸前弹拨着六弦琴。女教师面庞秀美清丽，小女孩天真烂漫，纯真无邪，表情认真，显得十分可爱，这幕普通的音乐课情景，却被画家描绘得极富美感韵味。

* 胎教点读

这幅画最大的特点是能给孕妈妈带来宁静柔和的美感。无论是女教师还是小女孩，都有着让人喜欢的面容，她们身上的长裙，花纹、质地也被画家描绘得十分逼真，衣裙褶纹的复杂与环境的简单对比，这种形式美感能让孕妈妈被艺术震撼。相信画面的美丽场景也能感动胎宝宝，高超的画面技巧能对胎宝宝有所启蒙。

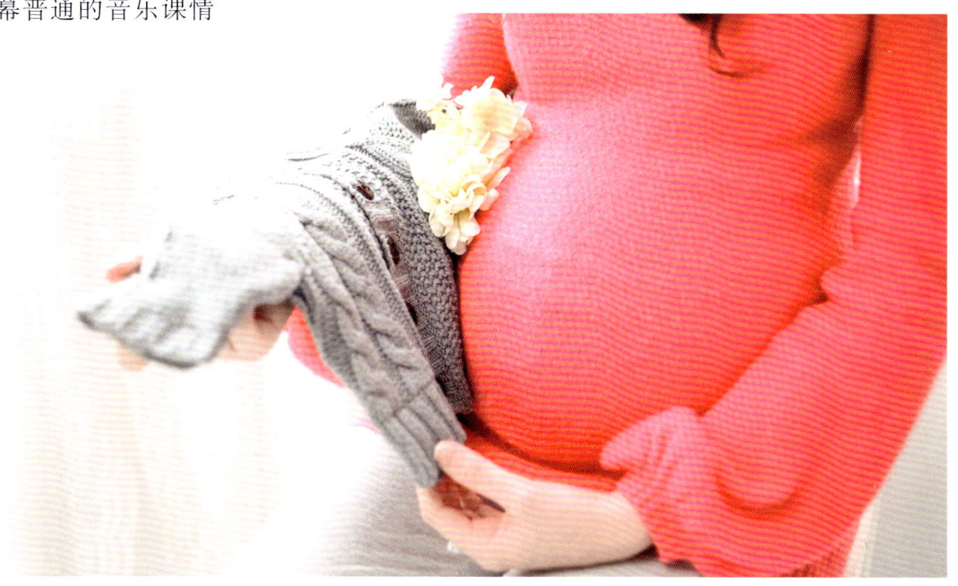

唱儿歌《打电话》

两个小娃娃呀，
正在打电话呀，
“喂喂喂，你在哪里呀？”
“哎哎哎，我在幼儿园。”
两个小娃娃呀，
正在打电话呀，
“喂喂喂，你在干什么？”
“哎哎哎，我在学唱歌。”

* 胎教点读

这是一首很受小朋友欢迎的儿歌，天真稚气的孩子喜欢模仿周围的生活，这首儿歌表现的是宝宝模仿大人打电话，朗朗上口，充满童趣。

孕妈妈可以和胎宝宝互动来唱唱这首儿歌，想象胎宝宝正在跟你打电话，快乐的游戏与朗朗的歌词会让你们合作得很愉快。

听音乐《维也纳森林的故事》

《维也纳森林的故事》是奥地利著名轻音乐作曲家小约翰·施特劳斯的杰作。这首优美的乐曲轻快流畅、活泼优雅，给我们展现了维也纳森林里的浪漫和快乐，施特劳斯就像是一个用音乐描绘阳光色彩的人，跟着他的音符，我们很快会进入一个明媚、怡人的境界。

* 趣味小知识

在奥地利首都维也纳的郊区，有一片美丽的森林，吸引着千千万万的游人，而维也纳人的骄傲与福气之一，正是他们生活在这层层叠叠的绿色包围之中。

许多居住在维也纳的大作曲家们也经常光顾维也纳森林，小约翰·施特劳斯就是如此，《维也纳森林的故事》是他献给家乡的赞歌。

* 胎教点读

孕妈妈听这首乐曲能让心灵“呼吸氧气”，令心情愉悦，给胎宝宝带去舒缓的情绪，令他更快乐。

感受生活的哲理，读《牵一只蜗牛去散步》

上帝给我一个任务，叫我牵一只蜗牛去散步。

我不能走得太快，蜗牛已经尽力爬，每次总是挪那么一点点。

我催它，我唬它，我责备它。

蜗牛用抱歉的眼神看着我，仿佛说：“人家已经尽了全力！”

我拉它，我扯它，我甚至想踢它。

蜗牛受了伤，它流着汗，喘着气，往前爬……

真奇怪，为什么上帝要我牵一只蜗牛去散步？

“上帝啊！为什么？”天上一片安静。

“唉！也许上帝去抓蜗牛了！”好吧！松手吧！

反正上帝不管了，我还管什么？

任蜗牛往前爬，我在后面生闷气。

咦？我闻到花香，原来这边有个花园。

我感到微风吹来，原来夜里的风这么温柔。

慢着！我听到鸟声，我听到虫鸣。

我看到满天的星斗多亮丽。咦？

以前怎么没有这些体会？我忽然想起来，莫非是我弄错了！原来上帝是叫蜗牛牵我去散步。

* 胎教点读

小故事里往往有大智慧，我们总是在人生的道路上走得太匆忙，以至于来不及闻一闻花香，来不及享受微风的温柔，也忽略了星辰的美丽。当有一天，上帝让你牵着一只蜗牛去散步时，你会有怎样的感觉呢？

当你带着胎宝宝出门散步时，放慢的脚步一定也让你注意到了很多被忽略的东西吧，比如路上的小蚂蚁、空中飞舞的柳絮、天上悠悠飘浮的白云、花坛里的小花……下次出门时，记得将这些曾经被忽略的东西讲给胎宝宝听，相信他乐意与你分享这种安宁和心旷神怡。

能帮助克服产前焦虑的经验

预产期越来越近，孕妈妈不免会感到焦虑和紧张，主要是担心自己和胎宝宝出现各种无法预知的情况，以及分娩前的恐惧。

产前焦虑对孕妈妈和胎宝宝都不利，产前严重焦虑的孕妈妈，不仅剖宫产率升高1倍，而且还常伴有恶性妊娠呕吐，并导致早产，分娩时产程延长、难产、新生儿窒息、产后易发生并发症等，在孕晚期，孕妈妈和家人要采取积极的态度消除产前焦虑。

下面的经验可能会对孕妈妈消除产前焦虑有帮助：

1 不要因为自己的喋喋不休而自责，情绪不好时尽量向准爸爸诉说，寻求准爸爸的保护和重视，这是宣泄不良情绪的合理渠道。

2 相信婆婆的现身说法，要知道她可是顺利地生下了你的丈夫，而且你的丈夫还健康地成长起来，相信生孩子并没有电视中那么可怕。

3 相信你选择的医生、相信医学，现代医疗技术已经为数以亿计的人平安生下了孩子，你也不会例外。退一步讲，即使出现意外，你和胎宝宝也能得到最大限度的安全保障。

4 和一些刚生产完的孕妈妈们交流一下，讨教一些经验。

5 多做一些有利健康的活动，如编织、绘画、唱歌、散步等，不要整日躺在床上胡思乱想。

替您支招

患有妊娠高血压综合征等妊娠并发症的孕妈妈，往往因为健康问题比其他孕妈妈更容易焦虑。我们建议有妊娠并发症的孕妈妈积极治疗并发症，与医生保持密切联系，有问题时及时请教医生，保持良好的情绪。

几款能缓解便秘的美食

怀孕后，激素改变使孕妈妈容易发生便秘，尤其到了孕晚期，胎宝宝压迫孕妈妈的肠道，使食物长久停留在肠道，而孕妈妈大腹便便，活动量减少，因此孕晚期发生便秘是不少孕妈妈的一大困扰。

但孕妈妈不能因此而心急甚至烦躁，不然会加重便秘，正确的做法是积极面对，多喝水，多吃缓解便秘的食物（可参考第6个月“怎样缓解频繁袭来的便秘”）。下面我们为孕妈妈精选了两道缓解便秘的美食，供孕妈妈选择。

＊口蘑烧茄子

材料：嫩茄子300克，口蘑50克，青豆50克。

调料：盐5克，酱油、水淀粉各少许。

做法：❶将嫩茄子洗净、去皮、切成丁；口蘑洗净，切片；青豆洗净，用开水煮熟，控净水。

❷锅内放油，烧热后放茄子丁，用中火炒至茄子软。

❸加入口蘑、青豆，注入少许清汤，调入盐、酱油，用小火烧透，再用水淀粉勾芡即可。

美味提示

茄子以紫色长条的为佳，青豆不能吃生的，炒前一定要先煮熟。

这道菜对孕妈妈便秘、水肿等症状都有很好的缓解作用。

＊醋熘白菜

材料：白菜半棵约500克。

调料：醋半大匙，水淀粉1小匙，盐适量。

做法：❶白菜择洗干净，将白菜切成丝。

❷取一个空碗，放入盐、醋、水淀粉，混合均匀，调成淀粉汁。

❸锅内放入适量植物油，烧至七成热，下白菜帮片，爆炒至七成熟。

❹加入调好的淀粉汁，翻炒片刻，至汁透明，出锅即可。

美味提示

放入白菜以后，一定要快速翻炒，不然菜帮变软会影响口感。

这道菜促便效果相当好，严重便秘的孕妈妈可以多吃。

养颜又美味的水果餐

水果不仅味道好，还可以帮助孕妈妈补充维生素，而且大多具有美容养颜的功效。这里我们特意为孕妈妈精选了几款水果餐，孕妈妈可作为两餐之间的点心来选用：

＊小黄瓜汁

小黄瓜洗净，切碎，按照1∶1的比例加水，用榨汁机榨成汁，以蜂蜜调服。

美味胎教

黄瓜汁可润肠通便，夏季常喝可预防口腔疾病，清晨喝一杯黄瓜汁还可以清爽肠胃。

＊菠菜柳橙汁

菠菜用开水焯过，柳橙(带皮)、胡萝卜与苹果切碎，按照1∶1的比例加水，用榨汁机榨成汁。

美味胎教

菠菜有助于改善贫血，柳橙等蔬果可提供丰富的维生素，能提高孕妈妈的免疫力。

＊缤纷水果沙拉

将2个草莓、半个苹果、半个梨、1个猕猴桃分别洗净，猕猴桃、苹果、梨去皮，然后将各色水果切块装盘，在水果上淋上150~200毫升酸奶即可。

美味胎教

这几种水果含有丰富的维生素C、胡萝卜素以及人体必需的各种矿物质，而且含有大量的水分和膳食纤维，可促进健康、增强免疫力。酸奶不仅味美，而且营养丰富，不会给身体带来负担。

＊木瓜炖牛奶

木瓜一切为二，去籽，去皮，切成条，加250毫升鲜牛奶，放入蒸锅蒸10~15分钟，稍冷即可食用。

美味胎教

木瓜口感好，糖分低，用牛奶炖营养丰富，十分可口，而且不容易引起过敏。值得一提的是，这道水果餐对于催乳发奶很有作用，能提高孕妈妈产后奶水的质量，也是美容佳品。

＊蜂蜜水果粥

将粳米熬成粥，半个苹果、梨洗净去皮切丁，加入粥内，枸杞洗净加入粥内，一起煮开后稍冷即可食用。

美味胎教

水果增加了粥内的膳食纤维，具有清心润肺、消食养胃、润燥的作用，吃起来清新爽口，别有风味，很适合脾胃不佳、食欲缺乏的孕妈妈。

天使降临倒计时，动手做个万年历

孕妈妈马上就步入孕期最后一个月了，小天使就要降临人世，接下来的每一天都很重要，从现在开始帮助胎宝宝倒计时吧，给他鼓励、为他加油，让他知道你的心意。

或许你需要一个万年历来帮忙，而最漂亮最好的万年历不一定从百货商店购买，如果你能亲手制作，相信这个万年历一定是最好的。即使没有头绪也不要紧，下面我们为孕妈妈提供了一种十分有味道的万年历做法，相信孕妈妈和胎宝宝都会喜欢。

* 需要准备的材料

瓦楞纸箱，彩色笔数支，图钉，胶水，剪刀。

* 制作步骤

1 将箱子拆开，取合适的一面剪成需要的大小，然后用彩色笔画出日历表，标出表示星期的汉字或英文缩写。

2 在第一行没有数字的位置画上一些卡通画或其他喜欢的图案，日历表可按自己的喜好做些装饰，比如画上花边或卡通图案等。

3 取箱子中与制作日历表的面等大的一面，修剪成比日历表宽2~3厘米的大小，粘在日历表的背面，多出的部分露在日历表的上方，然后在露出部分打两个小孔，方便挂放。

4 取纸箱其他部位的瓦楞纸，裁剪成比日历表的日期格子略小的31个等大小方块，用黑色彩笔在方块边缘画虚线，方块中央写上1~31的数字。

5 将图钉固定在每个小方块背面，然后将日期分别嵌进日历表的相应位置，用绳子穿过小孔，将日历表挂在墙壁上，一个风味十足的日历表就完工啦。

替您支招

这不仅是格外有心意的万年历，而且特别实用，因为它能循环使用，只要在每个月第一天，按照标准日历移动一下各个数字的位置即可，非常环保，日后胎宝宝出生后立刻就能派上用场，为他的每一天计时。

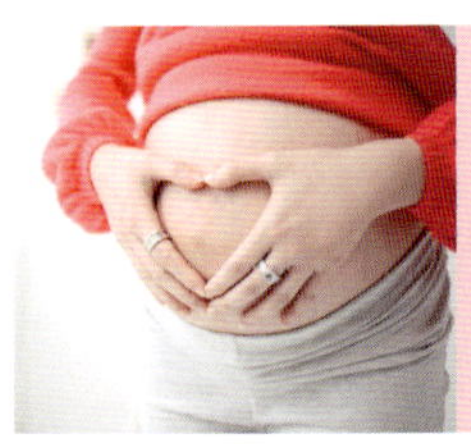

准爸爸做胎教

为胎宝宝布置一个温馨的婴儿房

宝宝的房间需要提前准备，这样一旦胎宝宝降临，他就能立即住进自己的婴儿房。

那么，准爸爸该怎么样布置才能让宝宝拥有一个温馨舒适的房间呢？下面我们为准爸爸总结了几点经验，可供准爸爸参考：

1 应选择向阳、通风、清洁、安静的房间。新生儿体温调节中枢尚未发育成熟，体温变化易受外界环境的影响，所以选择能使新生儿保持正常体温，又耗氧代谢最低的环境很重要。

2 要保证房间内的湿度适宜。过于干燥的空气使婴儿呼吸道黏膜变干，抵抗力低下，也可发生上呼吸道感染，故需注意保持室内一定湿度，湿度在50%~60%为佳。使用加湿器效果最好，另外冬季时可以在暖气片上放些干净的湿布，夏季时地面上洒些清水。

3 房间的颜色应以红、黄、蓝三色为基本色调，然后再补充其他颜色加以调节。最好备用两副颜色不同的窗帘，一副暖色的，在婴儿需要休息时使用；一副冷色的，在婴儿活动时使用。

4 灯光上，建议除一般的日光灯外，再安排一些五颜六色的低强度彩灯，每天在婴儿情绪较好的时候打开彩灯，让婴儿感受一下光和色彩的变化。避免强烈的阳光直射婴儿的眼睛，夜里喂婴儿奶或有其他事情起来，不要打开光线过分强烈的电灯，最好备用一个光线较弱的暖色灯泡。

5 婴儿的居室最好不要铺地毯，因地毯不易清洁，容易藏污纳垢，不仅是致病源还可能是过敏源，而且也不利于婴儿日后的行走练习。

6 注意安全，避免小（硬币、小电池、扣子等）、尖（小刀、剪刀等）、长（超过30厘米的细绳必须卷起收好）的物品。

替您支招

准爸爸在着手布置婴儿房前，不妨先列出一张购物清单，将需要购买的物品及玩具写下来，由于婴儿成长很快，购买物品一定要考虑到弹性、安全性和实用性，一些只适合刚出生宝宝用的东西不要买太多。

帮孕妈妈战胜对分娩的恐惧

准爸爸现在最重要的事情就是在精神上支持孕妈妈，帮助孕妈妈消除对分娩疼痛的恐惧，战胜对分娩的恐惧。

孕妈妈害怕分娩，一个最大的原因就是害怕分娩疼痛，甚至因此选择剖宫产，这种疼痛往往被很多孕妈妈放大了。准爸爸要先了解分娩疼痛，然后帮助孕妈妈解决怕疼的难题。

分娩时的疼痛主要来源于以下两个方面：

1 来自身体的疼痛

首先是子宫阵发性收缩，拉长或撕裂子宫肌纤维，子宫血管受压等刺激上传至大脑痛觉中枢，从而使孕妈妈感到剧烈疼痛。

其次是胎宝宝通过产道时压迫产道，尤其是子宫下段、宫颈和阴道、会阴部造成损伤和牵拉，导致的疼痛。

生理的分娩疼痛是十分自然的现象，一般孕妈妈都是可以忍受的。

2 来自心理的疼痛

孕妈妈紧张、焦虑、恐惧的心理会引起体内一系列神经内分泌反应，而使疼痛加剧，有部分孕妈妈觉得生产达到“痛不欲生”的地步，这与心理因素有很大关系。

疼痛其实是一种很主观的感受，心理负担越重，就越害怕疼痛，而且还会把疼痛放得越大，如果孕妈妈对分娩感到恐惧，只会加重疼痛。

准爸爸还要有承受心理压力的准备，在孕妈妈害怕时要镇定地给她力量，告诉她一切都很好，或者给她讲个笑话，而不要乱了阵脚。如果准爸爸在孕妈妈身边很紧张、承受能力差，很容易影响到孕妈妈，使孕妈妈丧失自信，无法顺利生产。

另外，准爸爸还要多了解孕妈妈的身体情况，比如胎动、血压、阵痛情况等，帮助孕妈妈及时向医生传递需求，这能让孕妈妈得到最及时、有效的诊断和看护，也能令孕妈妈心安。

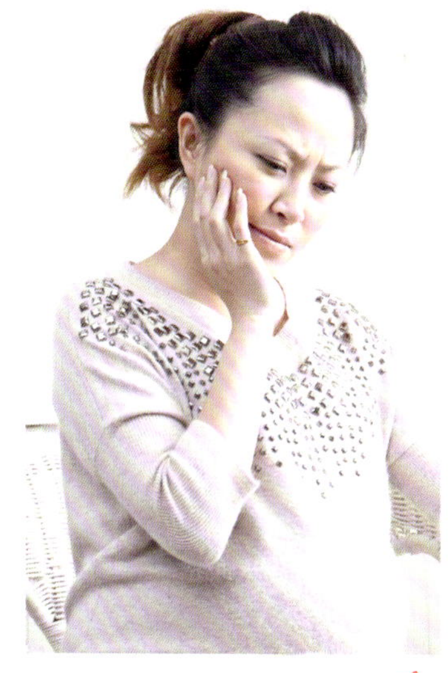

替您支招

准爸爸要多向医生咨询正在发生的事情，包括孕妈妈目前的情况、有无风险等。要知道医务人员通常只是遵循常规，很多细节只有靠自己才能及时发现，并向医务人员提出并要求做调整，千万不要过激和被动，保持自信很重要。

Part 11

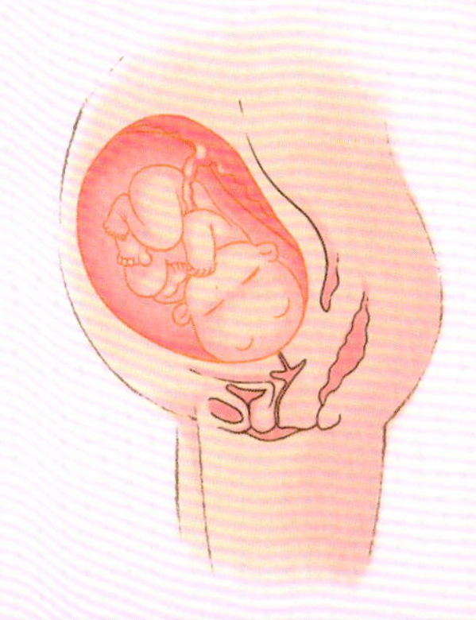

小天使就要降临
(第10个月)

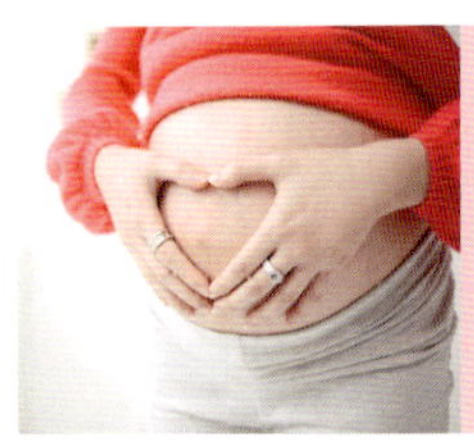

本月胎教要点

本月，胎宝宝即将降临，孕妈妈要用努力和爱帮助胎宝宝诞生，要充分地了解婴儿是如何通过产道诞生出来的，认真地练习呼吸技巧和用力方法，并在分娩时正确运用。

同时，孕妈妈还要坚持胎教，胎教很重要的一点就是坚持，即使到胎宝宝出生后也要坚持进行，以巩固胎教效果。现在孕妈妈可以继续教胎宝宝学习，也可以多复习以前的内容。

在怀孕第10个月，你的胎教重点是：

* 保持稳定的情绪

孕妈妈的承受能力、勇敢心理，也会传递给胎宝宝，反之，对于分娩的恐惧，也会给胎宝宝的情绪带来较大的刺激，所以孕妈妈一定要调整好心态、振奋精神，全身心地演完胎教课堂的最后一幕。

* 和胎宝宝说话

这个时期，孕妈妈可以多与胎宝宝说话，让胎宝宝安心。比如，“宝宝，妈妈好盼望这一天，你一定很想和妈妈见面了，是吗？”等等。用充满爱的话语交流可以促进母子间情感的建立和心灵的沟通。

* 胎教时注意姿势

怀孕第10个月的时候，孕妈妈随时都可能临盆，子宫也越来越大，所以进行胎教时要注意姿势，不要长时间躺着，以免增大的子宫压迫下腔静脉，导致胎宝宝缺氧，最好半卧在沙发或躺椅上。

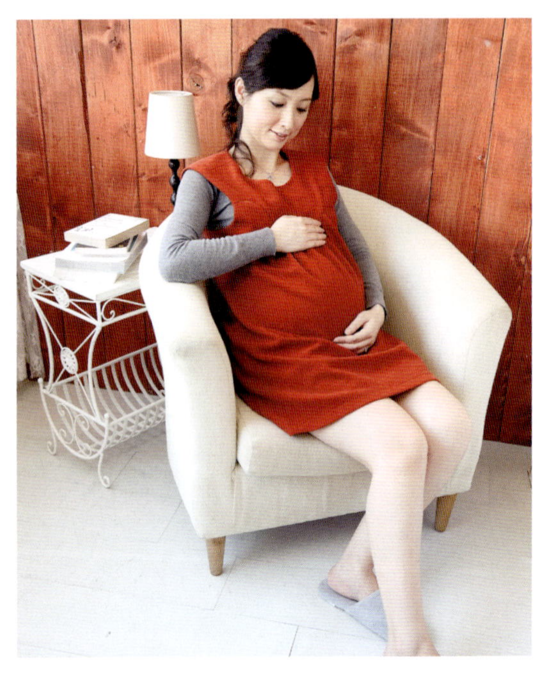

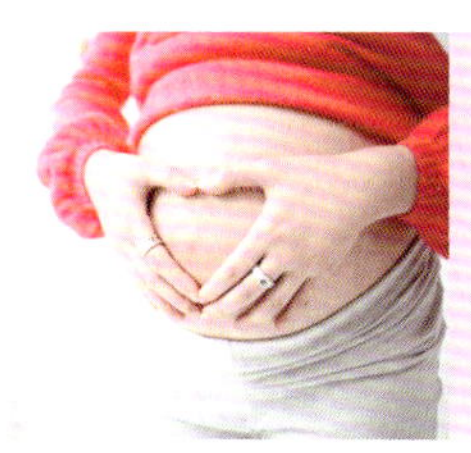

胎宝宝在发育

妈妈，有件事情我还不知道该怎么跟你说，反正，我很快就要搬家了。“房东”说我房子的租约这个月就期满了，我得搬走，可我还没有找到满意的房子，但是“房东”让我别太操心，说到时会有人来接我去新家的，我还想问时，它只留给我一个猜不透的微笑就走了。

哎哟，妈妈，“房东”好像开始给我的房间断水、断食了，房间里的水越来越少，我的食物也越来越少，我打电话给“房东”，但他的电话总是显示忙音。妈妈，我该怎么办，“房东”是在赶我走吗？我有点害怕了，不自觉地挣扎起来，挣扎使我向下滑，好像有人在推我，又像是在挤我，我全身都疼，妈妈，我想哭。

咦？我好像到了另外一个世界，虽然看起来模糊，但周围亮堂堂的，不知是因为害怕还是新鲜，我猛然“哇”的一声哭了出来。亲爱的爸爸妈妈，是你们来接我了吗？

37周胎宝宝——头部完全入盆

37周的胎宝宝仍然在生长，本周胎宝宝身长51厘米左右，体重3000克左右。这时候胎宝宝的头发已经长得又长又密了，但是孕妈妈不必对胎宝宝头发的颜色或疏密过多地担心，在出生后随着营养的补充，他的头发会自然变得浓密而光亮。

这一周，胎宝宝的神经细胞数目已基本发育完成，他的大脑有130亿~180亿个神经细胞，脑细胞数目已与成人基本相同。随着预产期的临近，胎宝宝显得越来越安静，在以后的日子里，他便很少打扰孕妈妈休息了。

* 头部完全入盆了

这个时候，胎宝宝的身体发育基本完成，头现在已经完全入盆，他的头部在盆内摇摆，被周围的骨盆架保护着，这样会很安全，而且这样的位置也有利于胎宝宝有更多的空间放自己的小胳膊、小腿。

替您支招

如果此时胎位不正常的话，那么胎宝宝自行转动胎位的机会就已经很小了，通常此时医生会建议孕妈妈剖宫产。孕妈妈从现在开始，要注意休息。

38周胎宝宝——胎脂在脱落

本周胎宝宝的身长在52厘米左右，体重约3200克。胎宝宝的各个器官发育完全，并已各就各位，脑和肺部也开始了工作，并会在出生后继续发育、成熟。这个阶段，胎宝宝本身的免疫系统虽已建立，但还不十分成熟，为了补偿这种不足，胎宝宝可以通过胎盘，新生儿通过哺乳接受来自母亲的抗体，从而抵御病原的侵扰。

* 皮肤变得光滑

这一周，胎宝宝身上覆盖的一层细细的绒毛和大部分白色的胎脂还在逐渐脱落，并随着羊水吞入宝宝的肚子里，储存在他的肠道中，出生后随胎便排出。宝宝的皮肤变得光滑，胎毛正在消失，若胎毛保存到出生，多会出现在他的肩部、前额和颈部。

替您支招

孕妈妈在这几周要注意小心活动，避免长期站立，洗澡的时候避免滑倒。好好休息，密切注意自己身体的变化，随时做好临产的准备。

39周胎宝宝——还需要再胖一点

本周胎宝宝的身长在52厘米左右，体重在3200~3400克。胎宝宝此时身体各器官都发育完成，肺是最后一个发育成熟的器官，通常是在胎宝宝出生后几个小时内肺才建立起正常的呼吸方式的。胎宝宝现在安静了许多，不太爱活动了。胎宝宝的头部固定在骨盆中，他将会向下运动，压迫孕妈妈的子宫颈，随着头部的逐渐下降，他便会来到这个世界上。

* 体重每天都在增加

胎宝宝的体重在本周会继续增加，他的脂肪正以每天超过14克的速度增长，脂肪的储备会让胎宝宝在出生后进行体温调节。通常情况下，男孩出生时的体重会比女孩重一些。

40周胎宝宝——等待第一口新鲜空气

本周胎宝宝的身长在52厘米左右，体重约3400克，已经是一个成熟的胎宝宝，随时可以出生了。此时胎宝宝的腹部要比头部稍微大些，脂肪的比例非常大，占胎宝宝体重的15%左右，身体内的所有器官和系统都已发育成熟。

此时，胎宝宝所处的羊水环境有所变化，由原来清澈透明的羊水变成现在的乳白色浑浊的液体了。此外，胎盘正在老化，传输营养物质的效率在逐渐降低，胎宝宝娩出后即完成其使命。

＊只差一声啼哭了

伴随着出生，胎宝宝的最后一个成熟的器官肺部将建立起正常的呼吸模式，胎宝宝现在正等待着呼吸第一口空气。当他出生后第一次呼吸时，会激发心脏和血管的结构迅速产生变化，从而使血液输送到肺部，并发出第一声啼哭。通常第一声啼哭是没有眼泪的，因为他的泪腺功能还没有被开发，这种情况会持续两三周的时间。

你需要了解的

临近预产，要防宫内感染

宫内感染是指在产前或产时，胎盘、胎膜、羊水或胎宝宝由于胎膜早破等原因，来自阴道或宫颈中的细菌进入子宫所引起的感染，这种感染可持续至产后或从产后开始出现临床症状，导致母、胎严重感染，引起新生儿肺炎、败血症或脑膜炎。

宫内感染发生的诱因及预防措施：

＊胎膜早破

胎膜早破是引起生殖道下段细菌上行性感染的最常见原因，且与破膜时间密切相关，感染的危险随胎膜破裂时间延长而上升。若感染传至胎宝宝，出生后新生儿可表现为心率快、呼吸急促、嗜睡，出现败血症、脓毒血症、肺炎、脑膜炎和中耳炎等。

预防措施

避免产程延长和胎膜早破（详细了解可参考下一篇“不能忽视的胎膜早破”）。

＊妊娠晚期性交

这时候性交，容易使细菌进入子宫而诱发宫内感染。

预防措施

准爸爸和孕妈妈在临近预产期时不要性交。

＊孕妈妈患有贫血、营养不良、慢性疾病等

这些疾病可使孕妈妈抵抗力低下，易于发生感染。

预防措施

孕妈妈在孕期要及时纠正贫血、营养不良、慢性疾病等可使抵抗力低下的疾病。

＊患阴道炎、宫颈炎

孕妈妈患有阴道炎、宫颈炎时，虽胎膜完整，但较脆弱，因而也易引起宫内感染。

预防措施

孕妈妈要及时治疗妊娠合并感染性疾病，如阴道炎、子宫颈炎（包括衣原体感染）等。

＊阴道及肛门检查

若胎膜破裂时间延长，此期间重复进行阴道或肛门检查也有诱发宫内感染的危险。

预防措施

临产时孕妈妈要多和医生沟通，尽量避免做不必要的阴道及肛门检查。

不能忽视的胎膜早破

正常情况下，胎膜多在临产后的第一产程末才会发生破裂，如果孕妈妈尚未临产，而胎膜却提前破裂，则为胎膜早破。胎膜早破是孕晚期较常见的孕期并发症，其发生率为分娩总数的2.7%~17%。

一般来说，胎膜早破的信号是不伴疼痛的阴道流水，常发生于腹压增加或大小便之后，阴道内突然有大量水流出，可湿透内裤，然后时断时续。

＊胎膜早破可能带来的不利影响

由于通常没有明显的不适，所以胎膜早破常被孕妈妈忽略，事实上胎膜早破会给孕妈妈带来很多不利影响。

1 母胎的感染率会明显增加。胎膜早破很容易并发宫腔感染，接着可导致胎宝宝感染。

2 胎膜早破如发生在37周以前，常常会导致早产发生。

3 容易导致脐带脱垂。胎膜早破常发生于胎位不正（臀位或横位）的孕妈妈，脐带很可能随着羊水被冲出羊膜腔，脱垂于阴道内。脐带是胎宝宝的生命线，一旦落于阴道内，就很容易受压，使胎宝宝血循环中断，导致胎宝宝死亡。

4 如果羊水流净，可导致"干产"。此时，子宫紧紧裹住胎体，影响子宫胎盘血循环。由于胎宝宝血供减少，很容易引起宫内窒息。此外，还可引起子宫不协调地收缩，使产程延长，甚至停止，增加了难产率，增加剖宫产的概率。

＊是什么原因引起了胎膜早破

1 性生活

孕晚期的性生活是引起胎膜早破的重要原因，应注意避免。

2 生殖道炎症

阴道炎、宫颈炎容易引起胎膜感染，导致胎膜破裂。

3 胎位不正

多胎、羊水过多的孕妈妈，由于羊膜腔内压力过高，容易发生胎膜早破。臀位、横位及头盆不称的孕妈妈，可因羊膜腔内压力不均而发生胎膜早破。

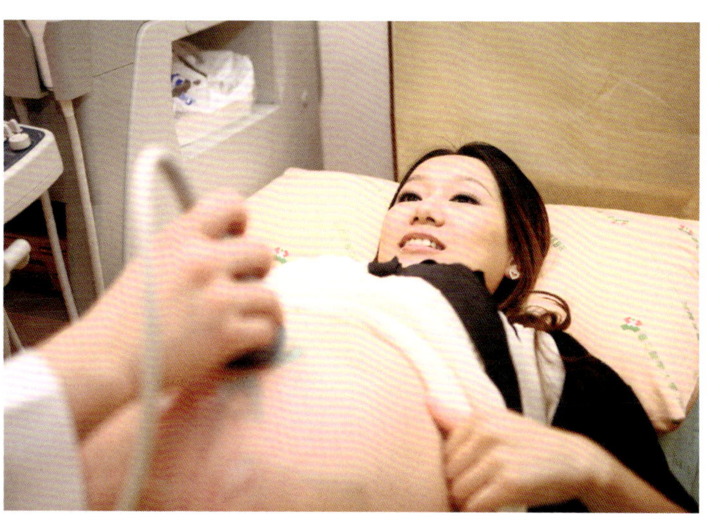

4 营养不均衡

孕妈妈的饮食中，缺乏维生素C及铜、锌等微量元素，致使胎膜变脆，缺乏弹性，容易引发胎膜早破。

5 其他因素

剧烈咳嗽、便秘及提拿较重物体等因素，可导致孕妈妈的腹压骤增，也易促发胎膜早破。

* 胎膜早破预防及应对

孕妈妈应按时进行产前检查、合理膳食、避免性生活、及时诊治阴道炎、纠正胎位并注意孕期保健，以防胎膜早破。

孕妈妈一旦发现有阴道流水，立即就地尽可能平卧，再抬送医院，以防脐带脱垂及羊水流净，经医生确诊后，应坚持平卧，会阴部放置消毒巾，尽量少做肛门和阴道检查，以减少感染机会。

一旦确诊胎膜早破，要马上住院待产，严密观察胎心，如有异常，应立即采取措施。胎膜早破的孕妈妈，在12小时内可能会出现有规律的子宫收缩，且大多数都能顺利分娩，如超过24小时仍未临产，需考虑用催产素引产。

替您支招

由于胎膜破裂没有疼痛感，因此许多孕妈妈不会立刻感到问题的严重，以为是小便流出。羊水无黏性，站立时流水增多，平卧时减少或者停止外流，孕妈妈要由此与小便进行区别，避免将二者混淆而耽误诊疗时机。

有助于缓解分娩疼痛的姿势

分娩疼痛是阵发性的，随着产程的进展，疼痛的频率会增加，但分娩疼痛一般是可以忍受的，如果能够采取一些恰当的姿势，还可以有效缓解分娩疼痛，促进产程：

1 在子宫收缩时孕妈妈分开双脚站立，将自己的身体背靠在准爸爸的怀里，头部靠在其肩上，双手托住下腹部；准爸爸的双手环绕住孕妈妈的腹部，在鼓励孕妈妈的同时，不断地与其身体一起晃动或一起走动。

2 子宫收缩间歇，孕妈妈分开双脚站立，双臂环抱住准爸爸的颈部，头部靠在其肩头，身体斜靠在其身上；准爸爸支撑着孕妈妈的身体，双手环绕住孕妈妈的腰部，给孕妈妈的背部下方进行轻柔的按摩。

3 在床上或地板上放几个松软的垫子，孕妈妈跪趴在垫子上。准爸爸在床的一边，用双手不断地抚摸孕妈妈的后背，可以减轻产痛引起的腰背疼痛。

4 找一把舒适柔软的座椅，孕妈妈面向椅背而坐，胸腹部靠在有柔软靠垫的椅背上，头部放松地搭在其上；准爸爸在孕妈妈身后，一条腿跪蹲下去，并不断地用手按压孕妈妈的腰部，这样可以缓解腰部的疼痛。

5 准爸爸坐在床上或椅子上，孕妈妈趴伏在其大腿上，双手环绕抱住准爸爸的腰臀部，让其托着自己的身体，给予一些支持；准爸爸轻柔地上下抚摸孕妈妈的腰背部。

6 子宫收缩间歇，孕妈妈可以采取直坐的姿势坐在床上，后背贴在有靠垫或枕头的床背上，双腿屈起，双手放松地放在膝头上。这样可以使孕妈妈的腹部及腰部得到放松，还可以将胎宝宝的头向子宫颈推进，让宫缩更为有效。

替您支招

孕妈妈在子宫收缩间歇，可以下床或站起来走动一下，这样能减轻产痛，但要尽量放松，同时要注意多喝一些饮料及吃一点食物，以补充能量，注意及时排尿，经常变换各种体位，如站、蹲、走等，避免仰躺，可以促进分娩进程。

临产症状，提示入院待产的信号

临近分娩，孕妈妈的身体会发出一些信号，提示孕产期越来越近，需要做好去医院待产的准备。当身体出现这样的症状时，孕妈妈需要把自己的感受告诉医生，听从医生的指导，因为分娩可能随时发生。

孕妈妈临产的症状，是逐渐出现的，先是小便次数增多、走路不适，但呼吸和胃口明显好转，接下来感到下腹部一阵阵发硬或腰部有些疼痛，与月经痛感觉相似，这表示初次宫缩开始了。

如果孕妈妈感觉到自己下腹部一阵阵发硬，且有下坠感，这就是宫缩，表示分娩快要开始了。最初每阵宫缩持续10~30秒，间隔时间较长，渐渐地宫缩持续时间延长，随着时间的推移，阵痛的规律性也越来越强，间隔会越来越短，疼痛持续时间越来越长，疼痛感也逐渐加重，这时也可能伴有宫颈口的开大，应及时上医院待产。

* 孕妈妈临产的其他可靠症状

1 见红

分娩前24~48小时，从阴道排出少量血性黏液（咖啡色、粉红色或鲜红色的血液）称见红，见红是分娩即将开始的第一症状，可能持续几天，每天有少许排出，也可能一下子突然见红，如果见红量较多，超过平时月经量，应及时去医院或与医生联系。

2 破水

阴道突然有液体持续流出，不能自控，且不黏稠，呈清水样，即为破水。如果羊水中混有胎便，液体还可呈黄绿色，这都提示胎膜已破，胎宝宝与外界相通。为免引起宫内感染，故此时应不管是否有宫缩，是否已到预产期，都要立即减少活动，尽快入院。

* 不可大意的入院信号

1 胎动异常

孕妈妈如果发现胎动次数突然比前几天减少一半，甚至消失，或是胎动较以前突然频繁，都提示可能宫内缺氧，可能临产，应立即上医院。孕妈妈在孕晚期要更注意胎动的频率。

2 阴道出血

孕妈妈一旦发现有阴道出血，色鲜红，量较多，超过正常月经的量，也应马上去医院。而一般在分娩的前几天，孕妈妈的阴道分泌物会带有少量血丝，这往往是分娩前的一个信号，需立即去医院。

替您支招

从孕28周开始，腹部会时常出现假宫缩，这种宫缩与临产宫缩不同，通常因为不良坐姿或站姿引起，偶尔出现，也没有阴道流血的现象，不必紧张。如果孕晚期假宫缩经常出现，并出现明显的腹痛、阴道流血现象，应及时去医院。

提前学一点新生儿用得上的知识

等胎宝宝一出生，就需要进行喂养和护理，孕妈妈提前学一点新生儿护理与喂养知识，是非常必要的，这样到时候就能从容应对了。

＊给宝宝喂奶的常识

1 在宝宝表示需要的时候喂奶给他，也许他会每隔一个小时就哭醒了要吃奶。如果他在夜里哭了要吃奶，妈妈最好尽可能在宝宝哭得很伤心以前喂奶给他。

2 如果是母乳喂养，可以找一个安静、不容易让他分神的地方喂他。妈妈越有舒适感，宝宝就越感到放松和安全。

3 准备一个哺乳用的枕头，哺乳时把宝宝放在枕头上可以有效避免背痛以及胳膊酸痛。

4 宝宝吃奶后要确保打出饱嗝儿，不然，宝宝的胃会感觉不舒服，继而可能哭闹。

5 新生儿活动不多，对水的需求不多，如果宝宝按时吃奶，在营养和水分的供应上应是足够的，一般3个月之内的宝宝可以不需要再额外喂水，单独喂水主要是为了清洁口腔。

＊给宝宝洗澡穿衣的常识

1 宝宝的皮肤柔嫩，容易受伤、发生感染，因此给宝宝洗涤的盆要专用，保持干净，以备使用。

2 洗澡前先把更换的衣服准备好，尿布叠好，柔软的小毛巾、大浴巾或婴儿毛巾被、婴儿皂、爽身粉等要备齐。

3 给新生儿洗澡时室温要高些，水温在35℃~40℃，先试水温，水的深度要盖过宝宝全身的大部分。

4 给新生宝宝洗澡的正确方法：洗澡时，先给宝宝脱去衣服，如在冬天，要注意保温，将宝宝抱起，用左手及左前臂托住宝宝头颈的背部，用大拇指及中指捏着两耳孔，防水入耳，洗洗头脸。然后将婴儿放入盆中，用手迅速地洗，特别是颈下、腋下、耳后、腹股沟及皱褶部，洗净出水时，用双手将宝宝抱出，放在浴巾上裹好，轻轻地给宝宝抹干，要注意抹干腋下、锁下皱褶处，适当地涂点婴儿爽身粉，保护皮肤光滑。

5 宝宝更衣除了洗澡时进行外，还常常因为溢奶弄脏衣服或者尿湿衣服而增加换衣服次数。宝宝皮肤娇嫩，水分排泄比成人快，易出汗也需要更换衣服。在冬天，一般家庭室温较低，可减少换衣服次数，每周1~2次，对部分溢奶、流口水的小婴儿，可在胸前围上口水罩或柔软手帕，以避免弄脏衣服。

6 小婴儿对外界刺激反应弱，适应能力低，换衣服时暴露的皮肤易受室内气温的影响，如果妈妈的动作慢，很容易着凉而引起感冒，因此每次换衣服的时间尽量缩短，先将要换的干净衣服从里到外一件一件地事先套好，可以减少分别穿的麻烦。

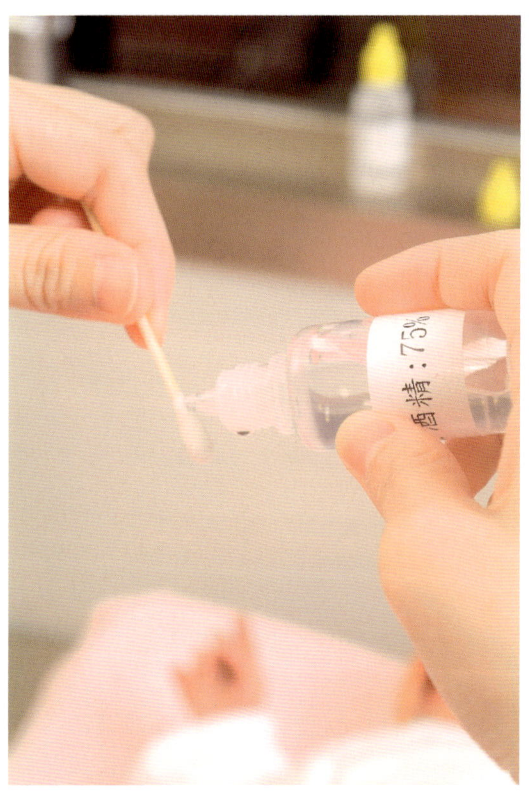

7 冬天换衣服时最好先把衣服烘热，洗澡时用小毛巾擦洗皮肤，有利血液循环，又增强抗病能力。平时换衣服，大人可坐在床上，然后把宝宝抱在怀里，前面盖上毛巾或被子，这样不仅宝宝的身体接触外面减少，而在被窝里暖和，不容易受凉而感冒。

＊清理脐带的常识

宝宝的脐带需要小心对待：将棉球在外用酒精中浸泡后，再轻轻地擦拭脐带，这样可以起到消毒的作用，而且不必担心感染。

＊辨别宝宝哭声的常识

宝宝无法说话，他用哭声来表达自己，但如果不知道怎么辨别宝宝的哭声，妈妈可能感到害怕和不知所措。一般来说，宝宝哭是因为饿了、尿布湿了、累了、渴了等，如果这些都不是原因，那么宝宝可能就是想哭了，爸爸妈妈抱一下他就会好了。

和宝宝接触一段时间后，妈妈就会了解宝宝需要的是什么了。

＊宝宝的睡眠常识

在宝宝出生后的最初几个星期里，他饿了才哭着要喝奶，否则就一直在睡觉。

替您支招

新生儿需要的不仅是充足的乳汁、温暖的摇篮，他对妈妈肌肤接触有偏好，喜欢有生命的东西，因此妈妈要多抱抱他，为他穿衣、洗澡，逗他笑。这样能给他未来性格注入丰富完善的元素，促进智力的发展。

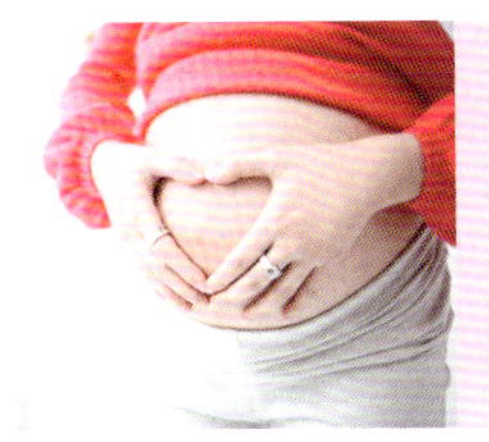

胎教在生活的点滴中

动脑时间——图中有多少个三角形

画中的小男孩名叫小杰，画中的场景是他家的院子，这幅图中有很多图形，包括长方形、三角形、圆形等，它们全部都是由画面中的实物构成的，比如桌子、花坛、躺椅等，这些实物可以帮助胎宝宝更好地认识图形。

同时，这幅画还可以玩很多趣味游戏，比如找出其中的三角形，这还能帮助胎宝宝开发智力。孕妈妈快来找找看，在这幅画中你能找出多少个三角形呢？

（这个题目我们不为孕妈妈提供参考答案，因为人的潜能是无限的，孕妈妈可以尝试着找出尽量多的图形，这会让孕妈妈很有成就感，也有助于给胎宝宝良性刺激）

讲故事《春天的第一朵花》

天气凉了，漂亮的蝴蝶想，我该睡觉了。她就去找树缝，找呀找，刚找到树缝，小松鼠花花看见了，不由得叫起来："哇，多美丽的蝴蝶呀！能让我看你跳舞吗？"

蝴蝶想，如果我不跳，花花会失望的。于是，她就跳了起来，舞步轻盈如风，飘飘如云。小松鼠花花眼都看花了，他不停地喝彩："太棒了！太棒了！"

花花的叫声惊动了其他小松鼠。他们对蝴蝶说："请你再跳一支舞给我们看看，行吗？"

"好吧！"蝴蝶很疲倦了，她只想睡觉，可是为了不让小松鼠们失望，她还是跳了起来。跳呀跳呀，一个又一个，小松鼠们不停地为她喝彩叫好……蝴蝶跳着跳着，终于睡着了。咦，她怎么啦？小松鼠们十分惊讶。他们赶紧把蝴蝶送到动物医院。山鸡医生查了查，笑起来："她太累了，她睡着了。"

"她睡着了，什么时候才能醒来呢？"

"她要睡一个冬天呢！"

"肯定是什么特别的原因，才会使蝴蝶在跳舞时睡着了。"小松鼠们谈论着。

"对呀，她是为了让我们看到她的舞姿才这样的。"小松鼠花花想起来了，他把前前后后的事情讲给山鸡医生听。山鸡医生听了也很感动："你们要好好地保护她，让她安全过冬。"

"放心吧，我们会做到的。"小松鼠们说。

小松鼠们将蝴蝶放在花花的家里，大家轮流陪着她，每天都在她床前唱歌。他们说："蝴蝶在睡梦里一定会听到我们的歌声的。"

过了一天又一天，当春风吹散了冬天的雪花时，蝴蝶在小松鼠们的歌声中醒来了。她一看到小松鼠花花，马上想起了睡觉前的事，便一跃而起说："花花，是你陪了我一个冬天？"

"不，是我们——所有看你跳舞的小松鼠。"花花说。

小松鼠们听到响声，都把头探了进来："啊，你醒过来了！"

蝴蝶很感动，她一边说谢谢，一边跳起了轻盈的舞，小松鼠们伴着她的舞步唱起歌来："春天来了，春天来了，我们的友谊像花朵一样开放了……"

春天里第一朵美丽的花绽开在小松鼠花花的家里，瞧，这花儿有多美呀！

＊胎教点读

这个世界上最美的东西之一莫过于友谊，互帮互爱让小松鼠和漂亮的蝴蝶成为了好朋友，来年春天，他们的友谊像最美的那朵花儿一样开放了。

孕妈妈给胎宝宝讲一讲这个美丽的故事吧，让胎宝宝知道，他即将到来的这个世界也会充满爱与关怀，爸爸妈妈都会爱护他，陪他迎接一个又一个美丽的春天。

听音乐《第一钢琴协奏曲》

《第一钢琴协奏曲》是俄国作曲家柴可夫斯基所作，是他最著名和最具有代表性的钢琴协奏曲之一，是真正开朗的情绪和乐观主义的深刻体现，称得上是19世纪俄罗斯钢琴音乐的一个顶峰，也是20世纪欧洲音乐艺术中最具天才的创作之一。这首《第一钢琴协奏曲》，以新颖明晰的素材，表达了对光明的向往和对生活的热爱，曲调中充满了青春与温暖的气息。

孕妈妈反复倾听那些小提琴与钢琴的合奏、有力的和弦、钢琴的伴奏，及生动活泼的快板时，会感觉犹如波涛起伏的大海，又像是和煦扑面的春风，好似灿烂的阳光铺满了生活的大地，真正感受到生活的美好。胎宝宝接受了这些美好的心理信息后，也会产生美的感受。

＊胎教点读

孕妈妈临产阶段，除了可继续听之前听过的乐曲外，还可多听一些安谧、优美、恬静或欢快的乐曲，如《喜洋洋》、《春天来了》、《小夜曲》等，它们对于孕妈妈舒缓情绪、调适紧张感是有好处的，能令胎宝宝顺利产出。

巧克力，临产妈妈的得力帮手

孕妈妈在分娩前要多补充些热量，以保证有足够的力量促使子宫口尽快开大，从而顺利分娩。

分娩时可能无法想吃什么就吃什么，我们向孕妈妈推荐巧克力，它可以充当“助产大力士”，可以算得上是“分娩佳食”：

一来它营养丰富，含有大量的优质碳水化合物，而且能在很短时间内被人体消化吸收和利用，产生出大量的热能，供人体消耗。

二来它体积小，发热多，而且香甜可口，吃起来也很方便。孕妈妈只要在临产前吃上一两块巧克力，就能在分娩过程中产生出更多热量。

据测定，每100克巧克力中含有碳水化合物50克左右，脂肪30克左右，蛋白质15克以上，还含有较多的锌、维生素B_2、铁和钙等，它被消化吸收和利用的速度是鸡蛋的5倍、脂肪的3倍。

因此，孕妈妈在临产前可以多备几块巧克力，需要时吃一点，这对母婴都十分有益。

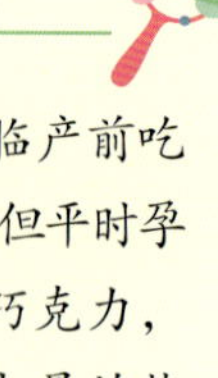

替您支招

虽然孕妈妈临产前吃巧克力帮助很大，但平时孕妈妈千万别贪吃巧克力，原因正是巧克力大量的热量，过量的热量将使得孕妈妈肥胖，不利于胎宝宝健康，也不利于顺利分娩。

给胎宝宝做个帅气的晴天娃娃

晴天娃娃是一种悬挂在屋檐上祈求晴天的布偶，传说它能止雨，这也是它得名的原因。

动画片《聪明的一休》中，一休的妈妈给了一休一个晴天娃娃，希望保佑一休平安，晴天娃娃有自己的魅力，只要看到它灿烂的笑容，心情就会不由自主地好起来，它能给人带来快乐。

孕妈妈自制一个晴天娃娃，不仅能给自己带来快乐，将来也能给宝宝带来快乐和平安，再和胎宝宝一起体验一次手工的乐趣吧，跟我们一起来做一个晴天娃娃，不要担心，做法非常简单，而且效果也OK！

* 需要准备的材料

一块正方形的布（可选择自己喜欢的颜色）、一个乒乓球、彩色笔、绳子。

* 制作步骤

1 把布的四个边剪成浪花状，这样制作出的娃娃，更显活泼可爱。

2 把布平铺在桌上，将乒乓球放在布的正中央，抓起布的四角，把球包在正中央，做出头的样子，用绳子系好。

3 给娃娃化妆，用彩色笔画出笑眯眯的眼睛、红红的小脸蛋、弯弯的嘴巴，帅气的小晴天娃娃就做好啦，可以把它挂到想挂的地方。

为孕妈妈的体力加分的美味鲜汤

临产阶段，孕妈妈可以通过调整饮食来为分娩甚至坐月子打好基础，合理的营养将给孕妈妈带来充足的体力，同时也能为健康带来益处。

我们为孕妈妈量身选择了三款美味的汤，适合孕晚期妈妈的口味和生理需要，孕妈妈不妨尝试一下：

＊鱼头汤

材料：大鱼头1个约750克，五花肉、香菇各少许，姜丝、豆腐、大白菜、盐各适量。

做法：❶五花肉、香菇切丝，鱼头用油煎至半熟。

❷锅里放少许油加热后，放进五花肉、香菇丝、姜丝爆香。

❸放入大白菜、豆腐、鱼头及水，蒸煮2小时后放进少量盐即成。

美味胎教

鱼头里钙质含量非常丰富，如果和大骨汤、鸡骨汤轮流食用，可以更好地帮助孕妈妈增加体力。

美味提示

这道汤里可加入粉丝或面条，最好用土锅或陶锅来炖煮。

＊莲藕干贝排骨汤

材料：适量新鲜莲藕、干贝、排骨及少许盐。

做法：❶干贝于前一天晚上用10倍的水浸泡至第二天，浸泡的水留着备用。

❷莲藕不削皮也不切片，留下两头的节，以整节整节的方式下锅。

❸排骨汆烫过后，将所有食材放进锅里，加进6倍的水（含浸泡干贝的水）及少许盐，开大火煮滚后，改用小火炖两个小时即可食用。

美味胎教

此汤可以帮助孕妈妈改善体质，增进产力。

美味提示

莲藕最好选大一点的，排骨重量与莲藕相同，干贝取莲藕的1/10，一般以7颗为平均分量。

最好用土锅或陶锅来炖煮，吃时注意把莲藕、干贝、排骨以及汤全部吃掉。

＊养肝汤

材料：红枣7颗。

做法：每天取红枣7颗洗净，在每颗红枣上用小刀划出7条直纹，这样可以帮助养分溢出，然后用热开水280毫升浸泡8个小时以上，接着再加盖隔水蒸1个小时即可。

美味胎教

养肝汤既可帮助孕妈妈排解麻醉药的毒性，还可减轻刀口疼痛，特别适合剖宫产的孕妈妈。

美味提示

不论自然产或剖宫产，需在产前10天开始喝，每天喝280毫升，冷热皆可，一日分2~3次喝完。

养肝汤虽好，但不能太早喝，以免上火。同样，红枣数量也不能多，7颗刚刚好，吃多了也会上火。

孕妈妈怎样吃最利于分娩

临产前正确、健康的饮食是顺利分娩的重要保障，分娩时需要很多能量来使得子宫收缩，能量与饮食密切相关，因此，孕妈妈在临产前一定要吃对、吃好。

* 合理选择食物

孕妈妈在临产前应该吃高蛋白、半流质、新鲜而且味美的食品，可以根据自己的爱好，选择蛋糕、面汤、稀饭、肉粥、藕粉、点心、牛奶、果汁、苹果、西瓜、橘子、香蕉、巧克力、鸡蛋等多样饮食。机体需要的水分可由果汁、水果、糖水及白开水补充。

* 规律用餐

孕妈妈每日进食4~5次，少吃多餐，既不可进食太少，也不能暴饮暴食。

孕妈妈用餐不规律，不但对胎宝宝没有好处，对自己更不利，胎宝宝完全依赖孕妈妈来获得热量，如果孕妈妈不吃饭，胎宝宝将得不到需要的营养，他会吸收孕妈妈自身所储存的营养，使孕妈妈的身体逐渐衰弱下去。

如果孕妈妈不按时用餐，这一顿不吃，下一顿吃得多，那么多余的热量就会转化为脂肪贮存起来，所以孕妈妈要避免过饥或过饱，要按时用餐并少吃零食。

* 不吃油腻的食品

临产期间，由于宫缩的干扰及睡眠的不足，孕妈妈胃肠道分泌消化液的能力降低，蠕动功能也减弱，吃进的食物从胃排到肠里的时间（胃排空时间）也由平时的4小时增加至6小时左右，极易存食。因此，最好不要吃油腻过大的油煎、油炸食品，以免长时间无法消化。

替您支招

有些长辈认为多吃鸡蛋能长劲儿，让孕妈妈一顿猛吃十个八个，甚至更多，这是不对的。人体吸收营养有限制，一般鸡蛋每天1~2个就足够了，过多摄入不仅会加重胃肠道的负担，还能引起消化不良、腹胀、呕吐等不良后果。

产前不妨简单练习盘腿坐

为了让分娩更顺利，孕妈妈在产前可以坚持做一些力所能及的运动，一些简单、安全、舒适的运动是比较适合这个阶段的孕妈妈的，下面我们为孕妈妈介绍一种这样的运动——盘腿坐练习。

这个练习是临产前的准备练习，可以增加背部肌肉的力量，使大腿及骨盆更为灵活，并且能改善身体下半部的血液循环，使两腿在分娩时能很好地分开，具体做法是：

1. 地上垫上垫子，孕妈妈轻轻坐下，保持背部挺直。
2. 两腿弯曲，使脚掌相对，让脚尽量靠近身体。
3. 两手抓住脚踝，两肘分别向外压迫大腿的内侧，使其伸展。
4. 保持这种姿势20秒。
5. 重复第2~4步数次。

孕妈妈也可两腿交叉而坐，也许会感到更舒服，但在做的过程中要注意不时地更换两腿的前后位置，以免阻碍血液循环。如果感到盘腿有困难，可以在大腿两侧各放一个垫子，或者背靠墙而坐，但要尽量保持背部挺直。

买本育儿书，提早了解养育宝宝

大多数准爸爸孕妈妈都是第一次当父母，没有育儿的经验，对于宝宝的喂养和护理缺乏了解，尤其是很多年轻的父母，常常发现自己对正在面对的一切充满了惊讶，对宝宝出现的许多问题都措手不及，无从适应。

因此，在宝宝还未到来之前提前了解三口之家的新生活是非常必要的，这样能够帮助新手爸妈更好地养育宝宝。了解的途径有很多，可以向周围的爸爸妈妈取经，也可以向医生和长辈咨询，还可以从杂志、网路上获取更多的知识，我们建议新手爸妈在这些途径的基础上提早备一本合适的育儿书。

一般来说，育儿书较其他途径获取育儿知识和经验要更适合于新手爸妈，新手爸妈一来经验不足，二来时间有限，此外从其他途径都只能获取一小部分经验，无法为新手爸妈提供系统而全面的知识。当来自不同途径的经验发生冲突时，新手爸妈很容易乱了手脚，鉴于育儿书籍多数是事无巨细，将新手爸妈可能需要和可能遇到的知识都涉及了，所以，从育儿书中获得一些经验是一种积极有效的做法。

新手爸妈不妨抽空去书店转转，或是到网上看看，选择一本合适的育儿书籍，为可能出现的各种状况做好准备。

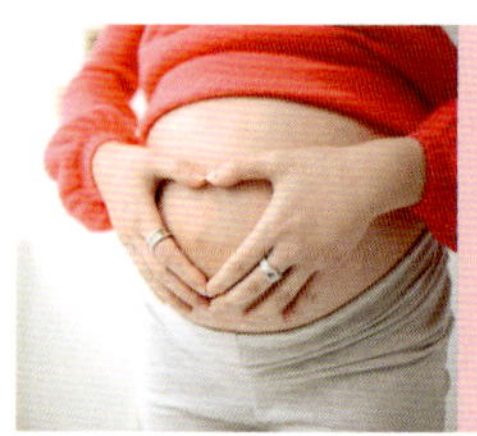

准爸爸做胎教

分娩前后准爸爸可以做的事

眼看着孕妈妈就要分娩了，准爸爸可以做些什么来给孕妈妈和胎宝宝最实际的帮助呢？下面的建议也许会对准爸爸有用。

＊待产时可以做的事

待产过程可能在家中，也可能在待产室度过，整个过程可能长达10~20个小时。

1 准爸爸可以在这一时期替孕妈妈补充一些营养可口的食物以储存体力。

2 用被子和枕头做靠垫，让准妈妈调整到最舒服的姿势，或者带妻子就近散散步。

3 可以用笑话来缓解妻子对产痛的恐惧。

4 如果去医院比较方便，尽量让孕妈妈在家里度过分娩早期，这样精神压力要小得多，等宫缩变得有规律，差不多每10分钟一次的时候，再进入医院的待产室也不迟。

＊进入待产室后需要着手做的事

1 补充水分和食物

这一阶段孕妈妈的阵痛感觉尚未达到高峰，可以多准备些她喜爱的食物，如鸡汤面、花色粥等，帮助储存足够的体力，也可准备一些牛肉干、巧克力等高能量、小体积的零食为她加油。同时要随时询问她是否口渴，及时为她补充温开水，最好在水杯中附上一支长吸管，方便在半躺卧的状态下摄取水分。

2 认真观察子宫收缩与胎宝宝的心跳

准爸爸可以观察胎心音以及阵痛监测器，来了解孕妈妈与胎宝宝的状况，并记录每小时中出现的阵痛次数和胎心音监测结果，提供给医生做参考。

3 协助孕妈妈如厕、换产垫

在待产过程中，护理人员会在孕妈妈的臀部下方垫上一层产垫，保持被褥的清洁。准爸爸要随时观察产垫的状况，一旦孕妈妈身下有大量液体流出，可能是羊水已破，要及时提醒医护人员处理，破水与未破水的处理方法是不一样的，这一点准爸爸要牢记。

4 帮助孕妈妈轻轻按摩减痛

有针对性地按摩可以大大缓解孕妈妈的产痛。

在孕妈妈阵痛来临时，以手掌贴住尾骨部位，抵紧片刻后以轻轻画圆的方式按摩，大腿内侧也可画圆按摩，这可以避免腿部痉挛，并放松会阴。

在阵痛间隙，可让孕妈妈趴在床边，替她按摩臀部，然后仰卧放松，用从外向里的打圈方式按摩腹部，还可以轻柔地按摩头颈、上臂和水肿的双脚，这都有利于恢复体力来迎接下一波阵痛。

＊分娩时可做的事

如果准爸爸可以陪产，可以做的事情有：

1 准确站位，并随时鼓励孕妈妈

准爸爸的站位应以不妨碍医护人员行动为条件，可以与医生协商，一般站在孕妈妈的左侧较好。

分娩时孕妈妈特别需要鼓励，准爸爸可以随时向她报告一下进程，给她鼓励，比如：“我看到宝宝的头了，你做得很棒！”等等。

2 坚持小范围的按摩

在这一阶段，按摩孕妈妈的手和脚，即使是单侧的按摩，都能对孕妈妈的情绪起到很好的安抚作用。

3 辅导孕妈妈用力和呼吸

阵痛时，准爸爸一定要辅导孕妈妈准确应对，让她睁开眼睛看肚脐，收缩下巴将嘴巴紧闭，依靠腰背部下坠和脚跟踩踏的力量将胎宝宝娩出。

阵痛间隙，准爸爸不妨轻拍孕妈妈的手臂和肩膀，让她尽量放松，然后伴随下次宫缩，手握产床旁边的把杆，将力量会聚到下半身。

同时，准爸爸要提醒孕妈妈正确的呼吸方式：大口吸气后憋气，往下用力，吐气后再憋气，用力直到宫缩结束；当胎头娩出2/3时，要哈气，切不可用力过猛，使会阴严重裂伤。

4 补充水分

分娩过程会消耗相当大的水分，准爸爸不妨用棉花棒蘸上温开水，擦拭在孕妈妈的双唇上，以及时补充水分。

* 胎宝宝娩出后可做的事

这个时期即第三产程，是指胎盘娩出的时期，阵痛已弱，宝宝平安落地，爸爸也可以舒一口气了，这时可以做一些后续事项：

1 拍摄整个迎接新生命的过程

如剪断并结扎脐带、过磅、护士向新妈妈展示新生儿性别、护士填写出生卡片，给孩子脚上套辨别卡片，新妈妈欣慰的笑容等，作为日后珍藏的记忆。

要提醒新爸爸的是，除非得到新妈妈允许，否则不要在娩出期录像，拍照和录像在胎宝宝娩出后最合适，此时新妈妈比较放松，也会配合拍摄。

2 继续观察陪伴新妈妈

新妈妈产后大出血有六成以上发生在产后1小时内，因此，爸爸要继续观察孕妈妈至少30分钟，预防意外发生。这一时期，孩子通常被送去清洗包裹，新爸爸可以说一些安慰和感激的话，对彼此的感情升华十分有用。

3 协助哺喂母乳

自然分娩的妈妈，在产后半小时内就会接手照料宝宝的任务，此时她已耗尽体力，可能连把孩子抱持过来吸吮母乳的力气也不够了，爸爸可以在一旁协助妈妈哺喂母乳。

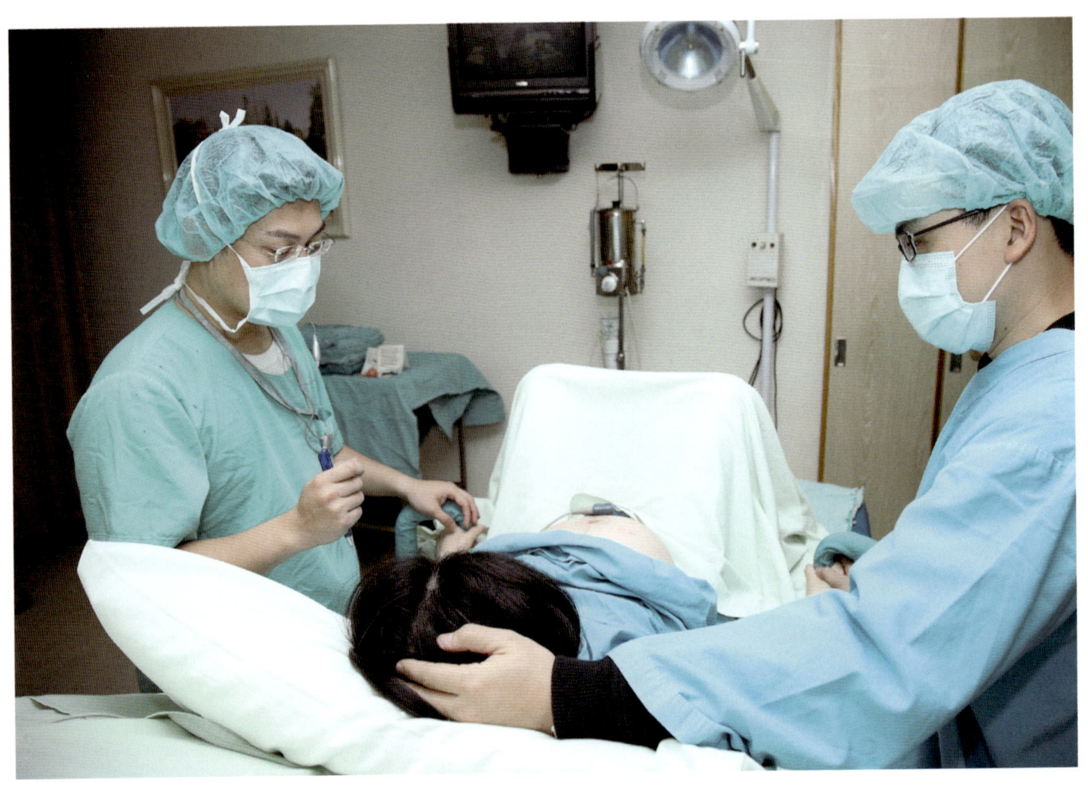

练习抱新生宝宝的方法

宝宝一出生就需要被爸爸妈妈抱，但如果不掌握好正确的抱法，爸爸妈妈在抱的时候往往会令宝宝不舒服，爸爸从现在起就要多练习抱宝宝的方法。

* 抱新生宝宝的要点

新生宝宝的特点是头大、头重、肌肉力量弱，不能较长时间支撑头的重量，3个月时头才能初步直立，因此抱起、放下新生宝宝时姿势有不少讲究，关键是要托住他的头部，动作要慢要轻。

抱起宝宝时要记住的一个原则：以一只手托宝宝的头颈部，另一只托宝宝的腰部与臀部。抱起新生儿前应先用目光注视他，轻轻地说话抚慰他，以免宝宝惊慌哭闹。

放下宝宝时要记住的一个原则：

一定要保证支撑好宝宝的头部，否则头部后仰会让宝宝有摔倒的感觉而受到惊吓。

* 抱新生宝宝的方法

手托法

用左手托住宝宝的背、颈、头，右手托住他的小屁股和腰。这一方法比较多用于把宝宝从床上抱起和放下。

腕抱法

将宝宝的头放在左臂弯里，肘部护着宝宝的头，左腕和左手护背和腰部，右小臂从宝宝身上伸过护着宝宝的腿部，右手托着宝宝的屁股和腰部。这一方法是比较常用的姿势。

爸爸要注意的是，不要竖着抱宝宝，新生儿的头占全身长的1/4，竖抱宝宝时，宝宝头的重量全部压在颈椎上，而此时颈肌还没有完全发育，颈部肌肉无力，这种不正确的抱法会对宝宝脊椎造成损伤，这些损伤当时不易发现，但可能影响孩子将来的生长发育。

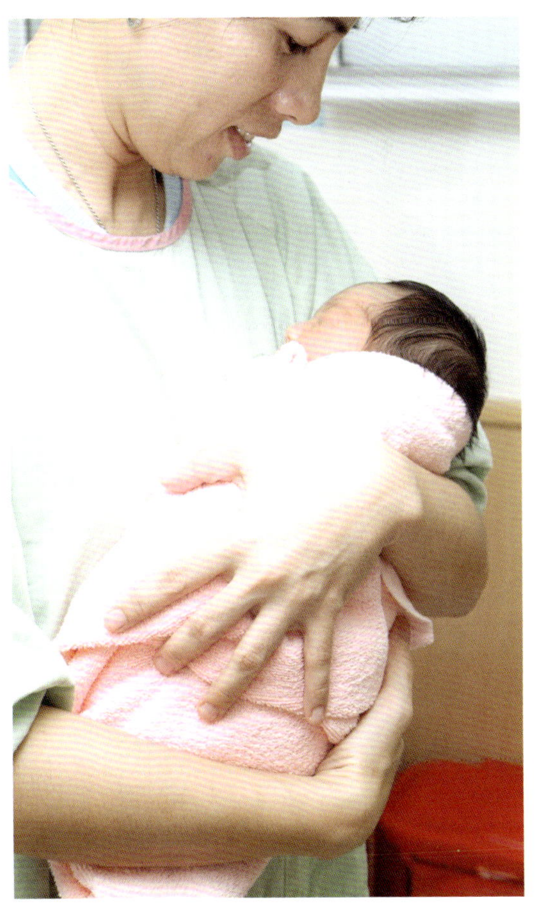

抱起宝宝后要同宝宝说话、唱歌，轻轻抚摸他，多走动，与其有身体接触，这种感情交流，可以使宝宝的视野更开阔，受周围环境的刺激更多，对孩子的大脑发育、精神发育及身体生长都有极大好处。

＊新生宝宝不要久抱

爸爸妈妈难免因为太爱宝宝而总是觉得抱不够，事实上，新生宝宝不能抱太久，否则会违背婴儿生长发育的自然规律，对孩子健康不利。

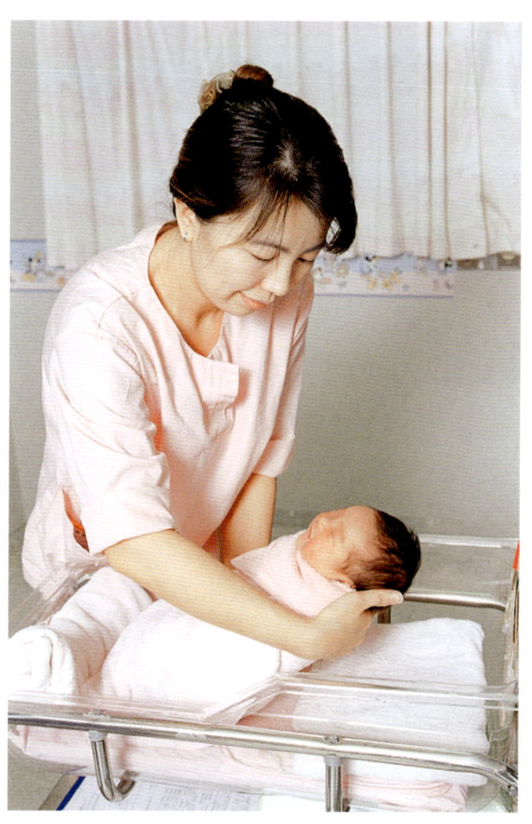

1 新生宝宝每天需要20小时的睡眠时间，所以，除了喂奶、换尿布等特殊情况外，婴儿最需要的不是被抱着，而是睡觉。

2 由于生理上的特点，婴儿的胃、贲门肌肉较松弛，但幽门肌肉却很紧。在这种情况下，哺乳或喂食后如果将婴儿抱在怀中逗玩，食物容易从贲门溢出，造成呕吐。

3 婴儿的骨骼生长较快，如果长期抱在怀中，对孩子骨骼的正常成长极为不利。平常抱出去晒晒太阳，增强抵抗力是必要的，但时间也不宜过久。

＊放下新生宝宝的方法

放下宝宝时必须用整只手臂的力量去支持宝宝的脊骨、颈部和头部，直到宝宝的重量完全落到床面上，再抽出放在宝宝头下的手，慢慢将宝宝的头放平在床上。

替您支招

爸爸妈妈适当地抱着宝宝活动是很必要的，不仅可以增加与宝宝的亲密度，还能使宝宝的视野更开阔，这对大脑发育很有好处。此外，宝宝被抱也算一种运动，有利于身体的发育。

做好升格为新爸爸的准备

眼看着一个活生生的小宝宝即将来到你的生活中，准爸爸随时升格为新爸爸，面对这个角色转换，准爸爸除了激动和兴奋外，还要做好充分的身心准备，迎接小宝宝的到来。

＊承担起家庭的责任

从现在起，准爸爸就要做好家庭的开支计划，而且也要为宝宝未来的每一步做一个大致的计划，让家庭和宝宝日后的生活有可靠的保障。

这些计划做起来缺乏经验是必然的，准爸爸可以去拜访一些已经做了爸爸的朋友，向他们讨教一些经验，也可以让他们告诉你一些做了爸爸之后的心得，看一看他们的生活状态。对于工作繁忙的准爸爸来说，这是最快，也是最生动的获得宝贵经验的渠道。

＊担当起做父亲的责任

孕育生命不是孕妈妈一个人的事情，孕妈妈与准爸爸是相辅相成的，准爸爸应多学习一些育婴知识。比如，怎样给宝宝穿衣服、洗澡、喂奶、把尿等，这样在宝宝出生后，你就可以和孕妈妈一起去照顾这个小生命。在这个过程中你一定会深刻地体会到一个父亲肩膀上的责任，而且这也能够帮助激发起你心底的父爱。

＊协调好丈夫和父亲的角色

宝宝出生后，在给新爸爸带来父爱欢乐的时候，很容易让你忽略了丈夫的角色，三个人生活的开始，并不意味着两个人浪漫的终结，有了宝宝后新爸爸也需要呵护与关爱妻子，这才是真正的三人生活。丈夫与父亲的角色转换，新爸爸也需要协调好。

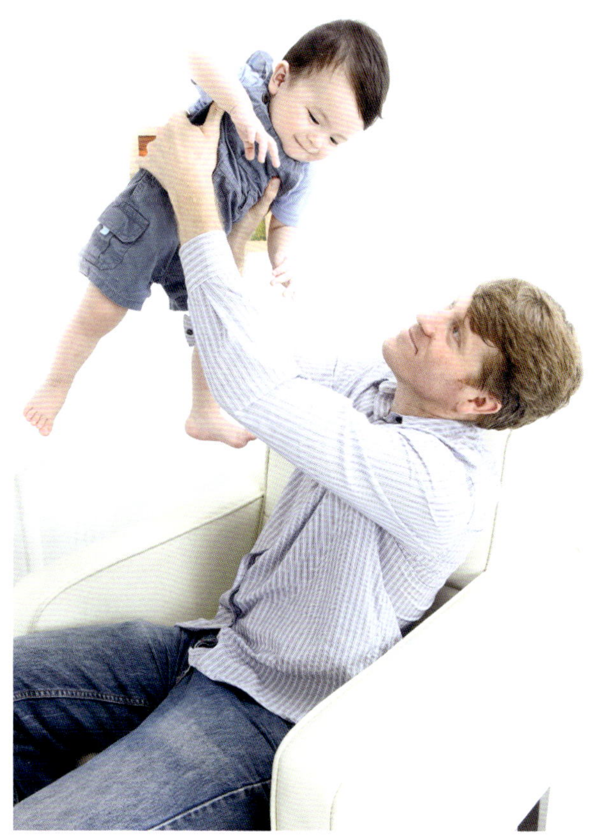

图书在版编目(CIP)数据

80后科学胎教／岳然编著. — 北京：中国人口出版社，2013.8

ISBN 978-7-5101-1882-1

Ⅰ. ①8… Ⅱ. ①岳… Ⅲ. ①胎教—基本知识 Ⅳ. ①G61

中国版本图书馆CIP数据核字（2013）第167785号

80后科学胎教

岳然 编著

出版发行 中国人口出版社
印　　刷 小森印刷（北京）有限公司
开　　本 820毫米×1400毫米　1/24
印　　张 11
字　　数 200千
版　　次 2013年8月第1版
印　　次 2014年4月第2次印刷
书　　号 ISBN 978-7-5101-1882-1
定　　价 39.00元（赠送CD）

社　　长 陶庆军
网　　址 www.rkcbs.net
电子信箱 rkcbs@126.com
电　　话 (010) 83534662
传　　真 (010) 83515922
地　　址 北京市西城区广安门南街80号中加大厦
邮政编码 100054